T&P BOOKS

I0211914

CHECHENO
VOCABULÁRIO

PORTUGUÊS BRASILEIRO

PORTUGUÊS CHECHENO

Para alargar o seu léxico e apurar as suas competências linguísticas

9000 palavras

Vocabulário Português Brasileiro-Checheno - 9000 palavras

Por Andrey Taranov

Os vocabulários da T&P Books destinam-se a ajudar a aprender, a memorizar, e a rever palavras estrangeiras. O dicionário é dividido em temas, cobrindo todas as principais esferas de atividades quotidianas, negócios, ciência, cultura, etc.

O processo de aprendizagem, utilizando os dicionários baseados em temáticas da T&P Books dá-lhe as seguintes vantagens:

- Informação de origem corretamente agrupada predetermina o sucesso em fases subsequentes da memorização de palavras
- Disponibilização de palavras derivadas da mesma raiz, o que permite a memorização de unidades de texto (em vez de palavras separadas)
- Pequenas unidades de palavras facilitam o processo de estabelecimento de vínculos associativos necessários para a consolidação do vocabulário
- O nível de conhecimento da língua pode ser estimado pelo número de palavras aprendidas

T&P Books Publishing
www.tpbooks.com

ISBN: 978-1-78767-305-2

Este livro também está disponível em formato E-book.
Por favor visite www.tpbooks.com ou as principais livrarias on-line.

VOCABULÁRIO CHECHENO
palavras mais úteis

Os vocabulários da T&P Books destinam-se a ajudar a aprender, a memorizar, e a rever palavras estrangeiras. O vocabulário contém mais de 9000 palavras de uso comum organizadas tematicamente.

O vocabulário contém as palavras mais comummente usadas
Recomendado como adicional para qualquer curso de línguas
Satisfaz as necessidades dos iniciados e dos alunos avançados de línguas estrangeiras
Conveniente para o uso diário, sessões de revisão e atividades de auto-teste
Permite avaliar o seu vocabulário

Características especias do vocabulário

· As palavras estão organizadas de acordo com o seu significado, e não por ordem alfabética
· As palavras são apresentadas em três colunas para facilitar os processos de revisão e auto-teste
· As palavras compostas são divididas em pequenos blocos para facilitar o processo de aprendizagem
· O vocabulário oferece uma transcrição simples e adequada de cada palavra estrangeira

O vocabulário contém 256 tópicos incluindo:

Conceitos básicos, Números, Cores, Meses, Estações do ano, Unidades de medida, Roupas & Acessórios, Alimentos & Nutrição, Restaurante, Membros da Família, Parentes, Caráter, Sentimentos, Emoções, Doenças, Cidade, Passeios, Compras, Dinheiro, Casa, Lar, Escritório, Trabalho no Escritório, Importação & Exportação, Marketing, Pesquisa de Emprego, Esportes, Educação, Computador, Internet, Ferramentas, Natureza, Países, Nacionalidades e muito mais ...

TABELA DE CONTEÚDOS

GUIA DE PRONUNCIAÇÃO

Letra	Exemplo Checheno	Alfabeto fonético T&P	Exemplo Português
A a	самадала	[ɑ:]	rapaz
Аь аь	аьртадала	[æ:], [æ]	primavera
Б б	биллиард	[b]	barril
В в	ловзо кехат	[v]	fava
Г г	горгал	[g]	gosto
ГӀ гӀ	жиргӀа	[ɣ]	agora
Д д	дӀаала	[d]	dentista
Е е	кевнахо	[e], [ɛ]	mover
Ё ё	боксёр	[jɔ:], [ɜ:]	ioga
Ж ж	мужалтах	[ʒ]	talvez
З з	ловза	[z]	sésamo
И и	сирла	[ɪ], [i]	sinônimo
Й й	лийча	[j]	Vietnã
К к	секунд	[k]	aquilo
Кх кх	кхиорхо	[q]	teckel
Къ къ	юккъе	[q]	[q] tensionada
КӀ кӀ	кӀайн	[k]	[k] tensionada
Л л	лаьстиг	[l]	libra
М м	Марша Ӏайла	[m]	magnólia
Н н	Хьанна?	[n]	natureza
О о	модельхо	[o], [ɔ]	noite
Оь оь	пхоьнгӀа	[ø]	orgulhoso
П п	пхийтта	[p]	presente
ПӀ пӀ	пӀераска	[p]	[p] tensionada
Р р	борзанан	[r]	riscar
С с	сандалеш	[s]	sanita
Т т	туьйдарг	[t]	tulipa
ТӀ тӀ	тӀормиг	[t]	[t] tensionada
У у	тукар	[u:]	blusa
Уь уь	уьш	[y]	questionar
Ф ф	футбол	[f]	safári
Х х	хьехархо	[h]	[h] suave
Хь хь	дагахь	[h], [x]	[h] suave
ХӀ хӀ	хӀордахо	[h]	[h] aspirada
Ц ц	мацахлера	[ts]	tsé-tsé
ЦӀ цӀ	цӀубдар	[ts]	tsé-tsé
Ч ч	лечкъо	[tʃ]	Tchau!
ЧӀ чӀ	чӀорӀа	[tɕ]	[tch] tensionado
Ш ш	шахматаш	[ʃ]	mês
Щ щ	цергийг щётка	[ɕ]	shiatsu
ъ	къонза	[']	sinal forte

Letra	Exemplo Checheno	Alfabeto fonético T&P	Exemplo Português
Ы	лыжаш хехка	[ı]	sinônimo
ь	доьзал	[ʲ]	sinal suave
Э э	эшар	[e]	metal
Ю ю	юхадала	[y]	questionar
Юь юь	юьхьенца	[ju], [juː]	nacional
Я я	цӀанъян	[jɑ]	Himalaias
Яь яь	яьшка	[jæ]	folheto
Ӏ Ӏ	Ӏамо	[ə]	milagre

ABREVIATURAS
usadas no vocabulário

Abreviaturas do Português

adj	-	adjetivo
adv	-	advérbio
anim.	-	animado
conj.	-	conjunção
desp.	-	esporte
etc.	-	Etcetera
ex.	-	por exemplo
f	-	nome feminino
f pl	-	feminino plural
fem.	-	feminino
inanim.	-	inanimado
m	-	nome masculino
m pl	-	masculino plural
m, f	-	masculino, feminino
masc.	-	masculino
mat.	-	matemática
mil.	-	militar
pl	-	plural
prep.	-	preposição
pron.	-	pronome
sb.	-	sobre
sing.	-	singular
v aux	-	verbo auxiliar
vi	-	verbo intransitivo
vi, vt	-	verbo intransitivo, transitivo
vr	-	verbo reflexivo
vt	-	verbo transitivo

CONCEITOS BÁSICOS

Conceitos básicos. Parte 1

1. Pronomes

eu	со	[sɔ]
você	хьо	[hɔ]
ele, ela	иза	[ɪz]
nós	вай	[vɑj]
vocês	шу	[ʃu]
eles, elas	уьш	[ʉʃ]

2. Cumprimentos. Saudações. Despedidas

Oi!	Маршалла ду хьоьга!	[marʃall du høg]
Olá!	Маршалла ду шуьга!	[marʃall du ʃʉg]
Bom dia!	Iуьйре дика хуьлда!	['ujre dɪk hʉld]
Boa tarde!	Де дика хуьлда!	[de dɪk hʉld]
Boa noite!	Суьйре дика хуьлда!	[sʉjre dɪk hʉld]
cumprimentar (vt)	салам дала	[salam dal]
Oi!	Маршалла ду хьоьга!	[marʃall du høg]
saudação (f)	маршалла, маршалла хаттар	[marʃall], [marʃall hattar]
saudar (vt)	маршалла хатта	[marʃall hatt]
Tudo bem?	Муха ду гiуллакхш?	[muha du ɣullaqʃ]
E aí, novidades?	Хiун ду керла?	[h'un du kerl]
Tchau! Até logo!	Марша Iайла!	[marʃ 'ajl]
Até breve!	Iодика хуьлда!	['ɔdɪk hʉljd]
Adeus! (sing.)	Iодика йойла хьа!	['ɔdɪk jojl ha]
Adeus! (pl)	Iодика йойла шунна!	['ɔdɪk jojl ʃunn]
despedir-se (dizer adeus)	Iодика ян	['ɔdɪk jan]
Até mais!	Iодика йойла!	['ɔdɪk jojl]
Obrigado! -a!	Баркалла!	[barkall]
Muito obrigado! -a!	Доаккха баркалла!	[doakq barkall]
De nada	Хiума дац!	[h'um dats]
Não tem de quê	Хiума дац!	[h'um dats]
Não foi nada!	Хiума дац!	[h'um dats]
Desculpa!	Бехк ма билл!	[behk ma bɪll]
Desculpe!	Бехк ма биллалаш!	[behk ma bɪllalaʃ]
desculpar (vt)	бехк ца билла	[behk tsa bɪll]
desculpar-se (vr)	бехк цабиллар деха	[behk tsabɪllar deh]

Me desculpe	Суна бехк ма биллалаш!	[sun behk m bɪllalaʃ]
Desculpe!	Бехк ма биллаш!	[behk ma bɪllaʃ]
perdoar (vt)	бехк цабиллар	[behk ʦabɪllar]

Não se esqueça!	Диц ма ло!	[dɪʦ ma lɔ]
Com certeza!	Дера!	[der]
Claro que não!	Дера дац!	[der daʦ]
Está bem! De acordo!	Реза ву!	[rez vu]
Chega!	Тоьур ду!	[tøur du]

3. Como se dirigir a alguém

senhor	Эла	[ɛl]
senhora	Сту	[stu]
senhorita	Йоl	[joˤ]
jovem	Жима стаг	[ʒɪm stag]
menino	Кlант	[k'ant]
menina	Жима йоl	[ʒɪm joˤ]

4. Números cardinais. Parte 1

zero	ноль	[nɔlj]
um	цхьаъ	[ʦhaʔ]
dois	шиъ	[ʃɪʔ]
três	кхоъ	[qɔʔ]
quatro	диъ	[dɪʔ]

cinco	пхиъ	[phɪʔ]
seis	ялх	[jalh]
sete	ворхl	[vɔrh']
oito	бархl	[barh']
nove	исс	[ɪss]

dez	итт	[ɪtt]
onze	цхьайтта	[ʦhajtt]
doze	шийтта	[ʃɪːtt]
treze	кхойтта	[qɔjtt]
catorze	дейтта	[dejtt]

quinze	пхийтта	[phɪːtt]
dezesseis	ялхитта	[jalhɪtt]
dezessete	вуьрхlитта	[vʉrh'ɪtt]
dezoito	берхlитта	[berh'ɪtt]
dezenove	ткъесна	[tq?esn]

vinte	ткъа	[tq?a]
vinte e um	ткъе цхьаъ	[tq?e ʦha?]
vinte e dois	ткъе шиъ	[tq?e ʃɪ]
vinte e três	ткъе кхоъ	[tq?e qɔ]

| trinta | ткъе итт | [tq?e ɪtt] |
| trinta e um | ткхе цхьайтта | [tqe ʦhajtt] |

trinta e dois	ткъе шийтта	[tqʔe ʃɪːtt]
trinta e três	ткъе кхойтта	[tqʔe qɔjtt]
quarenta	шовзткъа	[ʃɔvztqʔ]
quarenta e um	шовзткъе цхьаъ	[ʃɔvztqʔe tshaʔ]
quarenta e dois	шовзткъе шиъ	[ʃɔvztqʔe ʃɪ]
quarenta e três	шовзткъе кхоъ	[ʃɔvztqʔe qɔ]
cinquenta	шовзткъе итт	[ʃɔvztqʔe ɪtt]
cinquenta e um	шовзткъе цхьайтта	[ʃɔvztqʔe tshajtt]
cinquenta e dois	шовзткъе шийтта	[ʃɔvztqʔe ʃɪːtt]
cinquenta e três	шовзткъе кхойтта	[ʃɔvztqʔe qɔjtt]
sessenta	кхузткъа	[quztqʔ]
sessenta e um	кхузткъе цхьаъ	[quztqʔe tsha ʔ]
sessenta e dois	кхузткъе шиъ	[quztqʔe ʃɪʔ]
sessenta e três	кхузткъе кхоъ	[quztqʔe qɔʔ]
setenta	кхузткъа итт	[quztqʔ ɪtt]
setenta e um	кхузткъе цхьайтта	[quztqʔe tshajtt]
setenta e dois	кхузткъе шийтта	[quztqʔe ʃɪːtt]
setenta e três	кхузткъе кхойтта	[quztqʔe qɔjtt]
oitenta	дезткъа	[deztqʔ]
oitenta e um	дезткъе цхьаъ	[deztqʔe tsha ʔ]
oitenta e dois	дезткъе шиъ	[deztqʔe ʃɪ]
oitenta e três	дезткъе кхоъ	[deztqʔe qɔ]
noventa	дезткъа итт	[deztqʔ ɪtt]
noventa e um	дезткъе цхьайтта	[deztqʔe tshajtt]
noventa e dois	дезткъе шийтта	[deztqʔe ʃɪːtt]
noventa e três	дезткъе кхойтта	[deztqʔe qɔjtt]

5. Números cardinais. Parte 2

cem	бlе	[bʼe]
duzentos	ши бlе	[ʃɪ bʼe]
trezentos	кхо бlе	[qɔ bʼe]
quatrocentos	диъ бlе	[dɪʔ bʼe]
quinhentos	пхи бlе	[phɪ bʼe]
seiscentos	ялх бlе	[jalh bʼe]
setecentos	ворхl бlе	[vɔrhʼ bʼe]
oitocentos	бархl бlе	[barhʼ bʼe]
novecentos	исс бlе	[ɪss bʼe]
mil	эзар	[ɛzar]
dois mil	ши эзар	[ʃɪ ɛzar]
três mil	кхо эзар	[qɔ ɛzar]
dez mil	итт эзар	[ɪtt ɛzar]
cem mil	бlе эзар	[bʼe ˈɛzar]
um milhão	миллион	[mɪllɪɔn]
um bilhão	миллиард	[mɪllɪard]

6. Números ordinais

primeiro (adj)	хьалхара	[halhar]
segundo (adj)	шолгӏа	[ʃolɣ]
terceiro (adj)	кхоалгӏа	[qɔalɣ]
quarto (adj)	доьалгӏа	[dø'alɣ]
quinto (adj)	пхоьлгӏа	[phølɣ]
sexto (adj)	йолхалгӏа	[jolhalɣ]
sétimo (adj)	ворхӏалгӏа	[vorh'alɣ]
oitavo (adj)	бархӏалгӏа	[barh'alɣ]
nono (adj)	уьссалгӏа	[ʉssalɣ]
décimo (adj)	итталгӏа	[ɪttalɣ]

7. Números. Frações

fração (f)	дакъалла	[daqʔall]
um meio	шоалгӏачун цхьаъ	[ʃoalɣatʃun tsha?]
um terço	кхоалгӏачун цхьаъ	[qɔalɣatʃun tsha?]
um quarto	доьалгӏачун цхьаъ	[dø'alɣatʃun tsha?]
um oitavo	бархӏалгӏачун цхьаъ	[barh'alɣtʃun tsha?]
um décimo	итталгӏачун цхьаъ	[ɪttalɣatʃun tsha?]
dois terços	кхоалгӏачун шиъ	[qɔalɣatʃun ʃɪ?]
três quartos	доьалгӏачун кхоъ	[dø'alɣatʃun qɔ?]

8. Números. Operações básicas

subtração (f)	тӏерадаккхар	[t'eradakqar]
subtrair (vi, vt)	тӏерадаккха	[t'eradakq]
divisão (f)	декъар	[deqʔar]
dividir (vt)	декъа	[deqʔ]
adição (f)	вовшахтохар	[vovʃahtohar]
somar (vt)	вовшахтоха	[vovʃahtoh]
adicionar (vt)	тӏетоха	[t'etoh]
multiplicação (f)	эцар	[ɛtsar]
multiplicar (vt)	эца	[ɛts]

9. Números. Diversos

algarismo, dígito (m)	цифра	[tsɪfr]
número (m)	терахь	[terah]
numeral (m)	терахьдош	[terahdɔʃ]
menos (m)	минус	[mɪnus]
mais (m)	тӏетоха	[t'etoh]
fórmula (f)	формула	[fɔrmul]
cálculo (m)	ларар	[larar]
contar (vt)	лара	[lar]

calcular (vt)	лара	[lar]
comparar (vt)	дуста	[dust]
Quanto?	Мел?	[mel]
Quantos? -as?	Маса?	[mas]
soma (f)	жамI	[ʒam']
resultado (m)	хилам	[hɪlam]
resto (m)	бухадиснарг	[buhadɪsnarg]
alguns, algumas ...	масех	[maseh]
pouco (~ tempo)	кIезиг	[k'ezɪg]
resto (m)	бухадиснарг	[buhadɪsnarg]
um e meio	цхьаъ ах	[ʦha? 'ah]
dúzia (f)	цIов	[ʦ'ɔv]
ao meio	шин декъе	[ʃɪn deq?e]
em partes iguais	цхьабосса	[ʦhabɔss]
metade (f)	ах	[ah]
vez (f)	цкъа	[ʦq?a]

10. Os verbos mais importantes. Parte 1

abrir (vt)	схьаделла	[shadell]
acabar, terminar (vt)	чекхдаккха	[ʧeqdakq]
aconselhar (vt)	хьехам бан	[heham ban]
adivinhar (vt)	хаа	[ha'a]
advertir (vt)	дIахьедан	[d'ahedan]
ajudar (vt)	гIо дан	[ɣɔ dan]
almoçar (vi)	делкъана хIума яа	[delq?an h'um ja'a]
alugar (~ um apartamento)	лаца	[laʦ]
amar (pessoa)	деза	[dez]
ameaçar (vt)	кхерам тийса	[qeram tɪːs]
anotar (escrever)	дIаяздан	[d'ajazdan]
apressar-se (vr)	сихдала	[sɪhdal]
arrepender-se (vr)	дагахьбаллам хила	[dagahballam hɪl]
assinar (vt)	куьг тaIо	[kʉg ta'ɔ]
brincar (vi)	забарш ян	[zabarʃ jan]
brincar, jogar (vi, vt)	ловза	[lɔvz]
buscar (vt)	леха	[leh]
caçar (vi)	талла эха	[tall ɛh]
cair (vi)	охьаэга	[ɔhaəg]
cavar (vt)	ахка	[ahk]
chamar (~ por socorro)	кхайкха	[qajq]
chegar (vi)	дан	[dan]
chorar (vi)	делха	[delh]
começar (vt)	доло	[dɔlɔ]
comparar (vt)	дуста	[dust]
concordar (dizer "sim")	реза хила	[rez hɪl]
confiar (vt)	теша	[teʃ]

confundir (equivocar-se)	тило	[tɪlɔ]
conhecer (vt)	довза	[dɔvz]
contar (fazer contas)	лара	[lar]
contar com ...	дагахь хила	[dagah hɪl]
continuar (vt)	дахдан	[dahdan]

controlar (vt)	тlехьажа	[t'ehaʒ]
convidar (vt)	схьакхайкха	[shaqajq]
correr (vi)	дада	[dad]
criar (vt)	кхолла	[qɔll]
custar (vt)	деха	[deh]

11. Os verbos mais importantes. Parte 2

dar (vt)	дала	[dal]
dar uma dica	къедо	[q?edɔ]
decorar (enfeitar)	хаздан	[hazdan]
defender (vt)	лардан	[lardan]
deixar cair (vt)	охьаэго	[ɔhaəgɔ]

descer (para baixo)	охьадан	[ɔhadan]
desculpar-se (vr)	бехк цабиллар деха	[behk tsabɪllar deh]
dirigir (~ uma empresa)	куьйгаллз дан	[kʉjgallz dan]
discutir (notícias, etc.)	дийцаре дилла	[dɪːtsare dɪll]

disparar, atirar (vi)	кхийса	[qɪːs]
dizer (vt)	ала	[al]
duvidar (vt)	шекьхила	[ʃək'hɪl]
encontrar (achar)	каро	[karɔ]
enganar (vt)	lexo	['ehɔ]

entender (vt)	кхета	[qet]
entrar (na sala, etc.)	чудахар	[tʃudahar]
enviar (uma carta)	дlадахьийта	[d'adahːt]
errar (enganar-se)	гlалатдала	[ɣalatdal]
escolher (vt)	харжар	[harʒar]

esconder (vt)	дlадилла	[d'adɪll]
escrever (vt)	яздан	[jazdan]
esperar (aguardar)	хьежа	[heʒ]
esperar (ter esperança)	догдаха	[dɔgdah]
esquecer (vt)	дицдала	[dɪtsdal]

estudar (vt)	lамо	['amɔ]
exigir (vt)	тlедожо	[t'edɔʒɔ]
existir (vi)	хила	[hɪl]
explicar (vt)	кхето	[qetɔ]

falar (vi)	мотт бийца	[mɔtt bɪːts]
faltar (a la escuela, etc.)	юкъахдита	[juq?ahdɪt]
fazer (vt)	дан	[dan]
ficar em silêncio	къамел ца дан	[q?amel ts dan]
gabar-se (vr)	куралла ян	[kurall jan]
gostar (apreciar)	хазахета	[hazahet]

gritar (vi)	мохь бетта	[mɔh bett]
guardar (fotos, etc.)	лардан	[lardan]
informar (vt)	информаци ян, хаам бан	[ɪnfɔrmatsɪ jan], [ha'am ban]
insistir (vi)	тӀера ца вала	[t'er tsa val]

insultar (vt)	сий дайа	[sɪ: daj]
interessar-se (vr)	довза лаа	[dɔvz la'a]
ir (a pé)	даха	[dah]
ir nadar	лийча	[lɪ:tʃ]
jantar (vi)	пхьор дан	[phɔr dan]

12. Os verbos mais importantes. Parte 3

ler (vt)	еша	[eʃ]
libertar, liberar (vt)	мукъадаккха	[muq?adakq]
matar (vt)	ден	[den]
mencionar (vt)	хьахо	[haho]
mostrar (vt)	гайта	[gajt]

mudar (modificar)	хийца	[hɪ:ts]
nadar (vi)	нека дан	[nek dan]
negar-se a ... (vr)	дуьхьал хила	[duhal hɪl]
objetar (vt)	дуьхьал хила	[duhal hɪl]

observar (vt)	тергам бан	[tergam ban]
ordenar (mil.)	омра дан	[ɔmr dan]
ouvir (vt)	хаза	[haz]
pagar (vt)	ахча дала	[ahtʃ dal]
parar (vi)	саца	[sats]

parar, cessar (vt)	дӀасацо	[d'asatsɔ]
participar (vi)	дакъа лаца	[daq? lats]
pedir (comida, etc.)	заказ ян	[zakaz jan]
pedir (um favor, etc.)	деха	[deh]
pegar (tomar)	схьаэца	[shaets]

pegar (uma bola)	леца	[lets]
pensar (vi, vt)	ойла ян	[ɔjl jan]
perceber (ver)	ган	[gan]
perdoar (vt)	геч дан	[getʃ dan]
perguntar (vt)	хатта	[hatt]

permitir (vt)	магийта	[magɪ:t]
pertencer a ... (vi)	хила	[hɪl]
planejar (vt)	план хӀотто	[plan h'ɔttɔ]
poder (~ fazer algo)	мага	[mag]
possuir (uma casa, etc.)	хила	[hɪl]

preferir (vt)	гӀоли хета	[ɣɔlɪ het]
preparar (vt)	кечдан	[ketʃdan]
prever (vt)	хиндерг хаа	[hɪnderg ha'a]
prometer (vt)	валда дан	[va'd dan]
pronunciar (vt)	ала	[al]
propor (vt)	хьахо	[haho]

punir (castigar)	таlзар дан	[ta'zar dan]
quebrar (vt)	кегдан	[kegdan]
queixar-se de ...	латкъа	[latq?]
querer (desejar)	лаа	[la'a]

13. Os verbos mais importantes. Parte 4

ralhar, repreender (vt)	дов дан	[dɔv dan]
recomendar (vt)	мага дан	[mag dan]
repetir (dizer outra vez)	юхаала	[juha'al]
reservar (~ um quarto)	резервировать ян	[rezerwɪrɔvatʲ jan]
responder (vt)	жоп дала	[ʒɔp dal]

rezar, orar (vi)	ламаз дан	[lamaz dan]
rir (vi)	дела	[del]
roubar (vt)	лечкъо	[letʃq?ɔ]
saber (vt)	хаа	[ha'a]
sair (~ de casa)	арадалар	[aradalar]

salvar (resgatar)	кlелхьардаккха	[k'elhardakq]
seguir (~ alguém)	тlаьхьадаха	[t'æhadah]
sentar-se (vr)	охьахаа	[ɔhaha'a]
ser necessário	оьшуш хила	[øʃuʃ hɪl]

ser, estar	хила	[hɪl]
significar (vt)	маьlна хила	[mæ'n hɪl]
sorrir (vi)	дела къежа	[del q?eʒ]
subestimar (vt)	ма-дарра ца лара	[ma darr tsa lar]
surpreender-se (vr)	цецдала	[tsetsdal]

tentar (~ fazer)	хьажа	[haʒ]
ter (vt)	хила	[hɪl]
ter fome	хlума яаа лаа	[h'um ja'a la'a]

ter medo	кхера	[qer]
ter sede	мала лаа	[mal la'a]
tocar (com as mãos)	куьг тоха	[kʉg tɔh]
tomar café da manhã	марта даа	[mart da'a]
trabalhar (vi)	болх бан	[bɔlh ban]
traduzir (vt)	талмажалла дан	[talmaʒall dan]

unir (vt)	цхьанатоха	[tshænatɔh]
vender (vt)	дохка	[dɔhk]
ver (vt)	ган	[gan]
virar (~ para a direita)	дlадерза	[d'aderz]
voar (vi)	лела	[lel]

14. Cores

cor (f)	бос	[bɔs]
tom (m)	амат	[amat]
tonalidade (m)	бос	[bɔs]

arco-íris (m)	стелалад	[stela'ad]
branco (adj)	кӀайн	[k'ajn]
preto (adj)	Ӏаьржа	['ærʒ]
cinza (adj)	сира	[sɪr]

verde (adj)	баьццара	[bætsar]
amarelo (adj)	можа	[mɔʒ]
vermelho (adj)	цӀен	[ts'en]

azul (adj)	сийна	[sɪːn]
azul claro (adj)	сийна	[sɪːn]
rosa (adj)	сирла-цӀен	[sɪrl ts'en]
laranja (adj)	цӀехо-можа	[ts'eho mɔʒ]
violeta (adj)	цӀехо-сийна	[ts'eho sɪːn]
marrom (adj)	боьмаша	[bømaʃ]

| dourado (adj) | дашо | [daʃɔ] |
| prateado (adj) | детиха | [detɪh] |

bege (adj)	бежеви	[beʒewɪ]
creme (adj)	беда-можа	[bed mɔʒ]
turquesa (adj)	бирюзан бос	[bɪrʉzan bɔs]
vermelho cereja (adj)	баьллийн бос	[bællɪːn bɔs]
lilás (adj)	сирла-сийна	[sɪrl sɪːn]
carmim (adj)	камарийн бос	[kamarɪːn bɔs]

claro (adj)	сирла	[sɪrl]
escuro (adj)	Ӏаьржа	['ærʒ]
vivo (adj)	къегина	[q?egɪn]

de cor	бесара	[besar]
a cores	бос болу	[bɔs bɔlu]
preto e branco (adj)	кӀайн-Ӏаьржа	[k'ajn 'ærʒ]
unicolor (de uma só cor)	цхьана бесара	[tshan besar]
multicolor (adj)	бес-бесара	[bes besar]

15. Questões

Quem?	Мила?	[mɪl]
O que?	ХӀун?	[h'un]
Onde?	Мичахь?	[mɪtʃah]
Para onde?	Мича?	[mɪtʃ]
De onde?	Мичара?	[mɪtʃar]
Quando?	Маца?	[mats]
Para quê?	Стенна?	[stenn]
Por quê?	ХӀунда?	[h'und]

Para quê?	Стенан?	[stenan]
Como?	Муха?	[muha]
Qual (~ é o problema?)	Муьлха?	[mʉlha]
Qual (~ deles?)	Масалрӏа?	[masalɣ]

| A quem? | Хьанна? | [hann] |
| De quem? | Хьанах лаьцна? | [hanah lætsn] |

Do quê?	Стенах лаьцна?	[stenɑh læʦn]
Com quem?	Хьаьнца?	[hænʦ]
Quantos? -as?	Маса?	[mɑs]
Quanto?	Мел?	[mel]
De quem? (masc.)	Хьенан?	[henɑn]

16. Preposições

com (prep.)	цхьан	[ʦhɑn]
sem (prep.)	доцуш	[dɔʦuʃ]
a, para (exprime lugar)	чу	[ʧu]
antes de ...	хьалха	[hɑlh]
em frente de ...	хьалха	[hɑlh]

debaixo de ...	кӀел	[k'el]
sobre (em cima de)	тӀехула	[t'ehul]
em ..., sobre ...	тӀехь	[t'eh]

| em (~ 3 dias) | даьлча | [dælʧ] |
| por cima de ... | хула | [hul] |

17. Palavras funcionais. Advérbios. Parte 1

Onde?	Мичахь?	[mɪʧɑh]
aqui	хьоккхузахь	[hɔkquzɑh]
lá, ali	цигахь	[ʦɪgɑh]

| em algum lugar | цхьанхьа-м | [ʦhɑnhɑ m] |
| em lugar nenhum | цхьаннахьа а | [ʦhɑnnɑh ɑ] |

| perto de ... | уллехь | [ulleh] |
| perto da janela | кора уллехь | [kɔr ulleh] |

Para onde?	Мича?	[mɪʧ]
aqui	кхузахь	[quzɑh]
para lá	цига	[ʦɪg]
daqui	хӀокхузара	[h'ɔkquzɑr]
de lá, dali	цигара	[ʦɪgɑr]

| perto | герга | [gerg] |
| longe | гена | [gen] |

perto de ...	улло	[ullɔ]
à mão, perto	юххе	[juhe]
não fica longe	гена доцу	[gen dɔʦu]

esquerdo (adj)	аьрру	[ærru]
à esquerda	аьрру аглорхьара	[ærru ɑɣɔrhɑr]
para a esquerda	аьрру аглор	[ærru ɑɣɔr]
direito (adj)	аьтту	[ættu]
à direita	аьтту аглорхьара	[ættu ɑɣɔrhɑr]

23

para a direita	аьтту arlop	[ættu aɣɔr]
em frente	хьалха	[halh]
da frente	хьалхара	[halhar]
adiante (para a frente)	хьалха	[halh]

atrás de ...	тlexьа	[t'eh]
de trás	тlaьхьа	[t'æh]
para trás	юхо	[juho]

meio (m), metade (f)	юкъ	[juq?]
no meio	юккъе	[jukq?e]

do lado	arlop	['aɣɔr]
em todo lugar	массанхьа	[massanh]
por todos os lados	гонаха	[gɔnah]

de dentro	чухула	[ʧuhul]
para algum lugar	цхьанхьа	[tshanh]
diretamente	нийсса дla	[nɪːss d'a]
de volta	юха	[juh]

de algum lugar	миччара а	[mɪʧar a]
de algum lugar	цхьанхьара	[tshanhar]

em primeiro lugar	цкъа-делахь	[tsq?a delah]
em segundo lugar	шолгla-делахь	[ʃɔlɣ delah]
em terceiro lugar	кхоалгla-делахь	[qɔalɣ delah]

de repente	цlexxьана	[ts'ehan]
no início	юьхьенца	[juhents]
pela primeira vez	дуьxxьара	[duhar]
muito antes de ...	хьалххе	[halhe]
de novo	юха	[juh]
para sempre	гуттаренна	[guttarenn]

nunca	цкъа а	[tsq?a 'a]
de novo	кхин цкъа а	[qɪn tsq?]
agora	хlинца	[h'ɪnts]
frequentemente	кест-кеста	[kest kest]
então	хlетахь	[h'etah]
urgentemente	чехка	[ʧehk]
normalmente	нехан санна	[nehan sann]

a propósito, ...	шен метта	[ʃen mett]
é possível	тарлун ду	[tarlun du]
provavelmente	хила мегаш хила	[hɪl megaʃ hɪl]
talvez	хила мега	[hɪl meg]
além disso, ...	цул совнаха, ...	[tsul sɔvnaha]
por isso ...	цундела	[tsundel]
apesar de ...	делахь а ...	[delah a ...]
graças a ...	бахьана долуш ...	[bahan dɔluʃ]

que (pron.)	хlун	[h'un]
que (conj.)	а	['a]
algo	цхьаъ-м	[tsha? m]
alguma coisa	цхьа хlума	[tsha hum]

nada	хӀумма а дац	[h'umm a dats]
quem	мила	[mɪl]
alguém (~ que ...)	цхьаъ	[tsha?]
alguém (com ~)	цхьаъ	[tsha?]

ninguém	цхьа а	[tsha a]
para lugar nenhum	цхьанххьа а	[tshanh a]
de ninguém	цхьаьннан а	[tshænnan a]
de alguém	цхьаьннан	[tshænnan]

tão	иштта	[ɪʃtt]
também (gostaria ~ de ...)	санна	[sann]
também (~ eu)	а	['a]

18. Palavras funcionais. Advérbios. Parte 2

Por quê?	Хӏунда?	[h'und]
por alguma razão	цхьанна-м	[tshanna m]
porque ...	цундела	[tsundel]
por qualquer razão	цхьана хӏуманна	[tshan humann]

e (tu ~ eu)	а-а	[ə- ə]
ou (ser ~ não ser)	я	[ja]
mas (porém)	амма	[amm]

muito, demais	дукха	[duq]
só, somente	бен	[ben]
exatamente	нийсса	[nɪːss]
cerca de (~ 10 kg)	герга	[gerg]

aproximadamente	герггарчу хьесапехь	[gerggartʃu hesapeh]
aproximado (adj)	герггарчу хьесапера	[gerggartʃu hesaper]
quase	герга	[gergg]
resto (m)	бухадиснарг	[buhadɪsnarg]
cada (adj)	хӏор	[h'ɔr]
qualquer (adj)	муьлхха а	[mʉlha]
muito, muitos, muitas	дукха	[duq]
muitas pessoas	дуккха а	[dukq a]
todos	дерриг	[derrɪg]

em troca de ...	цхьана ... хийцина	[tshan hɪːtsɪn]
em troca	метта	[mett]
à mão	куьйга	[kʉjg]
pouco provável	те	[te]

provavelmente	схьахетарехь	[shahetareh]
de propósito	хуъушехь	[hy?uʃeh]
por acidente	ларамаза	[laramaz]

muito	чӏоарӏа	[tʃʼɔ'aɣ]
por exemplo	масала	[masal]
entre	юккъехь	[jukq?eh]
entre (no meio de)	юккъехь	[jukq?eh]
especialmente	къасттина	[q?asttɪn]

Conceitos básicos. Parte 2

19. Opostos

rico (adj)	хьал долу	[hal dɔlu]
pobre (adj)	къен	[qʔen]
doente (adj)	цомгуш	[ʦɔmguʃ]
bem (adj)	могуш	[mɔguʃ]
grande (adj)	доккха	[dɔkq]
pequeno (adj)	жима	[ʒɪm]
rapidamente	сиха	[sɪh]
lentamente	меллаша	[mellaʃ]
rápido (adj)	маса	[mas]
lento (adj)	меллаша	[mellaʃ]
alegre (adj)	самукъане	[samuqʔane]
triste (adj)	гӏайгӏане	[ɣajɣane]
juntos (ir ~)	цхьана	[ʦhan]
separadamente	къастина	[qʔastɪn]
em voz alta (ler ~)	хезаш	[hezaʃ]
para si (em silêncio)	ша-шена	[ʃa ʃen]
alto (adj)	лекха	[leq]
baixo (adj)	лоха	[lɔh]
profundo (adj)	кӏоарга	[kʼɔarg]
raso (adj)	гомха	[gɔmh]
sim	хьаъ	[haʔ]
não	хӏан-хӏа	[hʼan hʼa]
distante (adj)	генара	[genar]
próximo (adj)	гергара	[gerggar]
longe	гена	[gen]
à mão, perto	юххехь	[juheh]
longo (adj)	деха	[deh]
curto (adj)	доца	[dɔʦs]
bom (bondoso)	дика	[dɪk]
mal (adj)	вон	[vɔn]
casado (adj)	зуда ялийна	[zud jalɪːn]

solteiro (adj)	зуд ялоза	[zud jalɔz]
proibir (vt)	дехка	[dehk]
permitir (vt)	магийта	[magɪːt]
fim (m)	чаккхе	[ʧakqe]
início (m)	юьхь	[juh]
esquerdo (adj)	аьрру	[ærru]
direito (adj)	аьтту	[ættu]
primeiro (adj)	хьалхара	[halhar]
último (adj)	тӏаьххьара	[tʼæhar]
crime (m)	зулам	[zulam]
castigo (m)	таӏзар	[taʼzar]
ordenar (vt)	буьйр дан	[bujr dan]
obedecer (vt)	муьтӏахь хила	[mutʼah hɪl]
reto (adj)	нийса	[nɪːs]
curvo (adj)	гона	[gɔn]
paraíso (m)	ялсамани	[jalsamanɪ]
inferno (m)	жоьжахати	[ʒøʒahatɪ]
nascer (vi)	хила	[hɪl]
morrer (vi)	дала	[dal]
forte (adj)	нуьцкъала	[nutsqʔal]
fraco, débil (adj)	гӏийла	[ɣɪːl]
velho, idoso (adj)	къена	[qʔen]
jovem (adj)	къона	[qʔɔn]
velho (adj)	тиша	[tɪʃ]
novo (adj)	цӏина	[tsʼɪn]
duro (adj)	чӏоарла	[ʧʼɔʼaɣ]
macio (adj)	кӏеда	[kʼed]
quente (adj)	мела	[mel]
frio (adj)	шийла	[ʃɪːl]
gordo (adj)	стомма	[stɔmm]
magro (adj)	оза	[ɔz]
estreito (adj)	готта	[gɔtt]
largo (adj)	шуьйра	[ʃujr]
bom (adj)	дика	[dɪk]
mau (adj)	вон	[vɔn]
valente, corajoso (adj)	майра	[majr]
covarde (adj)	осала	[ɔsal]

20. Dias da semana

segunda-feira (f)	оршот	[ɔrʃɔt]
terça-feira (f)	шинара	[ʃɪnar]
quarta-feira (f)	кхаара	[qaʼar]
quinta-feira (f)	еара	[ear]
sexta-feira (f)	пlераска	[pʼerask]
sábado (m)	шот	[ʃɔt]
domingo (m)	кlиранде	[kʼɪrande]

hoje	тахана	[tɑhan]
amanhã	кхана	[qɑn]
depois de amanhã	лама	[lɑm]
ontem	селхана	[selhan]
anteontem	стомара	[stɔmɑr]

dia (m)	де	[de]
dia (m) de trabalho	белхан де	[belhan de]
feriado (m)	деза де	[dez de]
dia (m) de folga	мукъа де	[muqʔ de]
fim (m) de semana	мукъа денош	[muqʔ denɔʃ]

o dia todo	деррига де	[derrɪg de]
no dia seguinte	шолгlачу дийнахь	[ʃɔlɣɑtʃu dɪːnɑh]
há dois dias	ши де хьалха	[ʃɪ de halh]
na véspera	де хьалха	[de halh]
diário (adj)	хlор денна хуьлу	[hʼɔr denn hʉlu]
todos os dias	хlор денна хуьлу	[hʼɔr denn hʉlu]

semana (f)	кlира	[kʼɪr]
na semana passada	дlадаханчу кlирнахь	[dʼadahantʃu kʼɪrnah]
semana que vem	тlедогlучу кlирнахь	[tʼedɔɣutʃu kʼɪrnah]
semanal (adj)	хlор кlиранан	[hʼɔr kʼɪranan]
toda semana	хlор кlирна	[hʼɔr kʼɪrn]
duas vezes por semana	кlирнахь шозза	[kʼɪrnah ʃɔzz]
toda terça-feira	хlор шинара	[hʼɔr ʃɪnar]

21. Horas. Dia e noite

manhã (f)	lуьйре	[ʼʉjre]
de manhã	lуьйранна	[ʼʉjrann]
meio-dia (m)	делкъе	[delqʔe]
à tarde	делкъан тlаьхьа	[delqʔan tʼæh]

tardinha (f)	суьйре	[sʉjre]
à tardinha	сарахь	[sarah]
noite (f)	буьса	[bʉs]
à noite	буса	[bus]
meia-noite (f)	буьйсанан юкъ	[bʉjsanan juqʔ]

segundo (m)	секунд	[sekund]
minuto (m)	минот	[mɪnɔt]
hora (f)	сахьт	[saht]

meia hora (f)	ахсахьт	[ahsaht]
quarto (m) de hora	сахьтах пхийтта	[sahtah phɪ:tt]
quinze minutos	15 минот	[phɪ:tt mɪnɔt]
vinte e quatro horas	де-буьйса	[de bɥjs]

nascer (m) do sol	малх схьакхетар	[malh shaqetar]
amanhecer (m)	сатасар	[satasar]
madrugada (f)	Iуьйранна хьалххехь	['ɥjrann halheh]
pôr-do-sol (m)	чубузар	[ʧubuzar]

de madrugada	Iуьйранна хьалххе	['ɥjrann halhe]
esta manhã	тахан Iуьйранна	[tahan 'ɥjrann]
amanhã de manhã	кхана Iуьйранна	[qan 'ɥjrann]

esta tarde	тахана дийнахь	[tahan dɪ:nah]
à tarde	делкъан тIаьхьа	[delq?an t'æh]
amanhã à tarde	кхана делкъан тIаьхьа	[qan delq?an t'æh]

esta noite, hoje à noite	тахана суьйранна	[tahan sɥjrann]
amanhã à noite	кхана суьйранна	[qan sɥjrann]

às três horas em ponto	нийсса кхоъ сахьт даьлча	[nɪ:ss qø? saht dælʧ]
por volta das quatro	диъ сахьт гергга	[dɪ? saht gergg]
às doze	шийтта сахьт долаж	[ʃɪ:tt saht dɔlaʒ]

em vinte minutos	ткъа минот яьлча	[tq? mɪnɔt jælʧ]
em uma hora	цхьа сахьт даьлча	[tsha saht dælʧ]
a tempo	шен хеннахь	[ʃən hennah]

… um quarto para	сахьтах пхийтта яьлча	[sahtah phɪ:tt jælʧ]
dentro de uma hora	сахьт даллалц	[saht dallalts]
a cada quinze minutos	xIop пхийтта минот	[h'ɔr phɪ:tt mɪnɔt]
as vinte e quatro horas	дуьззина де-буьйса	[dɥzzɪn de bɥjs]

22. Meses. Estações

janeiro (m)	январь	[janvarʲ]
fevereiro (m)	февраль	[fevralj]
março (m)	март	[mart]
abril (m)	апрель	[aprelj]
maio (m)	май	[maj]
junho (m)	июнь	[ɪjunj]

julho (m)	июль	[ɪɥlj]
agosto (m)	август	[avgust]
setembro (m)	сентябрь	[sentʲabrʲ]
outubro (m)	октябрь	[ɔktʲabrʲ]
novembro (m)	ноябрь	[nɔjabrʲ]
dezembro (m)	декабрь	[dekabrʲ]

primavera (f)	бIаьсТе	[b'æste]
na primavera	бIаьсТа	[b'æst]
primaveril (adj)	бIаьсТенан	[b'æstenan]
verão (m)	аьхке	[æhke]

29

no verão	аьхка	[æhk]
de verão	аьхкенан	[æhkenan]
outono (m)	гуьйре	[gʉjre]
no outono	гурахь	[gurah]
outonal (adj)	гуьйренан	[gʉjrenan]
inverno (m)	ла	['a]
no inverno	лай	['aj]
de inverno	лаьнан	['ænan]
mês (m)	бутт	[butt]
este mês	кху баттахь	[qu battah]
mês que vem	тӀеборlу баттахь	[t'ebɔɣu battah]
no mês passado	байна баттахь	[bajn battah]
um mês atrás	цхьа бутт хьалха	[tsha butt halh]
em um mês	цхьа бутт баьлча	[tsha butt bæltʃ]
em dois meses	ши бутт баьлча	[ʃɪ butt bæltʃ]
todo o mês	беррига бутт	[berrɪg butt]
um mês inteiro	дийнна бутт	[dɪ:nn butt]
mensal (adj)	хӀор беттан	[h'ɔr bettan]
mensalmente	хӀор баттахь	[h'ɔr battah]
todo mês	хӀор бутт	[h'ɔr butt]
duas vezes por mês	баттахь 2	[battah ʃɔzz]
ano (m)	шо	[ʃɔ]
este ano	кхушара	[quʃar]
ano que vem	тӀедоӀlучу шарахь	[t'edɔɣutʃu ʃarah]
no ano passado	стохка	[stɔhk]
há um ano	шо хьалха	[ʃɔ halh]
em um ano	шо даьлча	[ʃɔ dæltʃ]
dentro de dois anos	ши шо даьлча	[ʃɪ ʃɔ dæltʃ]
todo o ano	деррига шо	[derrɪg ʃɔ]
um ano inteiro	дийнна шо	[dɪ:nn ʃɔ]
cada ano	хӀор шо	[h'ɔr ʃɔ]
anual (adj)	хӀор шеран	[h'ɔr ʃəran]
anualmente	хӀор шарахь	[h'ɔr ʃarah]
quatro vezes por ano	шарахь 4	[ʃarah døazz]
data (~ de hoje)	де	[de]
data (ex. ~ de nascimento)	терахь	[terah]
calendário (m)	календарь	[kalendar']
meio ano	ахшо	[ahʃɔ]
seis meses	ахшо	[ahʃɔ]
estação (f)	зам	[zam]
século (m)	оьмар	[ømar]

23. Tempo. Diversos

tempo (m)	хан	[han]
momento (m)	бӀарган негӀар туху юкъ	[b'argan neɣar tuhu juq?]

instante (m)	бlарган неГlар туху юкъ	[b'argan neɣar tuhu juq?]
instantâneo (adj)	цlеххьана	[ts'ehan]
lapso (m) de tempo	хенан юкъ	[henan juq?]
vida (f)	дахар	[dahar]
eternidade (f)	абаде	[abade]

época (f)	мур	[mur]
era (f)	зама	[zam]
ciclo (m)	цикл	[tsɪkl]
período (m)	мур	[mur]
prazo (m)	хан	[han]

futuro (m)	тlедоrly	[t'edɔɣu]
futuro (adj)	тlедоrly	[t'edɔɣu]
da próxima vez	тlаьхьахула	[t'æhahul]
passado (m)	дlадахнарг	[d'adahnarg]
passado (adj)	дlадахнар	[d'adahnar]
na última vez	тохар	[tohar]
mais tarde	тlаккха	[t'akq]
depois de ...	тlаьхьа	[t'æh]
atualmente	хlинца	[h'ɪnts]
agora	хlинцца	[h'ɪnts]
imediatamente	хьем ца беш	[hem tsa beʃ]
em breve	кеста	[kest]
de antemão	хьалххе	[halhe]

há muito tempo	тоххара	[tohar]
recentemente	дукха хан йоццуш	[duq han jotsuʃ]
destino (m)	кхел	[qel]
recordações (f pl)	диццадалар	[dɪtsadalar]
arquivo (m)	архив	[arhɪv]
durante ...	хеннахь ...	[hennah]
durante muito tempo	дукха	[duq]
pouco tempo	дукха дац	[duq dats]
cedo (levantar-se ~)	хьалха	[halh]
tarde (deitar-se ~)	тlаьхьа	[t'æh]

para sempre	даиманна	[daɪmann]
começar (vt)	доло	[dɔlɔ]
adiar (vt)	тlаьхьадаккха	[t'æhadakq]

ao mesmo tempo	цхьана хеннахь	[tshan hennah]
permanentemente	даимлера	[daɪmler]
constante (~ ruído, etc.)	хаддаза	[haddaz]
temporário (adj)	ханна	[hann]

às vezes	наггахь	[naggah]
raras vezes, raramente	кеста ца хуьлу	[kest tsa hʉlu]
frequentemente	кест-кеста	[kest kest]

24. Linhas e formas

quadrado (m)	квадрат	[kvadrat]
quadrado (adj)	квадратан	[kvadratan]

círculo (m)	го	[gɔ]
redondo (adj)	горга	[gɔrg]
triângulo (m)	кхосаберг	[qɔsaberg]
triangular (adj)	кхо са болу	[qɔ sa bɔlu]

oval (f)	овал	[ɔval]
oval (adj)	овалан	[ɔvalan]
retângulo (m)	нийса саберг	[nɪːs saberg]
retangular (adj)	нийса сенаш долу	[nɪːs senaʃ dɔlu]

pirâmide (f)	пирамида	[pɪramɪd]
losango (m)	ромб	[rɔmb]
trapézio (m)	трапеци	[trapetsɪ]
cubo (m)	куб	[kub]
prisma (m)	призма	[prɪzm]

circunferência (f)	хӏоз	[h'ɔz]
esfera (f)	тӏехула	[t'ehul]
globo (m)	горгал	[gɔrgal]
diâmetro (m)	диаметр	[dɪametr]
raio (m)	радиус	[radɪus]
perímetro (m)	периметр	[perɪmetr]
centro (m)	центр	[tsentr]

horizontal (adj)	ана	[an]
vertical (adj)	ирх	[ɪrh]
paralela (f)	параллель	[parallelj]
paralelo (adj)	параллельни	[paralleljnɪ]

linha (f)	сиз	[sɪz]
traço (m)	сиз	[sɪz]
reta (f)	нийсаниг	[nɪːsanɪg]
curva (f)	гома сиз	[gɔm sɪz]
fino (linha ~a)	дуткъа	[dutq?]
contorno (m)	гӏаларт	[ɣalart]

interseção (f)	хадор	[hadɔr]
ângulo (m) reto	нийса саберг	[nɪːs saberg]
segmento (m)	сегмент	[segment]
setor (m)	сектор	[sektɔr]
lado (de um triângulo, etc.)	арло	['ayɔ]
ângulo (m)	са	[s]

25. Unidades de medida

peso (m)	дозалла	[dɔzall]
comprimento (m)	йохалла	[johall]
largura (f)	шоралла	[ʃɔrall]
altura (f)	лакхалла	[laqall]
profundidade (f)	кӏоргалла	[k'ɔrgall]
volume (m)	дукхалла	[duqall]
área (f)	майда	[majd]
grama (m)	грамм	[gramm]
miligrama (m)	миллиграмм	[mɪllɪgramm]

quilograma (m)	килограмм	[kɪlɔgramm]
tonelada (f)	тонна	[tɔn]
libra (453,6 gramas)	герка	[gerk]
onça (f)	унци	[untsɪ]

metro (m)	метр	[metr]
milímetro (m)	миллиметр	[mɪllɪmetr]
centímetro (m)	сантиметр	[santɪmetr]
quilômetro (m)	километр	[kɪlɔmetr]
milha (f)	миля	[mɪlj]

polegada (f)	дюйм	[dʉjm]
pé (304,74 mm)	фут	[fut]
jarda (914,383 mm)	ярд	[jard]

| metro (m) quadrado | квадратни метр | [kvadratnɪ metr] |
| hectare (m) | гектар | [gektar] |

litro (m)	литр	[lɪtr]
grau (m)	градус	[gradus]
volt (m)	вольт	[vɔljt]
ampère (m)	ампер	[amper]
cavalo (m) de potência	говран ницкъ	[gɔvran nɪtsq?]

quantidade (f)	дукхалла	[duqall]
um pouco de ...	кӀезиг	[k'ezɪg]
metade (f)	ах	[ah]
dúzia (f)	цӀов	[ts'ɔv]
peça (f)	цхьаъ	[tsha?]

| tamanho (m), dimensão (f) | барам | [baram] |
| escala (f) | масштаб | [masʃtab] |

mínimo (adj)	уггар кӀезиг	[uggar k'ezɪg]
menor, mais pequeno	уггара кӀезигаха долу	[uggar k'ezɪgaha dɔlu]
médio (adj)	юккъера	[jukq?er]
máximo (adj)	уггар дукха	[uggar duq]
maior, mais grande	уггара дукхаха долу	[uggar duqaha dɔlu]

26. Recipientes

pote (m) de vidro	банка	[bank]
lata (~ de cerveja)	банка	[bank]
balde (m)	ведар	[wedar]
barril (m)	боьшка	[bøʃk]

bacia (~ de plástico)	тас	[tas]
tanque (m)	бак	[bak]
cantil (m) de bolso	фляжк	[fljaʒk]
galão (m) de gasolina	канистр	[kanɪstr]
cisterna (f)	цистерна	[tsɪstern]

| caneca (f) | кружка | [kruʒk] |
| xícara (f) | кад | [kad] |

pires (m)	бошхап	[bɔʃhap]
copo (m)	стака	[stak]
taça (f) de vinho	кад	[kad]
panela (f)	яй	[jaj]

| garrafa (f) | шиша | [ʃɪʃ] |
| gargalo (m) | бертиг | [bertɪg] |

jarra (f)	сурийла	[surɪːl]
jarro (m)	кӏудал	[k'udal]
recipiente (m)	пхьерла	[pheɣ]
pote (m)	кхаба	[qab]
vaso (m)	ваза	[vaz]

frasco (~ de perfume)	флакон	[flakɔn]
frasquinho (m)	шиша	[ʃɪʃ]
tubo (m)	тюбик	[tʉbɪk]

saco (ex. ~ de açúcar)	гали	[galɪ]
sacola (~ plastica)	пакет	[paket]
maço (de cigarros, etc.)	ботт	[bɔtt]

caixa (~ de sapatos, etc.)	гӏутакх	[ɣutaq]
caixote (~ de madeira)	яьшка	[jæʃk]
cesto (m)	тускар	[tuskar]

27. Materiais

material (m)	коьчал	[køtʃal]
madeira (f)	дитт	[dɪtt]
de madeira	дечиган	[detʃɪgan]

| vidro (m) | ангали | [angalɪ] |
| de vidro | ангалин | [angalɪn] |

| pedra (f) | тӏулг | [t'ulg] |
| de pedra | тӏулган | [t'ulgan] |

| plástico (m) | пластик | [plastɪk] |
| plástico (adj) | пластмассови | [plastmassɔwɪ] |

| borracha (f) | резина | [rezɪn] |
| de borracha | резинин | [rezɪnɪn] |

| tecido, pano (m) | кӏади | [k'adɪ] |
| de tecido | кӏадах | [k'adah] |

| papel (m) | кехат | [kehat] |
| de papel | кехатан | [kehatan] |

papelão (m)	мужалт	[muʒalt]
de papelão	мужалтан	[muʒaltan]
polietileno (m)	полиэтилен	[pɔlɪɛtɪlen]
celofane (m)	целлофан	[tsellɔfan]

madeira (f) compensada	фанера	[faner]
porcelana (f)	кӏайн кхийра	[k'ajn qɪːr]
de porcelana	кӏайчу кхийран	[k'ajʧu qɪːran]
argila (f), barro (m)	поппар	[ɔppar]
de barro	кхийра	[qɪːr]
cerâmica (f)	кхийра	[qɪːr]
de cerâmica	кхийран	[qɪːran]

28. Metais

metal (m)	металл	[metall]
metálico (adj)	металлан	[metallan]
liga (f)	лалам	[lalam]

ouro (m)	деши	[deʃɪ]
de ouro	дашо	[daʃɔ]
prata (f)	дети	[detɪ]
de prata	дато	[datɔ]

ferro (m)	эчиг	[ɛʧɪg]
de ferro	аьчка	[æʧk]
aço (m)	болат	[bɔlat]
de aço (adj)	болатан	[bɔlatan]
cobre (m)	цӏаста	[ts'ast]
de cobre	цӏастан	[ts'astan]

alumínio (m)	наштар	[naʃtar]
de alumínio	наштаран	[naʃtaran]
bronze (m)	борза	[bɔrz]
de bronze	борзанан	[bɔrzanan]

latão (m)	латунь	[latunj]
níquel (m)	никель	[nɪkelj]
platina (f)	кӏайн деши	[k'ajn deʃɪ]
mercúrio (m)	гинсу	[gɪnsu]
estanho (m)	гӏели	[ɣelɪ]
chumbo (m)	даш	[daʃ]
zinco (m)	цинк	[tsɪnk]

O SER HUMANO

O ser humano. O corpo

29. Humanos. Conceitos básicos

ser (m) humano	стаг	[stag]
homem (m)	боьрша стаг	[børʃ stag]
mulher (f)	зуда	[zud]
criança (f)	бер	[ber]
menina (f)	жима йоl	[ʒɪm joʕ]
menino (m)	кlант	[k'ant]
adolescente (m)	кхиазхо	[qɪazho]
velho (m)	воккха стаг	[vɔkq stag]
velha (f)	йоккха стаг	[jokq stag]

30. Anatomia humana

organismo (m)	организм	[ɔrganɪzm]
coração (m)	дог	[dog]
sangue (m)	цlий	[ts'ɪ:]
artéria (f)	дегапха	[degaph]
veia (f)	пха	[ph]
cérebro (m)	хье	[he]
nervo (m)	нерв	[nerv]
nervos (m pl)	нерваш	[nervaʃ]
vértebra (f)	букъдаьlахк	[buqʔdæ'ahk]
coluna (f) vertebral	букъсурт	[buqʔsurt]
estômago (m)	хьер	[her]
intestinos (m pl)	чуьйраш	[tʃʉjraʃ]
intestino (m)	йоьхь	[jøh]
fígado (m)	дolax	[do'ah]
rim (m)	члениг	[tʃ'enɪg]
osso (m)	даьlахк	[dæ'ahk]
esqueleto (m)	скелет	[skelet]
costela (f)	пленда	[p'end]
crânio (m)	туьта	[tʉt]
músculo (m)	дилха	[dɪlh]
bíceps (m)	пхьаьрсан пхьид	[phærsan phɪd]
tríceps (m)	трицепс	[trɪtseps]
tendão (m)	хьорзам	[horzam]
articulação (f)	хоттар	[hottar]

pulmões (m pl)	пехаш	[pehaʃ]
órgãos (m pl) genitais	стен-боьршаллин органаш	[sten børʃallɪn ɔrganaʃ]
pele (f)	цӀока	[ts'ɔk]

31. Cabeça

cabeça (f)	корта	[kɔrt]
rosto, cara (f)	юьхь	[juh]
nariz (m)	мара	[mar]
boca (f)	бага	[bag]

olho (m)	бӀаьрга	[b'ærg]
olhos (m pl)	бӀаьргаш	[b'ærgaʃ]
pupila (f)	йолбӀаьрг	[jo'b'ærg]
sobrancelha (f)	цӀоцкъам	[ts'ɔtsq?am]
cílio (f)	бӀарган неӀларийн чоьш	[b'argan neɣarɪ:n tʃøʃ]
pálpebra (f)	бӀаьрганеӀлап	[b'ærganeɣar]

língua (f)	мотт	[mɔtt]
dente (m)	церг	[tserg]
lábios (m pl)	балдаш	[baldaʃ]
maçãs (f pl) do rosto	бӀаьрадаьлахкаш	[b'æradæ'ahkaʃ]
gengiva (f)	доьлаш	[dølaʃ]
palato (m)	стигал	[stɪgal]

narinas (f pl)	меран Ӏуьргаш	[meran 'ʉrgaʃ]
queixo (m)	Ӏенриг	[tʃ'enɪg]
mandíbula (f)	мочхал	[mɔtʃhal]
bochecha (f)	бесни	[besnɪ]
testa (f)	хьаж	[haʒ]
têmpora (f)	лергаюх	[lergajuh]
orelha (f)	лерг	[lerg]
costas (f pl) da cabeça	кӀесаркӀаг	[k'esark'ag]
pescoço (m)	ворта	[vɔrt]
garganta (f)	къамкъарг	[q?amq?arg]

cabelo (m)	месаш	[mesaʃ]
penteado (m)	тойина месаш	[tɔjɪn mesaʃ]
corte (m) de cabelo	месаш дӀахедор	[mesaʃ d'ahedɔr]
peruca (f)	парик	[parɪk]

bigode (m)	мекхаш	[meqaʃ]
barba (f)	маж	[maʒ]
ter (~ barba, etc.)	лело	[lelɔ]
trança (f)	кӀажар	[k'aʒar]
suíças (f pl)	бакенбардаш	[bakenbardaʃ]

ruivo (adj)	хьаьрса	[hærs]
grisalho (adj)	къоьжа	[q?øʒ]
careca (adj)	кӀунзал	[k'unzal]
calva (f)	кӀунзал	[k'unzal]
rabo-de-cavalo (m)	цӀога	[ts'ɔg]
franja (f)	кӀужал	[k'uʒal]

32. Corpo humano

mão (f)	тӏапа	[t'ar]
braço (m)	куьйг	[kʉjg]

dedo (m)	пӏелг	[p'elg]
polegar (m)	нана пӏелг	[nan p'elg]
dedo (m) mindinho	цӏаза-пӏелг	[ts'az p'elg]
unha (f)	мӏара	[m'ar]

punho (m)	буй	[buj]
palma (f)	кераюкъ	[kerajuqʔ]
pulso (m)	куьйган хьакхолг	[kʉjgan haqɔlg]
antebraço (m)	пхьарс	[phars]
cotovelo (m)	гола	[gɔl]
ombro (m)	белш	[belʃ]

perna (f)	punho	[kɔg]
pé (m)	коган кӏело	[kɔgan k'elɔ]
joelho (m)	гола	[gɔl]
panturrilha (f)	пхьид	[phɪd]
quadril (m)	варе	[vare]
calcanhar (m)	кӏажа	[k'aʒ]

corpo (m)	дерӏ	[deɣ]
barriga (f), ventre (m)	гай	[gaj]
peito (m)	накха	[naq]
seio (m)	накха	[naq]
lado (m)	арӏо	['aɣɔ]
costas (dorso)	букъ	[buqʔ]
região (f) lombar	хоттарш	[hottarʃ]
cintura (f)	гӏодаюкъ	[ɣɔdajuqʔ]

umbigo (m)	цӏонга	[ts'ɔng]
nádegas (f pl)	хенан маьлиг	[henan mæ'ɪg]
traseiro (m)	тӏехье	[t'ehe]

sinal (m), pinta (f)	кӏеда	[k'ed]
sinal (m) de nascença	минга	[mɪng]
tatuagem (f)	дагар	[dagar]
cicatriz (f)	мо	[mɔ]

Vestuário & Acessórios

33. Roupa exterior. Casacos

roupa (f)	бедар	[bedɑr]
roupa (f) exterior	тӀехула юху бедар	[t'ehul juhu bedɑr]
roupa (f) de inverno	Ӏаьнан барзакъ	['ænɑn bɑrzɑq?]
sobretudo (m)	пальто	[pɑljtɔ]
casaco (m) de pele	кетар	[ketɑr]
jaqueta (f) de pele	йоца кетар	[jots ketɑr]
casaco (m) acolchoado	месийн гоь	[mesiːn gø]
casaco (m), jaqueta (f)	куртка	[kurtk]
impermeável (m)	плащ	[plɑç]
a prova d'água	хи чекх ца долу	[hɪ t͡ʃeq tsɑ dɔlu]

34. Vestuário de homem & mulher

camisa (f)	коч	[kɔt͡ʃ]
calça (f)	хеча	[het͡ʃ]
jeans (m)	джинсаш	[dʒɪnsɑʃ]
paletó, terno (m)	пиджак	[pɪdʒɑk]
terno (m)	костюм	[kɔstʉm]
vestido (ex. ~ de noiva)	бедар	[bedɑr]
saia (f)	юпка	[jupk]
blusa (f)	блузка	[bluzk]
casaco (m) de malha	кофта	[kɔft]
casaco, blazer (m)	жакет	[ʒɑket]
camiseta (f)	футболк	[futbɔlk]
short (m)	шорташ	[ʃɔrtɑʃ]
training (m)	спортан костюм	[spɔrtɑn kɔstʉm]
roupão (m) de banho	оба	[ɔb]
pijama (m)	пижама	[pɪʒɑm]
suéter (m)	свитер	[svɪter]
pulôver (m)	пуловер	[pulɔwer]
colete (m)	жилет	[ʒɪlet]
fraque (m)	фрак	[frɑk]
smoking (m)	смокинг	[smɔkɪng]
uniforme (m)	форма	[fɔrm]
roupa (f) de trabalho	белхан бедар	[belhɑn bedɑr]
macacão (m)	комбинезон	[kɔmbɪnezɔn]
jaleco (m), bata (f)	оба	[ɔb]

35. Vestuário. Roupa interior

roupa (f) íntima	чухулаюху хIуманаш	[tʃuhulajuhu h'umanaʃ]
camiseta (f)	майка	[majk]
meias (f pl)	пазаташ	[pazataʃ]
camisola (f)	вуьжуш юху коч	[vʉʒuʃ juhu kɔtʃ]
sutiã (m)	бюстгалтер	[bʉstgalter]
meias longas (f pl)	пазаташ	[pazataʃ]
meias-calças (f pl)	колготкаш	[kɔlgɔtkaʃ]
meias (~ de nylon)	пазаташ	[pazataʃ]
maiô (m)	луьйчушъюхург	[lʉjtʃuʃʔʉhurg]

36. Adereços de cabeça

chapéu (m), touca (f)	куй	[kuj]
chapéu (m) de feltro	шляпа	[ʃljap]
boné (m) de beisebol	бейсболк	[bejsbɔlk]
boina (~ italiana)	кепка	[kepk]
boina (ex. ~ basca)	берет	[beret]
capuz (m)	бошлакх	[bɔʃlaq]
chapéu panamá (m)	панамка	[panamk]
touca (f)	юьйцина куй	[jujtsɪn kuj]
lenço (m)	йовлакх	[jovlaq]
chapéu (m) feminino	шляпин цуьрг	[ʃljapɪn tsʉrg]
capacete (m) de proteção	каска	[kask]
bibico (m)	пилотка	[pɪlɔtk]
capacete (m)	rlем	[ɣem]
chapéu-coco (m)	яй	[jaj]
cartola (f)	цилиндр	[tsɪlɪndr]

37. Calçado

calçado (m)	мача	[matʃ]
botinas (f pl), sapatos (m pl)	батенкаш	[batenkaʃ]
sapatos (de salto alto, etc.)	туфлеш	[tufleʃ]
botas (f pl)	эткаш	[ɛtkaʃ]
pantufas (f pl)	кIархаш	[k'arhaʃ]
tênis (~ Nike, etc.)	красовкаш	[krasovkaʃ]
tênis (~ Converse)	кеди	[kedɪ]
sandálias (f pl)	сандалеш	[sandaleʃ]
sapateiro (m)	эткийн пхьар	[ɛtkiːn phar]
salto (m)	кIажа	[k'aʒ]
par (m)	шиъ	[ʃɪʔ]
cadarço (m)	чимчарrlа	[tʃɪmtʃarɣ]

amarrar os cadarços	чимчаргӏа дӏадехка	[ʧɪmʧarɣ d'adehk]
calçadeira (f)	ӏайг	['ajg]
graxa (f) para calçado	мачийн крем	[maʧɪ:n krem]

38. Têxtil. Tecidos

algodão (m)	бамба	[bamb]
de algodão	бамбан	[bamban]
linho (m)	вета	[wet]
de linho	ветан	[wetan]

seda (f)	чилла	[ʧɪll]
de seda	чилланан	[ʧɪllanan]
lã (f)	тӏапрӏа	[t'arɣ]
de lã	тӏепрӏан	[t'erɣan]

veludo (m)	бархат	[barhat]
camurça (f)	замша	[zamʃ]
veludo (m) cotelê	хут	[hut]

nylon (m)	нейлон	[nejlɔn]
de nylon	нейлонан	[nejlɔnan]
poliéster (m)	полиэстер	[pɔlɪɛster]
de poliéster	полиэстеран	[pɔlɪɛsteran]

couro (m)	тӏаьрсиг	[t'ærsɪg]
de couro	тӏаьрсиган	[t'ærsɪgan]
pele (f)	чо	[ʧɔ]
de pele	чо болу	[ʧɔ bɔlu]

39. Acessórios pessoais

luva (f)	карнаш	[karnaʃ]
mitenes (f pl)	каранаш	[karanaʃ]
cachecol (m)	шарф	[ʃarf]

óculos (m pl)	куьзганаш	[kʉzganaʃ]
armação (f)	куьзганийн гура	[kʉzganɪ:n gur]
guarda-chuva (m)	зонтик	[zɔntɪk]
bengala (f)	ӏасалг	['asalg]
escova (f) para o cabelo	щётка	[ɕʲotk]
leque (m)	мохтухург	[mɔhtuhurg]

gravata (f)	галстук	[galstuk]
gravata-borboleta (f)	галстук-бабочка	[galstuk babɔʧk]
suspensórios (m pl)	доьхкарш	[døhkarʃ]
lenço (m)	мерах хьокху йовлакх	[merah hɔqu jovlaq]

pente (m)	ехк	[ehk]
fivela (f) para cabelo	маха	[mah]
grampo (m)	мӏара	[m'ar]
fivela (f)	кӏера	[k'eg]

cinto (m)	доьхка	[døhk]
alça (f) de ombro	бухка	[buhk]

bolsa (f)	тӀормиг	[t'ɔrmɪg]
bolsa (feminina)	тӀормиг	[t'ɔrmɪg]
mochila (f)	рюкзак	[rʉkzɑk]

40. Vestuário. Diversos

moda (f)	мода	[mɔd]
na moda (adj)	модехь долу	[mɔdeh dɔlu]
estilista (m)	модельхо	[mɔdeljhɔ]

colarinho (m)	кач	[kɑtʃ]
bolso (m)	киса	[kɪs]
de bolso	кисанан	[kɪsɑnɑn]
manga (f)	пхьош	[phɔʃ]
ganchinho (m)	лалам	[lɑlɑm]
bragueta (f)	ширинка	[ʃɪrɪnk]

zíper (m)	дорла	[dɔɣ]
colchete (m)	туьйдарг	[tʉjdɑrg]
botão (m)	нуьйда	[nʉjd]
botoeira (casa de botão)	туьйдарг	[tʉjdɑrg]
soltar-se (vr)	дӀадала	[d'ɑdɑl]

costurar (vi)	тега	[teg]
bordar (vt)	дага	[dɑg]
bordado (m)	дагар	[dɑgɑr]
agulha (f)	маха	[mɑh]
fio, linha (f)	тай	[tɑj]
costura (f)	эвна	[ɛvn]

sujar-se (vr)	бехдала	[behdɑl]
mancha (f)	таммарла	[tɑmmɑɣ]
amarrotar-se (vr)	хьерча	[hertʃ]
rasgar (vt)	датӀо	[dɑt'ɔ]
traça (f)	неца	[nets]

41. Cuidados pessoais. Cosméticos

pasta (f) de dente	цергийн паста	[tsergɪːn pɑst]
escova (f) de dente	цергийг щётка	[tsergɪːg ɕ'otk]
escovar os dentes	цергаш цӀанъян	[tsergɑʃ ts'an?jɑn]

gilete (f)	урс	[urs]
creme (m) de barbear	маж йошуш хьокху крем	[mɑʒ joʃuʃ hɔqu krem]
barbear-se (vr)	даша	[dɑʃ]

sabonete (m)	саба	[sɑb]
xampu (m)	шампунь	[ʃɑmpunj]
tesoura (f)	тукар	[tukɑr]

lixa (f) de unhas	ков	[kɔv]
corta-unhas (m)	маlраш йоху морзах	[maˈraʃ johu mɔrzah]
pinça (f)	пинцет	[pɪntset]

cosméticos (m pl)	косметика	[kɔsmetɪk]
máscara (f)	маска	[mask]
manicure (f)	маникюр	[manɪkʉr]
fazer as unhas	маникюр ян	[manɪkʉr jan]
pedicure (f)	педикюр	[pedɪkʉr]

bolsa (f) de maquiagem	косметичка	[kɔsmetɪtʃk]
pó (de arroz)	пудра	[pudr]
pó (m) compacto	пудрадухкург	[pudraduhkurg]
blush (m)	цlен басарш	[tsˈen basarʃ]

perfume (m)	духlи	[duhˈɪ]
água-de-colônia (f)	туалетан хи	[tualetan hɪ]
loção (f)	лосьон	[lɔsˈɔn]
colônia (f)	latlap	[ˈatˈar]

sombra (f) de olhos	тенеш	[teneʃ]
delineador (m)	6laргах хьокху къолам	[bˈargah hɔqu qʔɔlam]
máscara (f), rímel (m)	тушь	[tuʃ]

batom (m)	балдех хьокху хьакхар	[baldeh hɔqu haqar]
esmalte (m)	маlрат хьокху лак	[maˈrat hɔqu lak]
laquê (m), spray fixador (m)	месашт хьокху лак	[mesaʃt hɔqu lak]
desodorante (m)	дезодарант	[dezɔdarant]

creme (m)	крем	[krem]
creme (m) de rosto	юьхьах хьокху крем	[juhah hɔqu krem]
creme (m) de mãos	куьйгах хьокху крем	[kʉjgah hɔqu krem]
creme (m) antirrugas	хершнаш дуьхьал крем	[herʃnaʃ dʉhal krem]
de dia	дийнан	[dɪːnan]
da noite	буьйсанан	[bʉjsanan]

absorvente (m) interno	тампон	[tampɔn]
papel (m) higiênico	хьаштаrlан кехат	[haʃtaɣan kehat]
secador (m) de cabelo	месашъякъорг	[mesaʃˠjaqʔɔrg]

42. Joalheria

joias (f pl)	мехела хlума	[mehel hˈum]
precioso (adj)	мехала	[mehal]
marca (f) de contraste	цlеналла	[tsˈenall]

anel (m)	чlуг	[tʃˈug]
aliança (f)	тlорд	[tˈɔrd]
pulseira (f)	хlоз	[hˈɔz]

brincos (m pl)	чlагарш	[tʃˈagarʃ]
colar (m)	туьтеш	[tʉteʃ]
coroa (f)	таж	[taʒ]
colar (m) de contas	туьтеш	[tʉteʃ]

diamante (m)	бриллиант	[brɪllɪant]
esmeralda (f)	изумруд	[ɪzumrud]
rubi (m)	цlен алмаз	[ts'en almaz]
safira (f)	сапфир	[sapfɪr]
pérola (f)	жовхlар	[ʒɔvh'ar]
âmbar (m)	янтар	[jantar]

43. Relógios de pulso. Relógios

relógio (m) de pulso	пхьаьрсах доьхку сахьт	[phærsah døhku saht]
mostrador (m)	циферблат	[tsɪferblat]
ponteiro (m)	сахьтан цамза	[sahtan tsamz]
bracelete (em aço)	сахьтан хlоз	[sahtan h'ɔz]
bracelete (em couro)	ремешок	[remeʃɔk]

pilha (f)	батарейка	[batarejk]
acabar (vi)	охьахаа	[ɔhaha'a]
trocar a pilha	хийца	[hɪːts]
estar adiantado	сихадала	[sɪhadal]
estar atrasado	тlехь лела	[t'eh lel]

relógio (m) de parede	пенах уллу сахьт	[penah ullu saht]
ampulheta (f)	гlамаран сахьт	[ɣamaran saht]
relógio (m) de sol	маьлхан сахьт	[mælhan saht]
despertador (m)	сомавоккху сахьт	[sɔmavɔkqu saht]
relojoeiro (m)	сахьтийн пхьар	[sahtɪːn phar]
reparar (vt)	тадан	[tadan]

Alimentação. Nutrição

44. Comida

carne (f)	жижиг	[ʒɪʒɪg]
galinha (f)	котам	[kɔtam]
frango (m)	кӏорни	[k'ɔrnɪ]
pato (m)	бад	[bad]
ganso (m)	гӏаз	[ɣaz]
caça (f)	экха	[ɛq]
peru (m)	москал-котам	[mɔskal kɔtam]

carne (f) de porco	хьакхин жижиг	[haqɪn ʒɪʒɪg]
carne (f) de vitela	эсан жижиг	[ɛsan ʒɪʒɪg]
carne (f) de carneiro	уьстагӏан жижиг	[ʉstaɣan ʒɪʒɪg]
carne (f) de vaca	бежанан жижиг	[beʒanan ʒɪʒɪg]
carne (f) de coelho	пхьагал	[phagal]

linguiça (f), salsichão (m)	марш	[marʃ]
salsicha (f)	йоьхь	[jøh]
bacon (m)	бекон	[bekɔn]
presunto (m)	дакъийна хьакхин жижиг	[daq?ɪːn haqɪn ʒɪʒɪg]
pernil (m) de porco	хьакхин гӏорӏ	[haqɪn ɣɣ]

patê (m)	паштет	[paʃtet]
fígado (m)	долах	[dɔ'ah]
guisado (m)	аьхьана жижиг	[æhan ʒɪʒɪg]
língua (f)	мотт	[mɔtt]

ovo (m)	хӏоа	[h'ɔ'a]
ovos (m pl)	хӏоаш	[h'ɔ'aʃ]
clara (f) de ovo	кӏайн хӏоа	[k'ajn h'ɔ'a]
gema (f) de ovo	буьйра	[bʉjr]

peixe (m)	чӏара	[ʧ'ar]
mariscos (m pl)	хӏордан сурсаташ	[h'ɔrdan sursataʃ]
caviar (m)	зирх	[zɪrh]

caranguejo (m)	краб	[krab]
camarão (m)	креветка	[krewetk]
ostra (f)	устрица	[ustrɪts]
lagosta (f)	лангуст	[langust]
polvo (m)	бархӏкогберг	[barh'kɔgberg]
lula (f)	кальмар	[kaljmar]

esturjão (m)	иргӏу	[ɪrɣu]
salmão (m)	лосось	[lɔsɔsʲ]
halibute (m)	палтус	[paltus]
bacalhau (m)	треска	[tresk]
cavala, sarda (f)	скумбри	[skumbrɪ]

atum (m)	тунец	[tunets]
enguia (f)	жӏаьлин чӏара	[ӡ'ælɪn tʃ'ɑr]
truta (f)	бакъ чӏара	[bɑq? tʃ'ɑr]
sardinha (f)	сардина	[sɑrdɪn]
lúcio (m)	гӏазкхийн чӏара	[ɣɑzqɪːn tʃ'ɑr]
arenque (m)	сельдь	[seljdʲ]
pão (m)	бепиг	[bepɪg]
queijo (m)	нехча	[nehtʃ]
açúcar (m)	шекар	[ʃəkɑr]
sal (m)	туьха	[tʉh]
arroz (m)	дуга	[dug]
massas (f pl)	макаронаш	[mɑkɑrɔnɑʃ]
talharim, miojo (m)	гарзанаш	[gɑrzɑnɑʃ]
manteiga (f)	налха	[nɑlh]
óleo (m) vegetal	ораматийн даьтта	[ɔrɑmɑtɪːn dætt]
óleo (m) de girassol	хӏун даьтта	[h'un dætt]
margarina (f)	маргарин	[mɑrgɑrɪn]
azeitonas (f pl)	оливкаш	[ɔlɪvkɑʃ]
azeite (m)	оливкан даьтта	[ɔlɪvkɑn dætt]
leite (m)	шура	[ʃur]
leite (m) condensado	юкъйина шура	[juq?jɪn ʃur]
iogurte (m)	йогурт	[jogurt]
creme (m) azedo	тӏо	[t'ɔ]
creme (m) de leite	гӏаймакх	[ɣɑjmɑq]
maionese (f)	майнез	[mɑjnez]
creme (m)	крем	[krem]
grãos (m pl) de cereais	Іов	['ɔv]
farinha (f)	дама	[dɑm]
enlatados (m pl)	консерваш	[kɔnservɑʃ]
flocos (m pl) de milho	хьаьжкӏийн чуьппалгаш	[hæӡk'ɪːn tʃʉppɑlgɑʃ]
mel (m)	моз	[mɔz]
geleia (m)	джем	[dӡem]
chiclete (m)	cerӏaз	[seɣɑz]

45. Bebidas

água (f)	хи	[hɪ]
água (f) potável	молу хи	[mɔlu hɪ]
água (f) mineral	дарбане хи	[dɑrbɑne hɪ]
sem gás (adj)	газ йоцуш	[gɑz jotsuʃ]
gaseificada (adj)	газ тоьхна	[gɑz tøhn]
com gás	газ йолуш	[gɑz joluʃ]
gelo (m)	ша	[ʃ]
com gelo	ша болуш	[ʃɑ bɔluʃ]

não alcoólico (adj)	алкоголь йоцу	[alkɔgɔlj jɔtsu]
refrigerante (m)	алкоголь йоцу маларш	[alkɔgɔlj jɔtsu malarʃ]
refresco (m)	хьогаллин малар	[hɔgallɪn malar]
limonada (f)	лимонад	[lɪmɔnad]

bebidas (f pl) alcoólicas	алкоголь йолу маларш	[alkɔgɔlj jolu malarʃ]
vinho (m)	чагар	[tʃaɣar]
vinho (m) branco	кӏай чагар	[k'aj tʃaɣar]
vinho (m) tinto	цӏен чагар	[ts'en tʃaɣar]

licor (m)	ликёр	[lɪk'or]
champanhe (m)	шампански	[ʃampanskɪ]
vermute (m)	вермут	[wermut]

uísque (m)	виски	[wɪskɪ]
vodca (f)	къаьракъа	[q'æraq']
gim (m)	джин	[dʒɪn]
conhaque (m)	коньяк	[kɔnjak]
rum (m)	ром	[rɔm]

café (m)	къахьо	[q'ahɔ]
café (m) preto	Iаьржа къахьо	['ærʒ q'ahɔ]
café (m) com leite	шура тоьхна къахьо	[ʃur tøhn q'ahɔ]
cappuccino (m)	гӏаймакх тоьхна къахьо	[ɣajmaq tøhn q'ahɔ]
café (m) solúvel	дешаш долу къахьо	[deʃaʃ dɔlu q'ahɔ]

leite (m)	шура	[ʃur]
coquetel (m)	коктейль	[kɔktejlj]
batida (f), milkshake (m)	шурин коктейль	[ʃurɪn kɔktejlj]

suco (m)	мутта	[mutt]
suco (m) de tomate	помидорийн мутта	[pɔmɪdɔrɪːn mutt]
suco (m) de laranja	апельсинан мутта	[apeljsɪnan mutt]
suco (m) fresco	керла йаккха мутта	[kerl jakq mutt]

cerveja (f)	йий	[jɪː]
cerveja (f) clara	сирла йий	[sɪrl jɪː]
cerveja (f) preta	Iаьржа йий	['ærʒ jɪː]

chá (m)	чай	[tʃaj]
chá (m) preto	Iаьржа чай	['ærʒ tʃaj]
chá (m) verde	баьццара чай	[bætsar tʃaj]

46. Vegetais

| vegetais (m pl) | хасстоьмаш | [hasstømaʃ] |
| verdura (f) | гӏабуц | [ɣabuts] |

tomate (m)	помидор	[pɔmɪdɔr]
pepino (m)	наьрс	[nærs]
cenoura (f)	жӏонка	[ʒ'ɔnk]
batata (f)	картол	[kartɔl]
cebola (f)	хох	[hoh]
alho (m)	саьрмасекх	[særmaseq]

couve (f)	копаста	[kɔpast]
couve-flor (f)	къорза копаста	[qʔɔrz kɔpast]
couve-de-bruxelas (f)	брюссельски копаста	[brusseljskɪ kɔpast]
brócolis (m pl)	брокколи копаст	[brɔkkɔlɪ kɔpast]

beterraba (f)	бурак	[burak]
berinjela (f)	баклажан	[baklaʒan]
abobrinha (f)	кабачок	[kabatʃok]
abóbora (f)	гӀабакх	[ɣabaq]
nabo (m)	хорсам	[horsam]

salsa (f)	чам-буц	[tʃam buts]
endro, aneto (m)	оччам	[ɔtʃam]
alface (f)	салат	[salat]
aipo (m)	сельдерей	[seljderej]
aspargo (m)	спаржа	[sparʒ]
espinafre (m)	шпинат	[ʃpɪnat]

ervilha (f)	кхоьш	[qøʃ]
feijão (~ soja, etc.)	кхоьш	[qøʃ]
milho (m)	хьаьжкӀа	[hæʒkʼ]
feijão (m) roxo	кхоь	[qø]

pimentão (m)	бурч	[burtʃ]
rabanete (m)	цӀен хорсам	[tsʼen horsam]
alcachofra (f)	артишок	[artɪʃok]

47. Frutos. Nozes

fruta (f)	стом	[stɔm]
maçã (f)	Ӏаж	[ˈaʒ]
pera (f)	кхор	[qɔr]
limão (m)	лимон	[lɪmɔn]
laranja (f)	апельсин	[apeljsɪn]
morango (m)	цӀазам	[tsʼazam]

tangerina (f)	мандарин	[mandarɪn]
ameixa (f)	хьач	[hatʃ]
pêssego (m)	гӀаммагӀа	[ɣammaɣ]
damasco (m)	туьрк	[turk]
framboesa (f)	комар	[kɔmar]
abacaxi (m)	ананас	[ananas]

banana (f)	банан	[banan]
melancia (f)	хорбаз	[horbaz]
uva (f)	кемсаш	[kemsaʃ]
ginja, cereja (f)	балл	[ball]
melão (m)	гӀабакх	[ɣabaq]

toranja (f)	грейпфрут	[grejpfrut]
abacate (m)	авокадо	[avɔkadɔ]
mamão (m)	папайя	[papaj]
manga (f)	манго	[mangɔ]
romã (f)	гранат	[granat]

groselha (f) vermelha	цӀен кхезарш	[ts'en qezarʃ]
groselha (f) negra	лаьржа кхезарш	['ærʒ qezarʃ]
groselha (f) espinhosa	кӀудалгаш	[k'udalgaʃ]
mirtilo (m)	лаьржа балл	['ærʒ ball]
amora (f) silvestre	мангалкомар	[mangalkɔmar]

passa (f)	кишмаш	[kɪʃmaʃ]
figo (m)	инжир	[ɪnʒɪr]
tâmara (f)	хурма	[hurm]

amendoim (m)	орахис	[ɔrahɪs]
amêndoa (f)	миндаль	[mɪndalj]
noz (f)	бочаблар	[botʃab'ar]
avelã (f)	хӀунан блар	[h'unan bar]
coco (m)	кокосови блар	[kɔkɔsɔwɪ b'ar]
pistaches (m pl)	фисташкаш	[fɪstaʃkaʃ]

48. Pão. Bolaria

pastelaria (f)	кхачанан хӀуманаш	[qatʃanan h'umanaʃ]
pão (m)	бепиг	[bepɪg]
biscoito (m), bolacha (f)	пичени	[pɪtʃenɪ]

chocolate (m)	шоколад	[ʃɔkɔlad]
de chocolate	шоколадан	[ʃɔkɔladan]
bala (f)	кемпет	[kempet]
doce (bolo pequeno)	пирожни	[pɪrɔʒnɪ]
bolo (m) de aniversário	торт	[tɔrt]

| torta (f) | чуда | [tʃud] |
| recheio (m) | чуйоьллинарг | [tʃujøllɪnarg] |

geleia (m)	варени	[varenɪ]
marmelada (f)	мармелад	[marmelad]
wafers (m pl)	вафлеш	[vafleʃ]
sorvete (m)	морожени	[mɔrɔʒenɪ]

49. Pratos cozinhados

prato (m)	даар	[da'ar]
cozinha (~ portuguesa)	даарш	[da'arʃ]
receita (f)	рецепт	[retsept]
porção (f)	порци	[pɔrtsɪ]

| salada (f) | салат | [salat] |
| sopa (f) | чорпа | [tʃɔrp] |

caldo (m)	чорпа	[tʃɔrp]
sanduíche (m)	бутерброд	[buterbrɔd]
ovos (m pl) fritos	хӀоаш	[h'ɔ'aʃ]
hambúrguer (m)	гамбургер	[gamburger]
bife (m)	бифштекс	[bɪfʃteks]

acompanhamento (m)	гарнир	[garnɪr]
espaguete (m)	спагетти	[spagettɪ]
purê (m) de batata	картолийн худар	[kartɔlɪːn hudar]
pizza (f)	пицца	[pɪts]
mingau (m)	худар	[hudar]
omelete (f)	омлет	[ɔmlet]

fervido (adj)	кхехкийна	[qehkɪːn]
defumado (adj)	кхаьгна	[qæɡn]
frito (adj)	кхерзина	[qerzɪn]
seco (adj)	дакъыйна	[daqʔɪːn]
congelado (adj)	гlорийна	[ɣɔrɪːn]
em conserva (adj)	берамала доьллина	[beramal døllɪn]

doce (adj)	мерза	[merz]
salgado (adj)	дуьра	[dʉr]
frio (adj)	шийла	[ʃɪːl]
quente (adj)	довха	[dɔvh]
amargo (adj)	къаьхьа	[qʔæh]
gostoso (adj)	чоме	[ʧɔme]

cozinhar em água fervente	кхехко	[qehkɔ]
preparar (vt)	кечдан	[keʧdan]
fritar (vt)	кхарза	[qarz]
aquecer (vt)	дохдан	[dɔhdan]

salgar (vt)	туьха таса	[tʉha tas]
apimentar (vt)	бурч таса	[burʧ tas]
ralar (vt)	сатоха	[satɔh]
casca (f)	чкъуьйриг	[ʧqʔʉjrɪɡ]
descascar (vt)	цlанъян	[ts'anʔjan]

50. Especiarias

sal (m)	туьха	[tʉh]
salgado (adj)	дуьра	[dʉr]
salgar (vt)	туьха таса	[tʉha tas]

pimenta-do-reino (f)	lаьржа бурч	['ærʒ burʧ]
pimenta (f) vermelha	цlен бурч	[ts'en burʧ]
mostarda (f)	кlолла	[k'ɔll]
raiz-forte (f)	кlон орам	[k'ɔn ɔram]

condimento (m)	чамбийриг	[ʧambɪːrɪɡ]
especiaria (f)	мерза юург	[merz ju'urɡ]
molho (~ inglês)	берам	[beram]
vinagre (m)	къонза	[qʔɔnz]

anis estrelado (m)	анис	[anɪs]
manjericão (m)	базилик	[bazɪlɪk]
cravo (m)	гвоздика	[gvɔzdɪk]
gengibre (m)	lамбар	['ambar]
coentro (m)	кориандр	[kɔrɪandr]
canela (f)	корица	[kɔrɪts]

gergelim (m)	кунжут	[kunʒut]
folha (f) de louro	лавран гӀа	[lavran ɣa]
páprica (f)	паприка	[paprɪk]
cominho (m)	циц	[tsɪts]
açafrão (m)	шафран	[ʃafran]

51. Refeições

comida (f)	даар	[daˈar]
comer (vt)	яаа	[jaˈa]

café (m) da manhã	марта	[mart]
tomar café da manhã	марта даа	[mart daˈa]
almoço (m)	делкъан кхача	[delqʔan qatʃ]
almoçar (vi)	делкъана хӀума яа	[delqʔan hˈum jaˈa]
jantar (m)	пхьор	[phɔr]
jantar (vi)	пхьор дан	[phɔr dan]

apetite (m)	аппетит	[appetɪt]
Bom apetite!	Гӏоза доийла!	[ɣɔz dɔɪːl]

abrir (~ uma lata, etc.)	схьаела	[shajel]
derramar (~ líquido)	Ӏано	[ˈano]
derramar-se (vr)	Ӏана	[ˈan]

ferver (vi)	кхехка	[qehk]
ferver (vt)	кхехко	[qehkɔ]
fervido (adj)	кхехкийна	[qehkɪːn]
esfriar (vt)	шелдан	[ʃeldan]
esfriar-se (vr)	шелдала	[ʃeldal]

sabor, gosto (m)	чам	[tʃam]
fim (m) de boca	кхин чам	[qɪn tʃam]

emagrecer (vi)	аздала	[azdal]
dieta (f)	диета	[dɪet]
vitamina (f)	втамин	[vtamɪn]
caloria (f)	калорий	[kalɔrɪː]
vegetariano (m)	дилхазахо	[dɪlhazaho]
vegetariano (adj)	дилхаза	[dɪlhaz]

gorduras (f pl)	дилхдаьтта	[dɪlhdætt]
proteínas (f pl)	кӀайн хӀоа	[kˈajn hˈɔˈa]
carboidratos (m pl)	углеводаш	[uglevɔdaʃ]
fatia (~ de limão, etc.)	цастар	[tsastar]
pedaço (~ de bolo)	юьхк	[juhk]
migalha (f), farelo (m)	цуьрг	[tsurg]

52. Por a mesa

colher (f)	Ӏайг	[ˈajg]
faca (f)	урс	[urs]

garfo (m)	мlара	[m'ar]
xícara (f)	кад	[kad]
prato (m)	бошхап	[boʃhap]
pires (m)	бошхап	[boʃhap]
guardanapo (m)	салфетка	[salfetk]
palito (m)	цергахълуттург	[tsergah?əutturg]

53. Restaurante

restaurante (m)	ресторан	[restɔran]
cafeteria (f)	кофейни	[kɔfejnɪ]
bar (m), cervejaria (f)	бар	[bar]
salão (m) de chá	чайнан салон	[ʧajnan salɔn]

garçom (m)	официант	[ɔfɪtsɪant]
garçonete (f)	официантка	[ɔfɪtsɪantk]
barman (m)	бармен	[barmen]

cardápio (m)	меню	[menʉ]
lista (f) de vinhos	чаrlаран карта	[ʧaɣaran kart]
reservar uma mesa	стол цхьанна тlехь чlарlдан	[stɔl tshann t'eh ʧ'aɣdan]

prato (m)	даар	[da'ar]
pedir (vt)	заказ ян	[zakaz jan]
fazer o pedido	заказ ян	[zakaz jan]

aperitivo (m)	аперетив	[aperetɪv]
entrada (f)	тlекхоллург	[t'eqɔllurg]
sobremesa (f)	десерт	[desert]

conta (f)	счёт	[stʃ'ot]
pagar a conta	счётан мах бала	[stʃ'otan mah bal]
dar o troco	юхадоrlург дала	[juhadɔɣurg dal]
gorjeta (f)	чайнна хlума	[ʧajnn h'um]

Família, parentes e amigos

54. Informação pessoal. Formulários

nome (m)	цӏе	[ts'e]
sobrenome (m)	фамили	[famɪlɪ]
data (f) de nascimento	вина терахь	[wɪn terah]
local (m) de nascimento	вина меттиг	[wɪn mettɪg]
nacionalidade (f)	къам	[qʔam]
lugar (m) de residência	веха меттиг	[weha mettɪg]
país (m)	мохк	[mɔhk]
profissão (f)	говзалла	[gɔvzall]
sexo (m)	стен-боьршалла	[sten børʃall]
estatura (f)	локхалла	[lɔqall]
peso (m)	дозалла	[dɔzall]

55. Membros da família. Parentes

mãe (f)	нана	[nan]
pai (m)	да	[d]
filho (m)	воӏ	[vɔʕ]
filha (f)	йоӏ	[joʕ]
caçula (f)	жимаха йоӏ	[ʒɪmaha joʕ]
caçula (m)	жимаха воӏ	[ʒɪmaha vɔʕ]
filha (f) mais velha	йоккхаха йоӏ	[jokqaha joʕ]
filho (m) mais velho	воккхаха воӏ	[vɔkqaha vɔʕ]
irmão (m)	ваша	[vaʃ]
irmã (f)	йиша	[jiʃ]
primo (m)	шича	[ʃɪtʃ]
prima (f)	шича	[ʃɪtʃ]
mamãe (f)	нана	[nan]
papai (m)	дада	[dad]
pais (pl)	да-нана	[də nan]
criança (f)	бер	[ber]
crianças (f pl)	бераш	[beraʃ]
avó (f)	баба	[bab]
avô (m)	дада	[dad]
neto (m)	кӏентан, йоӏан кӏант	[k'entan], [jo'an k'ant]
neta (f)	кӏентан, йоӏан йоӏ	[k'entan], [jo'an joʕ]
netos (pl)	кӏентан, йоӏан бераш	[k'entan], [jo'an beraʃ]
tio (m)	ден ваша, ненан ваша	[den vaʃ], [nenan vaʃ]
tia (f)	деца, неца	[dets], [nets]

sobrinho (m)	вешин кӏант, йишин кӏант	[weʃɪn k'ant], [jiʃɪn k'ant]
sobrinha (f)	вешин йоӏ, йишин йоӏ	[weʃɪn joʕ], [jiʃɪn joʕ]

sogra (f)	стуннана	[stunnan]
sogro (m)	марда	[marda]
genro (m)	нуц	[nuts]
madrasta (f)	десте	[deste]
padrasto (m)	ненан майра	[nenan majr]

criança (f) de colo	декхаш долу бер	[deqaʃ dolu ber]
bebê (m)	бер	[ber]
menino (m)	жиманиг	[ʒɪmanɪg]

mulher (f)	зуда	[zud]
marido (m)	майра	[majr]
esposo (m)	майра	[majr]
esposa (f)	сесар	[sesag]

casado (adj)	зуда ялийна	[zud jalɪːn]
casada (adj)	марехь	[mareh]
solteiro (adj)	зуда ялоза	[zud jaloz]
solteirão (m)	зуда йоцург	[zud jotsurg]
divorciado (adj)	йитина	[jitɪn]
viúva (f)	жеро	[ʒerɔ]
viúvo (m)	жера-стаг	[ʒer stag]

parente (m)	гергара стаг	[gergar stag]
parente (m) próximo	юххера гергара стаг	[juher gergar stag]
parente (m) distante	генара гергара стаг	[genar gergar stag]
parentes (m pl)	гергара нах	[gergar nah]

órfão (m), órfã (f)	бо	[bɔ]
tutor (m)	верас	[weras]
adotar (um filho)	кӏантан хӏотта	[k'antan h'ɔtt]
adotar (uma filha)	йоьлан да хӏотта	[jø'an da h'ɔtt]

56. Amigos. Colegas de trabalho

amigo (m)	доттагӏ	[dɔttaɣ]
amiga (f)	доттагӏ	[dɔttaɣ]
amizade (f)	доттагӏалла	[dɔttaɣall]
ser amigos	доттагӏалла лело	[dɔttaɣall lelɔ]

amigo (m)	доттагӏ	[dɔttaɣ]
amiga (f)	доттагӏ	[dɔttaɣ]
parceiro (m)	декъашхо	[deq?aʃho]

chefe (m)	куьйгалхо	[kʉjgalhɔ]
superior (m)	хьаькам	[hækam]
subordinado (m)	муьтӏахь верг	[mʉt'ah werg]
colega (m, f)	коллега	[kɔlleg]

conhecido (m)	вевза стаг	[wevz stag]
companheiro (m) de viagem	некъаннакъост	[neq?annaq?ɔst]

colega (m) de classe	классхо	[klassho]
vizinho (m)	лулахо	[lulaho]
vizinha (f)	лулахо	[lulaho]
vizinhos (pl)	лулахой	[lulahoj]

57. Homem. Mulher

mulher (f)	зуда	[zud]
menina (f)	йоӀ	[joˁ]
noiva (f)	нускал	[nuskal]

bonita, bela (adj)	хаза	[haz]
alta (adj)	лекха зуда	[leq zud]
esbelta (adj)	куц долу зуда	[kuʦ dolu zud]
baixa (adj)	лохачу дерӀахь стаг	[lɔhaʧu deɣah stag]

loira (f)	блондинка	[blɔndɪnk]
morena (f)	брюнетка	[brʉnetk]

de senhora	зударийн	[zudarɪːn]
virgem (f)	йоӀстаг	[joˈstag]
grávida (adj)	берахниг	[berahnɪg]

homem (m)	боьрша стаг	[bœrʃ stag]
loiro (m)	блондин	[blɔndɪn]
moreno (m)	брюнет	[brʉnet]
alto (adj)	лекха	[leq]
baixo (adj)	лохачу дерӀахь стаг	[lɔhaʧu deɣah stag]

rude (adj)	кӀоршаме	[kˈɔrʃame]
atarracado (adj)	воьртала	[vørtal]
robusto (adj)	чӀорла	[ʧˈɔɣ]
forte (adj)	нуьцкъала	[nʉʦqʔal]
força (f)	ницкъ	[nɪʦqʔ]

gordo (adj)	дерстина	[derstɪn]
moreno (adj)	Ӏаьржачу аматехь	[ˈæɾʒaʧu amateh]
esbelto (adj)	куц долу стаг	[kuʦ dolu stag]
elegante (adj)	оьзда	[øzd]

58. Idade

idade (f)	хан	[han]
juventude (f)	къоналла	[qʔɔnall]
jovem (adj)	къона	[qʔɔn]

mais novo (adj)	жимаха	[ʒɪmah]
mais velho (adj)	воккхаха	[vɔkqah]

jovem (m)	къонаниг	[qʔɔnanɪg]
adolescente (m)	кхиазхо	[qɪazho]
rapaz (m)	жима стаг	[ʒɪm stag]

| velho (m) | воккха стаг | [vɔkq stag] |
| velha (f) | йоккха стаг | [jokq stag] |

adulto	кхиъна	[qɪʔn]
de meia-idade	юккъерчу шеран	[jukkʔertʃu ʃəran]
idoso, de idade (adj)	хан тӀехтилла	[han t'ehtɪll]
velho (adj)	къена	[qʔen]

aposentadoria (f)	пенси	[pensɪ]
aposentar-se (vr)	пенси ваха	[pensɪ vah]
aposentado (m)	пенсионер	[pensɪoner]

59. Crianças

criança (f)	бер	[ber]
crianças (f pl)	бераш	[beraʃ]
gêmeos (m pl), gêmeas (f pl)	шала дина бераш	[ʃal dɪn beraʃ]

berço (m)	ага	[ag]
chocalho (m)	экарг	[ɛkarg]
fralda (f)	подгузник	[pɔdguznɪk]

chupeta (f), bico (m)	тӀапмала	[t'armaə]
carrinho (m) de bebê	гӀудалкх	[ɣudalq]
jardim (m) de infância	берийн беш	[berɪːn beʃ]
babysitter, babá (f)	баба	[bab]

infância (f)	бералла	[berall]
boneca (f)	тайниг	[tajnɪg]
brinquedo (m)	ловзо хӀума	[lɔvzo h'um]
jogo (m) de montar	конструктор	[kɔnstruktɔr]

bem-educado (adj)	бакъхьара	[baqʔar]
malcriado (adj)	оьздангалла йоцу	[øzdangall jotsu]
mimado (adj)	боча Ӏамийна	[botʃ 'amɪːn]

ser travesso	харцхьара лела	[hartshar lel]
travesso, traquinas (adj)	вон лела	[vɔn lel]
travessura (f)	харцхьаралла	[hartsharall]
criança (f) travessa	харцхьарниг	[hartsharnɪg]

| obediente (adj) | ладугӀу | [laduɣu] |
| desobediente (adj) | ладугӀуш доцу | [laduɣuʃ dɔtsu] |

dócil (adj)	кхетаме	[qetame]
inteligente (adj)	хьекъале	[heqʔale]
prodígio (m)	вундеркинд	[vunderkɪnd]

60. Casais. Vida de família

| beijar (vt) | барташ даха | [bartaʃ dah] |
| beijar-se (vr) | обанаш баха | [ɔbanaʃ bah] |

família (f)	доьзал	[døzal]
familiar (vida ~)	доьзалан	[døzalan]
casal (m)	шиъ	[ʃiʔ]
matrimônio (m)	брак	[brak]
lar (m)	цӀийнан кхерч	[ts'ɪːnan qertʃ]
dinastia (f)	династи	[dɪnastɪ]

encontro (m)	вовшехкхетар	[vɔvʃəhqetar]
beijo (m)	уба	[ub]

amor (m)	безам	[bezam]
amar (pessoa)	деза	[dez]
amado, querido (adj)	везарг	[wezarg]

ternura (f)	кӀеда-мерзалла	[k'ed merzall]
afetuoso (adj)	кӀеда-мерза	[k'ed merz]
fidelidade (f)	тешаме хилар	[teʃame hɪlar]
fiel (adj)	тешаме	[teʃame]
cuidado (m)	гӀайгӀа	[ɣajɣ]
carinhoso (adj)	гӀайгӀа йолу	[ɣajɣ jolu]

recém-casados (pl)	къона мар-нускал	[q?ɔn mar nuskal]
lua (f) de mel	нускалан хан	[nuskalan han]
casar-se (com um homem)	маре яха	[mare jah]
casar-se (com uma mulher)	зуда яло	[zud jalɔ]

casamento (m)	ловзар	[lɔvzar]
bodas (f pl) de ouro	дашо ловзар	[daʃɔ lɔvzar]
aniversário (m)	шо кхачар	[ʃɔ qatʃar]

amante (m)	везарг	[wezarg]
amante (f)	езарг	[ezarg]

adultério (m), traição (f)	ямартло	[jamartlɔ]
cometer adultério	ямартло яр	[jamartlɔ jar]
ciumento (adj)	эмгаралле	[ɛmgaralle]
ser ciumento, -a	эмгаралла дан	[ɛmgarall dan]
divórcio (m)	дӀасакъастар	[d'asaq?astar]
divorciar-se (vr)	дӀасакъаста	[d'asaq?ast]

brigar (discutir)	эгӀар	[ɛɣar]
fazer as pazes	тан	[tan]
juntos (ir ~)	цхьана	[tshan]
sexo (m)	секс	[seks]

felicidade (f)	ирс	[ɪrs]
feliz (adj)	ирсе	[ɪrse]
infelicidade (f)	ирс цахилар	[ɪrs tsahɪlar]
infeliz (adj)	ирс доцу	[ɪrs dɔtsu]

Caráter. Sentimentos. Emoções

61. Sentimentos. Emoções

sentimento (m)	синхаам	[sɪnha'am]
sentimentos (m pl)	синхаамаш	[sɪnha'amaʃ]
sentir (vt)	хаадала	[ha'adal]
fome (f)	мацалла	[maʦall]
ter fome	хӏума яаа лаа	[h'um ja'a la'a]
sede (f)	хьогалла	[hɔgall]
ter sede	мала лаа	[mal la'a]
sonolência (f)	наб яр	[nab jar]
estar sonolento	наб ян лаа	[nab jan la'a]
cansaço (m)	гӏелдалар	[ɣeldalar]
cansado (adj)	гӏелделла	[ɣeldell]
ficar cansado	гӏелдала	[ɣeldal]
humor (m)	дог-ойла	[dɔg ɔjl]
tédio (m)	сахьийзар	[sahɪ:zar]
entediar-se (vr)	сагатдала	[sagatdal]
reclusão (isolamento)	ша къастар	[ʃ q?astar]
isolar-se (vr)	ша къаста	[ʃ q?ast]
preocupar (vt)	сагатдан	[sagatdan]
estar preocupado	сагатдан	[sagatdan]
preocupação (f)	сагатдар	[sagatdar]
ansiedade (f)	сагатдар	[sagatdar]
preocupado (adj)	гӏайгӏане	[ɣajɣane]
estar nervoso	дог этӏа	[dɔg ɛt']
entrar em pânico	доха	[dɔh]
esperança (f)	сатуьйсийла	[satʉjsɪ:l]
esperar (vt)	догдаха	[dɔgdah]
certeza (f)	тешна хилар	[teʃn hɪlar]
certo, seguro de …	тешна	[teʃn]
indecisão (f)	тешна цахилар	[teʃn ʦahɪlar]
indeciso (adj)	тешна доцу	[teʃn dɔʦu]
bêbado (adj)	вехна	[wehn]
sóbrio (adj)	дахазниг	[dahaznɪg]
fraco (adj)	гӏийла	[ɣɪ:l]
feliz (adj)	ирсе	[ɪrse]
assustar (vt)	кхеро	[qerɔ]
fúria (f)	хьерадалар	[heradalar]
ira, raiva (f)	луьралла	[lʉrall]
depressão (f)	депресси	[depressɪ]
desconforto (m)	дискомфорт	[dɪskɔmfɔrt]

conforto (m)	комфорт	[kɔmfɔrt]
arrepender-se (vr)	дагахьбаллам хила	[dagahballam hɪl]
arrependimento (m)	дагахьбаллам	[dagahballam]
azar (m), má sorte (f)	аьтто боцуш хилар	[ættɔ bɔʦuʃ hɪlar]
tristeza (f)	халахетар	[halahetar]

vergonha (f)	эхь	[ɛh]
alegria (f)	синкъерам	[sɪnqʔeram]
entusiasmo (m)	энтузиазм	[ɛntuzɪazm]
entusiasta (m)	энтузиаст	[ɛntuzɪast]
mostrar entusiasmo	энтузиазм гучаяккха	[ɛntuzɪazm guʧajakq]

62. Caráter. Personalidade

caráter (m)	амал	[amal]
falha (f) de caráter	эшар	[ɛʃar]
mente, razão (f)	хьекъал	[heqʔal]

consciência (f)	эхь-бехк	[ɛh behk]
hábito, costume (m)	марзделларг	[marzdellarg]
habilidade (f)	хьунар хилар	[hunar hɪlar]
saber (~ nadar, etc.)	хаа	[ha'a]

paciente (adj)	собаре	[sɔbare]
impaciente (adj)	собар доцу	[sɔbar dɔʦu]
curioso (adj)	хаа гӀерта	[ha'a ɣert]
curiosidade (f)	хаа гӀертар	[ha'a ɣertar]

modéstia (f)	эсалалла	[ɛsalall]
modesto (adj)	эсала	[ɛsal]
imodesto (adj)	оьзда доцу	[øzd dɔʦu]

preguiça (f)	мало	[malɔ]
preguiçoso (adj)	мела	[mel]
preguiçoso (m)	малончa	[malɔnʧ]

astúcia (f)	хӀилла	[h'ɪll]
astuto (adj)	хӀиллане	[h'ɪllane]
desconfiança (f)	цатешам	[ʦateʃam]
desconfiado (adj)	тешамза	[teʃamz]

generosidade (f)	комаьршалла	[kɔmærʃall]
generoso (adj)	комаьрша	[kɔmærʃ]
talentoso (adj)	похӀме	[pɔh'me]
talento (m)	похӀма	[pɔh'm]

corajoso (adj)	майра	[majr]
coragem (f)	майралла	[majrall]
honesto (adj)	дог цӀена	[dɔg ʦ'en]
honestidade (f)	дог цӀеналла	[dɔg ʦ'enall]

prudente, cuidadoso (adj)	ларлуш долу	[larluʃ dɔlu]
valoroso (adj)	майра	[majr]
sério (adj)	ладаме	[ladame]

severo (adj)	къовламе	[qʔɔvlame]
decidido (adj)	хадам боллуш	[hadam bɔlluʃ]
indeciso (adj)	ирке	[ɪrke]
tímido (adj)	стешха	[steʃh]
timidez (f)	стешхалла	[steʃhall]

confiança (f)	тешам	[teʃam]
confiar (vt)	теша	[teʃ]
crédulo (adj)	тешаш долу	[teʃaʃ dɔlu]

sinceramente	даггара	[daggar]
sincero (adj)	даггара	[daggar]
sinceridade (f)	догценалла	[dɔgʦ'enall]
aberto (adj)	дуьххьал дӀа	[dʉhal d'a]

calmo (adj)	тийна	[tɪːn]
franco (adj)	дог цӀена	[dɔg ʦ'en]
ingênuo (adj)	дог диллина стаг	[dɔg dɪllɪn stag]
distraído (adj)	тидаме доцу	[tɪdame dɔʦu]
engraçado (adj)	беламе	[belame]

ganância (f)	сутаралла	[sutarall]
ganancioso (adj)	сутара	[sutar]
avarento, sovina (adj)	бӀаьрмециган	[b'ærmeʦɪgan]
mal (adj)	вон	[vɔn]
teimoso (adj)	духахьара	[duhahar]
desagradável (adj)	там боцу	[tam bɔʦu]

egoísta (m)	эгоист	[ɛgɔɪst]
egoísta (adj)	эгоизме	[ɛgɔɪzme]
covarde (m)	стешха стаг	[steʃha stag]
covarde (adj)	осала	[ɔsal]

63. O sono. Sonhos

dormir (vi)	наб ян	[nab jan]
sono (m)	наб	[nab]
sonho (m)	гӀан	[ɣan]
sonhar (ver sonhos)	гӀенаш ган	[ɣenaʃ gan]
sonolento (adj)	набаран	[nabaran]

cama (f)	маьнга	[mæng]
colchão (m)	гоь	[gø]
cobertor (m)	юргӀа	[jurɣ]
travesseiro (m)	гӀайба	[ɣajb]
lençol (m)	шаршу	[ʃarʃu]

insônia (f)	наб цакхетар	[nab ʦaqetar]
sem sono (adj)	наб йоцу	[nab jɔʦu]
sonífero (m)	наб йойту молханаш	[nab jojtu mɔlhanaʃ]
tomar um sonífero	наб йойту молханаш мала	[nab jojtu mɔlhanaʃ mal]

| estar sonolento | наб ян лаа | [nab jan la'a] |
| bocejar (vi) | бага гӀетто | [bag ɣettɔ] |

ir para a cama	наб я ваха	[nab ja vah]
fazer a cama	мотт билла	[mɔtt bɪll]
adormecer (vi)	наб кхета	[nab qet]

pesadelo (m)	Iаламат	['alamat]
ronco (m)	хар	[har]
roncar (vi)	хур-тIур дан	[hur t'ur dan]

despertador (m)	сомавоккху сахьт	[sɔmavɔkqu saht]
acordar, despertar (vt)	самадаккха	[samadakq]
acordar (vi)	самадала	[samadal]
levantar-se (vr)	хьалагIатта	[halaɣatt]
lavar-se (vr)	дIадиладала	[d'adɪladal]

64. Humor. Riso. Alegria

humor (m)	белам	[belam]
senso (m) de humor	синхаам	[sɪnha'am]
divertir-se (vr)	сакъера	[saq?er]
alegre (adj)	самукъане	[samuq?ane]
diversão (f)	сакъерар	[saq?erar]

sorriso (m)	делакъажар	[delaq?aʒar]
sorrir (vi)	дела къежа	[del q?eʒ]
começar a rir	деладала	[deladal]
rir (vi)	дела	[del]
riso (m)	белам	[belam]

anedota (f)	анекдот	[anekdɔt]
engraçado (adj)	беламе	[belame]
ridículo, cômico (adj)	беламе	[belame]

brincar (vi)	забарш ян	[zabarʃ jan]
piada (f)	забар	[zabar]
alegria (f)	хазахетар	[hazahetar]
regozijar-se (vr)	хазахета	[hazahet]
alegre (adj)	хазахоьтуьйту	[hazahøtɥjtu]

65. Discussão, conversação. Parte 1

comunicação (f)	тIекере	[t'ekere]
comunicar-se (vr)	тIекере хила	[t'ekere hɪl]

conversa (f)	къамел	[q?amel]
diálogo (m)	диалог	[dɪalɔg]
discussão (f)	дискусси	[dɪskussɪ]
debate (m)	къовсам	[q?ɔvsam]
debater (vt)	къийса	[q?ɪːs]

interlocutor (m)	къамелхо	[q?amelho]
tema (m)	тема	[tem]
ponto (m) de vista	хетарг	[hetarg]

| opinião (f) | хетарг | [hetarg] |
| discurso (m) | мотт | [mɔtt] |

discussão (f)	дийцаре диллар	[dɪ:tsare dɪllar]
discutir (vt)	дийцаре дилла	[dɪ:tsare dɪll]
conversa (f)	къамел	[qʔamel]
conversar (vi)	къамел дан	[qʔamel dan]
reunião (f)	дуьхьалдахар	[dᵾhaldahar]
encontrar-se (vr)	вовшахкхета	[vɔvʃahqet]

provérbio (m)	кица	[kɪts]
ditado, provérbio (m)	кица	[kɪts]
adivinha (f)	хӀетал-метал	[h'etal metal]
dizer uma adivinha	хӀетал-метал ала	[h'etal metal al]
senha (f)	пароль	[parɔlj]
segredo (m)	хьулам	[hulam]

juramento (m)	дуй	[duj]
jurar (vi)	дуй баа	[duj ba'a]
promessa (f)	валда	[va'd]
prometer (vt)	валда дан	[va'd dan]

conselho (m)	хьехам	[heham]
aconselhar (vt)	хьехам бан	[heham ban]
escutar (~ os conselhos)	ладоӏа	[ladɔɣ]

novidade, notícia (f)	керланиг	[kerlanɪg]
sensação (f)	сенсаци	[sensatsɪ]
informação (f)	хабар	[habar]
conclusão (f)	жамӏ	[ʒam']
voz (f)	аз	[az]
elogio (m)	тамехь дош	[tameh dɔʃ]
amável, querido (adj)	безаме	[bezame]

palavra (f)	дош	[dɔʃ]
frase (f)	фраза	[fraz]
resposta (f)	жоп	[ʒɔp]
verdade (f)	бакъдерг	[baqʔderg]
mentira (f)	аьшпаш	[æʃpaʃ]

pensamento (m)	ойла	[ɔjl]
ideia (f)	ойла	[ɔjl]
fantasia (f)	дагадар	[dagadar]

66. Discussão, conversação. Parte 2

estimado, respeitado (adj)	лоруш долу	[lɔruʃ dɔlu]
respeitar (vt)	лара	[lar]
respeito (m)	ларам	[laram]
Estimado ..., Caro ...	хьомсара	[hɔmsar]

| apresentar (alguém a alguém) | довзо | [dɔvzɔ] |
| intenção (f) | дагахь хилар | [dagah hɪlar] |

tencionar (~ fazer algo)	ойла хилар	[ɔjl hɪlar]
desejo (de boa sorte)	алар	[alar]
desejar (ex. ~ boa sorte)	ала	[al]

surpresa (f)	цецдалар	[tsetsdalar]
surpreender (vt)	цецдаккха	[tsetsdakq]
surpreender-se (vr)	цецдала	[tsetsdal]

dar (vt)	дала	[dal]
pegar (tomar)	схьаэца	[shaets]
devolver (vt)	юхадерзо	[juhaderzɔ]
retornar (vt)	юхадала	[juhadal]

desculpar-se (vr)	бехк цабиллар деха	[behk tsabɪllar deh]
desculpa (f)	бехк цабиллар	[behk tsabɪllar]
perdoar (vt)	геч дан	[getʃ dan]

falar (vi)	къамел дан	[qʔamel dan]
escutar (vt)	ладогӀа	[ladɔɣ]
ouvir até o fim	ладогӀа	[ladɔɣ]
entender (compreender)	кхета	[qet]

mostrar (vt)	гайта	[gajt]
olhar para ...	хьежа	[heʒ]
chamar (alguém para ...)	кхайкха	[qajq]

perturbar (vt)	новкъарло ян	[nɔvqʔarlɔ jan]
entregar (~ em mãos)	дӀадала	[d'adal]

pedido (m)	дехар	[dehar]
pedir (ex. ~ ajuda)	деха	[deh]
exigência (f)	тӀедожор	[t'edɔʒɔr]
exigir (vt)	тӀедожо	[t'edɔʒɔ]

insultar (chamar nomes)	хичаш ян	[hɪtʃaʃ jan]
zombar (vt)	дела	[del]
zombaria (f)	кхардам	[qardam]
alcunha (f), apelido (m)	харц цӀе	[harts ts'e]

insinuação (f)	къадор	[qʔadɔr]
insinuar (vt)	къедо	[qʔedɔ]
querer dizer	дагахь хила	[dagah hɪl]

descrição (f)	сурт хӀоттор	[surt h'ɔttɔr]
descrever (vt)	сурт хӀотто	[surt h'ɔttɔ]
elogio (m)	хастам	[hastam]
elogiar (vt)	хесто	[hestɔ]

desapontamento (m)	безам балар	[bezam balar]
desapontar (vt)	безам байа	[bezam baj]
desapontar-se (vr)	безам бан	[bezam ban]

suposição (f)	моттар	[mɔttar]
supor (vt)	мотта	[mɔtt]
advertência (f)	лардар	[lardar]
advertir (vt)	лардан	[lardan]

67. Discussão, conversação. Parte 3

convencer (vt)	бертадало	[bertadalɔ]
acalmar (vt)	дог тедан	[dɔg tedan]

silêncio (o ~ é de ouro)	вистцахилар	[wɪsttsahɪlar]
ficar em silêncio	къамел ца дан	[qʔamel ts dan]
sussurrar (vt)	шабар-шибар дан	[ʃabar ʃɪbar dan]
sussurro (m)	шабар-шибар	[ʃabar ʃɪbar]

francamente	дог цӀена	[dɔg ts'en]
na minha opinião ...	суна хетарехь	[sun hetareh]

detalhe (~ da história)	ма-дарра хилар	[ma darra hɪlar]
detalhado (adj)	ма-дарра	[ma darr]
detalhadamente	ма-дарра	[ma darr]

dica (f)	дӀаалар	[d'a'alar]
dar uma dica	дӀаала	[d'a'al]

olhar (m)	бӀаьрахьажар	[b'ærahaʒar]
dar uma olhada	хьажа	[haʒ]
fixo (olhada ~a)	хийцалуш йоцу	[hɪːtsaluʃ jotsu]
piscar (vi)	бӀаьргаш детта	[b'ærgaʃ dett]
piscar (vt)	бӀаьрг тало	[b'ærg ta'ɔ]
acenar com a cabeça	корта тало	[kɔrt ta'ɔ]

suspiro (m)	садаккхар	[sadakqar]
suspirar (vi)	са даккха	[sa dakq]
estremecer (vi)	тохадала	[tɔhadal]
gesto (m)	ишар ян	[ɪʃar jan]
tocar (com as mãos)	дӀахьаькхадала	[d'ahaqadal]
agarrar (~ pelo braço)	леца	[lets]
bater de leve	детта	[dett]

Cuidado!	Ларло!	[larlɔ]
Sério?	Баккъалла?	[bakqʔall]
Tem certeza?	Тешна вуй хьо?	[teʃn vuj hɔ]
Boa sorte!	Аьтто хуьлда!	[ættɔ huld]
Entendi!	Кхета!	[qet]
Que pena!	Халахета!	[halahet]

68. Acordo. Recusa

consentimento (~ mútuo)	резахилар	[rezahɪlar]
consentir (vi)	реза хила	[rez hɪl]
aprovação (f)	магор	[magɔr]
aprovar (vt)	маго	[magɔ]
recusa (f)	цадалар	[tsadalar]
negar-se a ...	дуьхьал хила	[duhal hɪl]

Ótimo!	ЧӀогӀа дика ду!	[tʃ'ɔɣ dɪk du]
Tudo bem!	Дика ду!	[dɪk du]

Está bem! De acordo!	Мегар ду!	[megar du]
proibido (adj)	цамагийна	[tsamagɪːn]
é proibido	ца мега	[tsa meg]
é impossível	хила йиш яц	[hɪl jiʃ jats]
incorreto (adj)	нийса доцу	[nɪːs dotsu]

rejeitar (~ um pedido)	юхатоха	[juhatɔh]
apoiar (vt)	тӀетан	[t'etan]
aceitar (desculpas, etc.)	тӀеэца	[t'eɛts]

confirmar (vt)	чӀарӀдан	[tʃ'aɣdan]
confirmação (f)	чӀарӀдар	[tʃ'aɣdar]
permissão (f)	пурба	[purb]
permitir (vt)	магийта	[magɪːt]
decisão (f)	сацам бар	[satsam bar]
não dizer nada	дист ца хила	[dɪst tsa hɪl]

condição (com uma ~)	диллар	[dɪllar]
pretexto (m)	бахьана	[bahan]
elogio (m)	хастам	[hastam]
elogiar (vt)	хестадан	[hestadan]

69. Sucesso. Boa sorte. Insucesso

êxito, sucesso (m)	кхиам	[qɪam]
com êxito	кхиаме	[qɪame]
bem sucedido (adj)	кхиам болу	[qɪam bolu]

sorte (fortuna)	аьтто	[ættɔ]
Boa sorte!	Аьтто хуьлда!	[ættɔ huld]
de sorte	аьтто болу	[ættɔ bolu]
sortudo, felizardo (adj)	аьтто болу	[ættɔ bolu]
fracasso (m)	бохам	[bɔham]
pouca sorte (f)	аьтто ца хилар	[ættɔ tse hɪlar]
azar (m), má sorte (f)	аьтто боцуш хилар	[ættɔ botsuʃ hɪlar]
mal sucedido (adj)	ца даьлла	[tsa dæll]
catástrofe (f)	ирча бохам	[ɪrtʃ bɔham]

orgulho (m)	дозалла	[dozall]
orgulhoso (adj)	кура	[kur]
estar orgulhoso, -a	дозалла дан	[dozall dan]
vencedor (m)	толамхо	[tolamho]
vencer (vi, vt)	тола	[tol]
perder (vt)	эша	[ɛʃ]
tentativa (f)	гӀортар	[ɣortar]
tentar (vt)	гӀорта	[ɣort]
chance (m)	хьал	[hal]

70. Conflitos. Emoções negativas

| grito (m) | мохь | [mɔh] |
| gritar (vi) | мохь бетта | [mɔh bett] |

começar a gritar	мохь тоха	[mɔh tɔh']
discussão (f)	дов	[dɔv]
brigar (discutir)	эрlар	[ɛɣar]
escândalo (m)	дов	[dɔv]
criar escândalo	девнаш даха	[devnaʃ dah]
conflito (m)	конфликт	[kɔnflɪkt]
mal-entendido (m)	цакхетар	[tsaqetar]

insulto (m)	сийсаздаккхар	[sɪ:sazdakqar]
insultar (vt)	сий дайа	[sɪ: daj]
insultado (adj)	юьхьлаьрж хlоттина	[juh'ææʒ h'ɔttɪn]
ofensa (f)	халахетар	[halahetar]
ofender (vt)	халахетар дан	[halahetar dan]
ofender-se (vr)	халахета	[halahet]

indignação (f)	эрlаддахар	[ɛɣaddahar]
indignar-se (vr)	эрlаддала	[ɛɣaddal]
queixa (f)	латкъам	[latq?am]
queixar-se (vr)	латкъа	[latq?]

desculpa (f)	бехк цабиллар	[behk tsabɪllar]
desculpar-se (vr)	бехк цабиллар деха	[behk tsabɪllar deh]
pedir perdão	бехк цабиллар деха	[behk tsabɪllar deh]

crítica (f)	критика	[krɪtɪk]
criticar (vt)	критиковать дан	[krɪtɪkɔvat' dan]
acusação (f)	бехкедар	[behkedar]
acusar (vt)	бехкедан	[behkedan]

vingança (f)	чlир	[tʃ'ɪr]
vingar (vt)	чlир леха	[tʃ'ɪr leh]
vingar-se de	дlадекъа	[d'adeq?]

desprezo (m)	цадашар	[tsadaʃar]
desprezar (vt)	ца даша	[tsa daʃ]
ódio (m)	цабезам	[tsabezam]
odiar (vt)	ца деза	[tsa dez]

nervoso (adj)	нервийн	[nervɪ:n]
estar nervoso	дог этlа	[dɔg ɛt']
zangado (adj)	оьрlазе	[øɣaze]
zangar (vt)	оьрlаздахийта	[øɣazdahɪ:t]

humilhação (f)	кlезиг хетар	[k'ezɪg hetar]
humilhar (vt)	кlезиг хета	[k'ezɪg het]
humilhar-se (vr)	кlезиг хила	[k'ezɪg hɪl]

| choque (m) | шовкъ | [ʃɔvq?] |
| chocar (vt) | юьхьлаьржахlотто | [juh'ærʒah'ɔttɔ] |

| aborrecimento (m) | цатам | [tsatam] |
| desagradável (adj) | там боцу | [tam bɔtsu] |

medo (m)	кхерам	[qeram]
terrível (tempestade, etc.)	lаламат чlорла	['alamat tʃ'ɔɣ]
assustador (ex. história ~a)	инзаре	[ɪnzare]

horror (m)	Iадор	['adɔr]
horrível (crime, etc.)	къемате	[q?emate]
chorar (vi)	делха	[delh]
começar a chorar	делха	[delh]
lágrima (f)	бIаьрхи	[b'ærhɪ]
falta (f)	бехк	[behk]
culpa (f)	бехк	[behk]
desonra (f)	эхь	[ɛh]
protesto (m)	дуьхьалхилар	[dɥhalhɪlar]
estresse (m)	стресс	[stress]
perturbar (vt)	новкъарло ян	[nɔvq?arlɔ jan]
zangar-se com ...	оьгIазъэха	[øɣaz?ɛh]
zangado (irritado)	вон	[vɔn]
terminar (vt)	дIасацо	[d'asatsɔ]
praguejar	дов дан	[dɔv dan]
assustar-se	тила	[tɪl]
golpear (vt)	тоха	[tɔh]
brigar (na rua, etc.)	лета	[let]
resolver (o conflito)	дIадерзо	[d'aderzɔ]
descontente (adj)	реза доцу	[rez dɔtsu]
furioso (adj)	буьрса	[bɥrs]
Não está bem!	XIара дика дац!	[h'ar dɪk dats]
É ruim!	XIара вон ду!	[h'ar vɔn du]

Medicina

71. Doenças

doença (f)	лазар	[lazar]
estar doente	цомгуш хила	[tsɔmguʃ hɪl]
saúde (f)	могушалла	[mɔguʃall]
nariz (m) escorrendo	шелвалар	[ʃəlvalar]
amigdalite (f)	ангина	[angɪn]
resfriado (m)	шелдалар	[ʃəldalar]
ficar resfriado	шелдала	[ʃəldal]
bronquite (f)	бронхит	[brɔnhɪt]
pneumonia (f)	пехашна хьу кхетар	[pehaʃn hu qetar]
gripe (f)	грипп	[grɪpp]
míope (adj)	блорзагал	[b'ɔrzagal]
presbita (adj)	генара гун	[genar gun]
estrabismo (m)	бlarlapa хилар	[b'aɣar hɪlar]
estrábico, vesgo (adj)	бlarlapa	[b'aɣar]
catarata (f)	бlaьрган марха	[b'ærgan marh]
glaucoma (m)	глаукома	[glaukɔm]
AVC (m), apoplexia (f)	инсульт	[ɪnsuljt]
ataque (m) cardíaco	дог датlap	[dɔg dat'ar]
enfarte (m) do miocárdio	миокардан инфаркт	[mɪɔkardan ɪnfarkt]
paralisia (f)	энаш лацар	[ɛnaʃ latsar]
paralisar (vt)	энаша лаца	[ɛnaʃ lats]
alergia (f)	аллергий	[allergɪː]
asma (f)	астма	[astm]
diabetes (f)	диабет	[dɪabet]
dor (f) de dente	цергийн лазар	[tsergɪːn lazar]
cárie (f)	кариес	[karɪes]
diarreia (f)	диарея	[dɪarej]
prisão (f) de ventre	чо юкъялар	[ʧɔ juqʔjalar]
desarranjo (m) intestinal	чохьлазар	[ʧɔhlazar]
intoxicação (f) alimentar	отравлени	[ɔtravlenɪ]
intoxicar-se	кхачанан отравлени	[qaʧanan ɔtravlenɪ]
artrite (f)	артрит	[artrɪt]
raquitismo (m)	рахит-цамгар	[rahɪt tsamgar]
reumatismo (m)	энаш	[ɛnaʃ]
arteriosclerose (f)	атеросклероз	[aterɔsklerɔz]
gastrite (f)	гастрит	[gastrɪt]
apendicite (f)	сов йоьхь дестар	[sɔv jøh destar]

| colecistite (f) | холецистит | [holeʦsɪstɪt] |
| úlcera (f) | дал | [daʕ] |

sarampo (m)	кхартанаш	[qartanaʃ]
rubéola (f)	хьара	[har]
icterícia (f)	маждар	[maʒdar]
hepatite (f)	гепатит	[gepatɪt]

esquizofrenia (f)	шизофрени	[ʃɪzofrenɪ]
raiva (f)	хьарадалар	[haradalar]
neurose (f)	невроз	[nevrɔz]
contusão (f) cerebral	хье лазор	[he lazɔr]

câncer (m)	дал	[daʕ]
esclerose (f)	склероз	[sklerɔz]
esclerose (f) múltipla	тидаме доцу	[tɪdame dɔʦu]

alcoolismo (m)	алкоголан цамгар	[alkɔgɔlan ʦamgar]
alcoólico (m)	алкоголхо	[alkɔgɔlho]
sífilis (f)	чӀурамцамгар	[ʧʼuramʦamgar]
AIDS (f)	СПИД	[spɪd]

tumor (m)	дестар	[destar]
maligno (adj)	кхераме	[qerame]
benigno (adj)	зуламе доцу	[zulame dɔʦu]

febre (f)	хорша	[horʃ]
malária (f)	хорша	[horʃ]
gangrena (f)	гангрена	[gangren]
enjoo (m)	хӀорд хьахар	[hʼɔrd hahar]
epilepsia (f)	эпилепси	[ɛpɪlepsɪ]

epidemia (f)	ун	[un]
tifo (m)	тиф	[tɪf]
tuberculose (f)	йовхарийн цамгар	[jovharɪːn ʦamgar]
cólera (f)	чоьнан ун	[ʧønan un]
peste (f) bubônica	лаьржа ун	[ˈærʒ un]

72. Sintomas. Tratamentos. Parte 1

sintoma (m)	билгало	[bɪlgalɔ]
temperatura (f)	температура	[temperatur]
febre (f)	лекха температур	[leq temperatur]
pulso (m)	синпха	[sɪnph]

vertigem (f)	корта хьовзар	[kɔrt hɔvzar]
quente (testa, etc.)	довха	[dɔvh]
calafrio (m)	шелона дегадар	[ʃelɔn degadar]
pálido (adj)	беда	[bed]

tosse (f)	йовхарш	[jovharʃ]
tossir (vi)	йовхарш етта	[jovharʃ ett]
espirrar (vi)	хьоршамаш детта	[horʃamaʃ dett]
desmaio (m)	дог вон хилар	[dɔg vɔn hɪlar]

desmaiar (vi)	дог кӀадделла охьавожа	[dɔg k'addell ɔhavɔʒ]
mancha (f) preta	ларждарг	['arʒdarg]
galo (m)	бӀара	[b'ar]
machucar-se (vr)	дӀакхета	[d'aqet]
contusão (f)	дӀатохар	[d'atɔhar]
machucar-se (vr)	дӀакхета	[d'aqet]

mancar (vi)	астагӀлелха	['astaɣlelh]
deslocamento (f)	чуьрдаккхар	[tʃʉrdakqar]
deslocar (vt)	чуьрдаккхар	[tʃʉrdakqar]
fratura (f)	кагдалар	[kagdalar]
fraturar (vt)	кагдар	[kagdar]

corte (m)	хадор	[hadɔr]
cortar-se (vr)	хада	[had]
hemorragia (f)	цӀий эхар	[ts'ɪː ɛhar]

queimadura (f)	дагор	[dagɔr]
queimar-se (vr)	даго	[dagɔ]

picar (vt)	Ӏотта	['ɔtt]
picar-se (vr)	Ӏоттадала	['ɔttadal]
lesionar (vt)	лазо	[lazɔ]
lesão (m)	лазор	[lazɔr]
ferida (f), ferimento (m)	чов	[tʃɔv]
trauma (m)	лазор	[lazɔr]

delirar (vi)	харц лен	[harts len]
gaguejar (vi)	толкха лен	[tɔlq len]
insolação (f)	малх хьахар	[malh hahar]

73. Sintomas. Tratamentos. Parte 2

dor (f)	лазар	[lazar]
farpa (no dedo, etc.)	сирхат	[sɪrhat]

suor (m)	хьацар	[hatsar]
suar (vi)	хьацар дала	[hatsar dal]
vômito (m)	Ӏеттор	['ettɔr]
convulsões (f pl)	пхенаш озор	[phenaʃ ɔzɔr]

grávida (adj)	берахниг	[berahnɪg]
nascer (vi)	хила	[hɪl]
parto (m)	бер хилар	[ber hɪlar]
dar à luz	бер дар	[ber dar]
aborto (m)	аборт	[abɔrt]

respiração (f)	са дахар	[sa dahar]
inspiração (f)	са чуозар	[sa tʃuɔzar]
expiração (f)	са арахецар	[sa arahetsar]
expirar (vi)	са арахеца	[sa arahets]
inspirar (vi)	са чуоза	[sa tʃuɔz]
inválido (m)	заьӀапхо	[zæ'apho]
aleijado (m)	заьӀапхо	[zæ'apho]

drogado (m)	наркоман	[narkɔman]
surdo (adj)	къора	[q?ɔr]
mudo (adj)	мотт ца хуург	[mɔtt tsa hu'urg]
surdo-mudo (adj)	мотт ца хуург	[mɔtt tsa hu'urg]

louco, insano (adj)	хьерадьалла	[heradʲall]
louco (m)	хьераваьлларг	[heravællarg]
louca (f)	хьерайалларг	[herajallarg]
ficar louco	хьервалар	[hervalar]

gene (m)	ген	[gen]
imunidade (f)	иммунитет	[ɪmmunɪtet]
congênito (adj)	вешшехь хилла	[weʃəh hɪll]

vírus (m)	вирус	[wɪrus]
micróbio (m)	микроб	[mɪkrɔb]
bactéria (f)	бактери	[bakterɪ]
infecção (f)	инфекци	[ɪnfektsɪ]

74. Sintomas. Tratamentos. Parte 3

hospital (m)	больница	[bɔljnɪts]
paciente (m)	пациент	[patsɪent]

diagnóstico (m)	диагноз	[dɪagnɔz]
cura (f)	дарбанаш лелор	[darbanaʃ lelɔr]
tratamento (m) médico	дарба лелор	[darb lelɔr]
curar-se (vr)	дарбанаш лелор	[darbanaʃ lelɔr]
tratar (vt)	дарба лело	[darb lelɔ]
cuidar (pessoa)	лело	[lelɔ]
cuidado (m)	лелор	[lelɔr]

operação (f)	этIоп	[ɛt'ɔr]
enfaixar (vt)	дIадехка	[d'adehk]
enfaixamento (m)	йоьхкург	[jøhkurg]

vacinação (f)	маха тохар	[maha tɔhar]
vacinar (vt)	маха тоха	[maha tɔh]
injeção (f)	маха тохар	[maha tɔhar]
dar uma injeção	маха тоха	[maha tɔh]

amputação (f)	ампутаци	[amputatsɪ]
amputar (vt)	дIадаккха	[d'adakq]
coma (f)	кома	[kɔm]
estar em coma	коме хила	[kɔme hɪl]
reanimação (f)	реанимаци	[reanɪmatsɪ]

recuperar-se (vr)	тодала	[tɔdal]
estado (~ de saúde)	хьал	[hal]
consciência (perder a ~)	кхетам	[qetam]
memória (f)	эс	[ɛs]

tirar (vt)	дIадаккха	[d'adakq]
obturação (f)	йома	[jom]

obturar (vt)	йома йилла	[jom jıll]
hipnose (f)	гипноз	[gıpnɔz]
hipnotizar (vt)	гипноз ян	[gıpnɔz jan]

75. Médicos

médico (m)	лор	[lɔr]
enfermeira (f)	лорйиша	[lɔrjıʃ]
médico (m) pessoal	шен лор	[ʃen lɔr]

dentista (m)	дантист	[dantıst]
oculista (m)	окулист	[ɔkulıst]
terapeuta (m)	терапевт	[terapevt]
cirurgião (m)	хирург	[hırurg]

psiquiatra (m)	психиатр	[psıhıatr]
pediatra (m)	педиатр	[pedıatr]
psicólogo (m)	психолог	[psıhɔlɔg]
ginecologista (m)	гинеколог	[gınekɔlɔg]
cardiologista (m)	кардиолог	[kardıɔlɔg]

76. Medicina. Drogas. Acessórios

medicamento (m)	молха	[mɔlh]
remédio (m)	дарба	[darb]
receitar (vt)	дайх диена	[dajh dıen]
receita (f)	рецепт	[reʦept]

comprimido (m)	буьртиг	[bɵrtıg]
unguento (m)	хьакхар	[haqar]
ampola (f)	ампула	[ampul]
solução, preparado (m)	микстура	[mıkstur]
xarope (m)	сироп	[sırɔp]
cápsula (f)	буьртиг	[bɵrtıg]
pó (m)	хlур	[h'ur]

atadura (f)	бинт	[bınt]
algodão (m)	бамба	[bamb]
iodo (m)	йод	[jod]
curativo (m) adesivo	белхьам	[belham]
conta-gotas (m)	пипетка	[pıpetk]
termômetro (m)	градусъюстург	[gradus?ɵsturg]
seringa (f)	маха	[mah]

| cadeira (f) de rodas | гlудалкх | [ɣudalq] |
| muletas (f pl) | lасанаш | ['asanaʃ] |

analgésico (m)	лаза ца войту молханаш	[laz ʦa vɔjtu mɔlhanaʃ]
laxante (m)	чуьйнадохуьйтург	[ʧɵjnadɔhɵjturg]
álcool (m)	спирт	[spırt]
ervas (f pl) medicinais	дарбанан буц	[darbanan buʦ]
de ervas (chá ~)	бецан	[beʦan]

77. Fumar. Produtos tabágicos

tabaco (m)	тонка	[tɔnk]
cigarro (m)	сигарет	[sɪgaret]
charuto (m)	сигара	[sɪgar]
cachimbo (m)	луьлла	[lʉll]
maço (~ de cigarros)	цигаьркийн ботт	[tsɪgærkɪːn bott]
fósforos (m pl)	сирникаш	[sɪrnɪkaʃ]
caixa (f) de fósforos	сирникийн ботт	[sɪrnɪkɪːn bott]
isqueiro (m)	цӏетухург	[ts'etuhurg]
cinzeiro (m)	чимтосург	[tʃɪmtɔsurg]
cigarreira (f)	портсигар	[pɔrtsɪgar]
piteira (f)	муштакх	[muʃtaq]
filtro (m)	луьттург	[lʉtturg]
fumar (vi, vt)	оза	[ɔz]
acender um cigarro	ийза дола	[ɪːz dɔl]
tabagismo (m)	цигаьрка озар	[tsɪgærk ɔzar]
fumante (m)	цигаьркаузург	[tsɪgærkauzurg]
bituca (f)	цигаьркан юьхьиг	[tsɪgærkan juhɪg]
fumaça (f)	кӏур	[k'ur]
cinza (f)	чим	[tʃɪm]

HABITAT HUMANO

Cidade

78. Cidade. Vida na cidade

cidade (f)	гӀала	[ɣal]
capital (f)	нана-гӀала	[nan ɣal]
aldeia (f)	юрт	[jurt]
mapa (m) da cidade	гӀалин план	[ɣalɪn plan]
centro (m) da cidade	гӀалин юкъ	[ɣalɪn juqʔ]
subúrbio (m)	гӀалин йист	[ɣalɪn jɪst]
suburbano (adj)	гӀалин йистера	[ɣalɪn jɪster]
periferia (f)	гӀалин йист	[ɣalɪn jɪst]
arredores (m pl)	гӀалин гонахе	[ɣalɪn gɔnahe]
quarteirão (m)	квартал	[kvartal]
quarteirão (m) residencial	нах беха квартал	[nah beha kvartal]
tráfego (m)	лелар	[lelar]
semáforo (m)	светофор	[swetɔfɔr]
transporte (m) público	гӀалара транспорт	[ɣalar transpɔrt]
cruzamento (m)	галморзе	[galmɔrze]
faixa (f)	галморзе	[galmɔrze]
túnel (m) subterrâneo	лаьттан бухара дехьаволийла	[læ̈ttan buhar dehavɔlɪːl]
cruzar, atravessar (vt)	дехьа вала	[deh val]
pedestre (m)	гӀашло	[ɣaʃɔ]
calçada (f)	тротуар	[trɔtuar]
ponte (f)	тӀай	[t'aj]
margem (f) do rio	хийист	[hɪːɪst]
fonte (f)	фонтан	[fɔntan]
alameda (f)	аллей	[allej]
parque (m)	беш	[beʃ]
bulevar (m)	бульвар	[buljvar]
praça (f)	майда	[majd]
avenida (f)	проспект	[prɔspekt]
rua (f)	урам	[uram]
travessa (f)	урамалг	[uramalg]
beco (m) sem saída	кӀажбухе	[k'aʒbuhe]
casa (f)	цӀа	[ts'a]
edifício, prédio (m)	гӀишло	[ɣɪʃɔ]
arranha-céu (m)	стигал-бохь	[stɪgal bɔh]
fachada (f)	хьалхе	[halhe]

telhado (m)	тхов	[thov]
janela (f)	кор	[kɔr]
arco (m)	нартол	[nartɔl]
coluna (f)	колонна	[kɔlɔn]
esquina (f)	маьлиг	[mæ'ɪg]

vitrine (f)	витрина	[wɪtrɪn]
letreiro (m)	гойтург	[gɔjturg]
cartaz (do filme, etc.)	афиша	[afɪʃ]
cartaz (m) publicitário	рекламан плакат	[reklaman plakat]
painel (m) publicitário	рекламан у	[reklaman u]

lixo (m)	нехаш	[nehaʃ]
lata (f) de lixo	урна	[urn]
jogar lixo na rua	нехаш яржо	[nehaʃ jarʒɔ]
aterro (m) sanitário	нехаш дӏакхийсуьйла	[nehaʃ d'aqɪːsɥjl]

orelhão (m)	телефонан будка	[telefɔnan budk]
poste (m) de luz	фонаран зӏенар	[fɔnaran z'enar]
banco (m)	гӏант	[ɣant]

polícia (m)	полици	[pɔlɪtsɪ]
polícia (instituição)	полици	[pɔlɪtsɪ]
mendigo, pedinte (m)	carӏадоьхург	[saɣadøhurg]
desabrigado (m)	цӏа доцу	[ts'a dɔtsu]

79. Instituições urbanas

loja (f)	туька	[tɥk]
drogaria (f)	аптека	[aptek]
ótica (f)	оптика	[ɔptɪk]
centro (m) comercial	механ центр	[mehan tsentr]
supermercado (m)	супермаркет	[supermarket]

padaria (f)	сурсатийн туька	[sursatɪːn tɥk]
padeiro (m)	пурнхо	[purnho]
pastelaria (f)	кондитерски	[kɔndɪterskɪ]
mercearia (f)	баккхал	[bakqal]
açougue (m)	жижиг духку туька	[ʒɪʒɪg duhku tɥk]

| fruteira (f) | хасстоьмийн туька | [hasstømɪːn tɥk] |
| mercado (m) | базар | [bazar] |

cafeteria (f)	кафе	[kafe]
restaurante (m)	ресторан	[restɔran]
bar (m)	йийн туька	[jɪːn tɥk]
pizzaria (f)	пиццерий	[pɪtserɪː]

salão (m) de cabeleireiro	парикмахерски	[parɪkmaherskɪ]
agência (f) dos correios	пошт	[pɔʃt]
lavanderia (f)	химцӏандар	[hɪmts'andar]
estúdio (m) fotográfico	фотоателье	[fɔtɔatelje]
sapataria (f)	мачийн туька	[matʃɪːn tɥk]
livraria (f)	книшкийн туька	[knɪʃkɪːn tɥk]

loja (f) de artigos esportivos	спортан туька	[sportan tʉk]
costureira (m)	бедар таяр	[bedar tajar]
aluguel (m) de roupa	бедарийн прокат	[bedarɪːn prɔkat]
videolocadora (f)	фильман прокат	[fɪljman prɔkat]

circo (m)	цирк	[tsɪrk]
jardim (m) zoológico	дийнатийн парк	[dɪːnatɪːn park]
cinema (m)	кинотеатр	[kɪnɔteatr]
museu (m)	музей	[muzej]
biblioteca (f)	библиотека	[bɪblɪɔtek]

teatro (m)	театр	[teatr]
ópera (f)	опера	[ɔper]
boate (casa noturna)	буьйсанан клуб	[bʉjsanan klub]
cassino (m)	казино	[kazɪnɔ]

mesquita (f)	маьждиг	[mæʒdɪg]
sinagoga (f)	синагога	[sɪnagɔg]
catedral (f)	килс	[kɪls]
templo (m)	зиярат	[zɪjarat]
igreja (f)	килс	[kɪls]

faculdade (f)	институт	[ɪnstɪtut]
universidade (f)	университет	[unɪwersɪtet]
escola (f)	школа	[ʃkɔl]

prefeitura (f)	префектур	[prefektur]
câmara (f) municipal	мэри	[mɛrɪ]
hotel (m)	хьешийн цӏа	[heʃɪːn ts'a]
banco (m)	банк	[bank]

embaixada (f)	векаллат	[wekallat]
agência (f) de viagens	турагенство	[turagenstvɔ]
agência (f) de informações	хаттараллин бюро	[hattarallɪn bʉrɔ]
casa (f) de câmbio	хуьицийла	[hʉɪtsɪːl]

metrô (m)	метро	[metrɔ]
hospital (m)	больница	[boljnɪts]

posto (m) de gasolina	бензин дутту колонка	[benzɪn duttu kɔlɔnk]
parque (m) de estacionamento	дӏахӏоттайойла	[d'ah'ɔttajɔjl]

80. Sinais

letreiro (m)	гойтург	[gɔjturg]
aviso (m)	тӏеяздар	[t'ejazdar]
cartaz, pôster (m)	плакат	[plakat]
placa (f) de direção	гойтург	[gɔjturg]
seta (f)	цамза	[tsamz]

aviso (advertência)	лардар	[lardar]
sinal (m) de aviso	дӏахьедар	[d'ahedar]
avisar, advertir (vt)	дӏахьедан	[d'ahedan]
dia (m) de folga	мукъа де	[muq? de]

horário (~ dos trens, etc.)	расписани	[rɑspɪsɑnɪ]
horário (m)	белхан сахьташ	[belhan sɑhtɑʃ]

BEM-VINDOS!	ДИКАНЦА ДОГIИЙЛА!	[dɪkɑnts dɔɣɪːl]
ENTRADA	ЧУГIОЙЛА	[ʧuɣɔjl]
SAÍDA	АРАДОЛИЙЛА	[ɑrɑdɔlɪːl]

EMPURRE	ШЕГАРА	[ʃegɑr]
PUXE	ШЕН ТIЕ	[ʃen tʼe]
ABERTO	ДИЛЛИНА	[dɪllɪn]
FECHADO	КЪОВЛИНА	[qʔɔvlɪn]

MULHER	ЗУДАРИЙН	[zudɑrɪːn]
HOMEM	БОЖАРИЙН	[bɔʒɑrɪːn]

DESCONTOS	МАХ ТIЕРБАККХАР	[mɑh tʼerbɑkqɑr]
SALDOS, PROMOÇÃO	ДОЬХКИНА ДIАДАККХАР	[døhkɪn dʼɑdɑkqɑr]
NOVIDADE!	КЕРЛАНИГ!	[kerlɑnɪg]
GRÁTIS	МАЬХЗА	[mæhz]

ATENÇÃO!	ЛАДОГIА!	[lɑdɔɣ]
NÃO HÁ VAGAS	МЕТТИГ ЯЦ	[mettɪg jɑts]
RESERVADO	ЦХЬАНАН ТIЕХЬ ЧIАГIЙИНА	[tshɑnɑn tʼeh ʧʼɑɣjɪn]

ADMINISTRAÇÃO	АДМИНИСТРАЦИ	[ɑdmɪnɪstrɑtsɪ]
SOMENTE PESSOAL AUTORIZADO	ПЕРСОНАЛАН БЕ	[persɔnɑlɑn be]

CUIDADO CÃO FEROZ	ДЕРА ЖIАЬЛА	[der ʒʼæl]
PROIBIDO FUMAR!	ЦИГАЬРКА ОЗА МЕГАШ ДАЦ!	[tsɪgærk ɔz megaʃ dats]
NÃO TOCAR	КУЬЙГАШ МА ДЕТТА!	[kujgɑʃ mɑ dett]

PERIGOSO	КХЕРАМЕ	[qerame]
PERIGO	КХЕРАМ	[qerɑm]
ALTA TENSÃO	ЛАКХАРЧУ БУЛЛАМАН ТОК	[lɑqɑrtʃu bullɑmɑn tɔk]
PROIBIDO NADAR	ЛИЙЧА ЦА МЕГА	[lɪːʧ tsɑ meg]
COM DEFEITO	БОЛХ ЦА БО	[bɔlh tsɑ bɔ]

INFLAMÁVEL	ЦIЕ КХЕРАМЕ	[tsʼe qerame]
PROIBIDO	ЦА МЕГА	[tsɑ meg]
ENTRADA PROIBIDA	ЧЕКХДАЛАР ЦА МЕГА	[ʧeqdɑlɑr tsɑ meg]
CUIDADO TINTA FRESCA	БАСАР ХЬАЬКХНА	[bɑsɑr hæqn]

81. Transportes urbanos

ônibus (m)	автобус	[ɑvtɔbus]
bonde (m) elétrico	трамвай	[trɑmvɑj]
trólebus (m)	троллейбус	[trɔllejbus]
rota (f), itinerário (m)	маршрут	[mɑrʃrut]
número (m)	номер	[nɔmer]
ir de … (carro, etc.)	даха	[dɑh]

| entrar no ... | тlехаа | [t'eha'a] |
| descer do ... | охьадосса | [ɔhadɔss] |

parada (f)	социйла	[sɔʦɪːl]
próxima parada (f)	порlера социйла	[rɔɣer sɔʦɪːl]
terminal (m)	тlаьххьара социйла	[t'æhar sɔʦɪːl]
horário (m)	расписани	[raspɪsanɪ]
esperar (vt)	хьежа	[heʒ]

| passagem (f) | билет | [bɪlet] |
| tarifa (f) | билетан мах | [bɪletan mah] |

bilheteiro (m)	кассир	[kassɪr]
controle (m) de passagens	контроль	[kɔntrɔlj]
revisor (m)	контролёр	[kɔntrɔljor]

atrasar-se (vr)	тlаьхьадиса	[t'æhadɪs]
perder (o autocarro, etc.)	тlаьхьадиса	[t'æhadɪs]
estar com pressa	сихадала	[sɪhadal]

táxi (m)	такси	[taksɪ]
taxista (m)	таксист	[taksɪst]
de táxi (ir ~)	таксин тlехь	[taksɪn t'eh]
ponto (m) de táxis	такси дlахlоттайойла	[taksɪ d'ah'ɔttajojl]
chamar um táxi	таксига кхайкха	[taksɪg qajq]
pegar um táxi	такси лаца	[taksɪ laʦ]

tráfego (m)	урамашкахула лелар	[uramaʃkahul lelar]
engarrafamento (m)	дlадукъар	[d'aduq?ar]
horas (f pl) de pico	юкъелла хан	[juq?ell han]
estacionar (vi)	машина дlахlоттар	[maʃɪn d'ah'ɔttar]
estacionar (vt)	машина дlахlотто	[maʃɪn d'ah'ɔttɔ]
parque (m) de estacionamento	дlахlоттайойла	[d'ah'ɔttajojl]

metrô (m)	метро	[metrɔ]
estação (f)	станци	[stanʦɪ]
ir de metrô	метрохь ваха	[metrɔh vah']
trem (m)	цlерпошт	[ʦ'erpɔʃt]
estação (f) de trem	вокзал	[vɔkzal]

82. Turismo

monumento (m)	хlоллам	[h'ɔllam]
fortaleza (f)	рlап	[ɣap]
palácio (m)	рlала	[ɣal]
castelo (m)	рlала	[ɣal]
torre (f)	бlов	[b'ɔv]
mausoléu (m)	мавзолей	[mavzɔlej]

arquitetura (f)	архитектура	[arhɪtektur]
medieval (adj)	юккъерчу бlешерийн	[jukq?ertʃu b'eʃerɪːn]
antigo (adj)	тамашена	[tamaʃen]
nacional (adj)	къаьмнийн	[q?æmnɪːn]
famoso, conhecido (adj)	рlарадаьлла	[ɣaradæll]

turista (m)	турист	[turɪst]
guia (pessoa)	гид	[gɪd]
excursão (f)	экскурси	[ɛkskursɪ]
mostrar (vt)	гайта	[gajt]
contar (vt)	дийца	[dɪːts]

encontrar (vt)	каро	[karɔ]
perder-se (vr)	дан	[dan]
mapa (~ do metrô)	схема	[shem]
mapa (~ da cidade)	план	[plan]

lembrança (f), presente (m)	совгӏат	[sɔvɣat]
loja (f) de presentes	совгӏатан туька	[sɔvɣatan tʉk]
tirar fotos, fotografar	сурт даккха	[surt dakq]
fotografar-se (vr)	сурт даккхийта	[surt dakqɪːt]

83. Compras

comprar (vt)	эца	[ɛts]
compra (f)	эцар	[ɛtsar]
fazer compras	хӏуманаш эца	[humanaʃ ɛts]
compras (f pl)	эцар	[ɛtsar]

| estar aberta (loja) | болх бан | [bɔlh ban] |
| estar fechada | дӏакъовла | [d'aqʔɔvl] |

calçado (m)	мача	[matʃ]
roupa (f)	бедар	[bedar]
cosméticos (m pl)	косметика	[kɔsmetɪk]
alimentos (m pl)	сурсаташ	[sursataʃ]
presente (m)	совгӏат	[sɔvɣat]

| vendedor (m) | йохкархо | [johkarhɔ] |
| vendedora (f) | йохкархо | [johkarhɔ] |

caixa (f)	касса	[kass]
espelho (m)	куьзга	[kʉzg]
balcão (m)	гӏопаста	[ɣɔpast]
provador (m)	примерочни	[prɪmerɔtʃnɪ]

provar (vt)	тӏедуьйхина хьажа	[t'edʉjhɪn haʒ]
servir (roupa, caber)	гӏехьа хила	[ɣeh hɪl]
gostar (apreciar)	хазахета	[hazahet]

preço (m)	мах	[mah]
etiqueta (f) de preço	махло	[mahlɔ]
custar (vt)	деха	[deh]
Quanto?	Хӏун доккху?	[h'un dɔkqu]
desconto (m)	тӏерадаккхар	[t'eradakqar]

não caro (adj)	деза доцу	[dez dɔtsu]
barato (adj)	дораха	[dɔrah]
caro (adj)	деза	[dez]
É caro	Иза механ деза ду.	[ɪz mehan dez du]

aluguel (m)	прокат	[prɔkat]
alugar (roupas, etc.)	прокатан схьаэца	[prɔkatan shaəts]
crédito (m)	кредит	[kredɪt]
a crédito	кредитан	[kredɪtan]

84. Dinheiro

dinheiro (m)	ахча	[ahʧ]
câmbio (m)	хийцар	[hɪːtsar]
taxa (f) de câmbio	мах	[mah]
caixa (m) eletrônico	банкомат	[bankɔmat]
moeda (f)	ахча	[ahʧ]

dólar (m)	доллар	[dɔllar]
euro (m)	евро	[evrɔ]

lira (f)	лира	[lɪr]
marco (m)	марка	[mark]
franco (m)	франк	[frank]
libra (f) esterlina	стерлингийн фунт	[sterlɪngɪːn funt]
iene (m)	йена	[jen]

dívida (f)	декхар	[deqar]
devedor (m)	декхархо	[deqarhɔ]
emprestar (vt)	юхалург дала	[juhalurg dal]
pedir emprestado	юхалург эца	[juhalurg ɛts]

banco (m)	банк	[bank]
conta (f)	счёт	[stʃot]
depositar na conta	счёт тӏедилла	[stʃot t'edɪll]
sacar (vt)	счёт тӏера схьаэца	[stʃot t'er sha'ɛts]

cartão (m) de crédito	кредитан карта	[kredɪtan kart]
dinheiro (m) vivo	карахь долу ахча	[karah dɔlu ahʧ]
cheque (m)	чек	[ʧek]
passar um cheque	чёт язъян	[ʧot jaz?jan]
talão (m) de cheques	чекан книшка	[ʧekan knɪʃk]

carteira (f)	бумаьштиг	[bumæʃtɪg]
niqueleira (f)	бохча	[bɔhʧ]
cofre (m)	сейф	[sejf]

herdeiro (m)	верас	[weras]
herança (f)	диснарг	[dɪsnarg]
fortuna (riqueza)	бахам	[baham]

arrendamento (m)	аренда	[arend]
aluguel (pagar o ~)	петаран мах	[petaran mah]
alugar (vt)	лаца	[lats]

preço (m)	мах	[mah]
custo (m)	мах	[mah]
soma (f)	жамӏ	[ʒam']
gastar (vt)	дайа	[daj]

gastos (m pl)	харжаш	[harʒaʃ]
economizar (vi)	довзо	[dɔvzɔ]
econômico (adj)	девзаш долу	[devzaʃ dɔlu]

pagar (vt)	ахча дала	[ahtʃ dal]
pagamento (m)	алапа далар	[alap dalar]
troco (m)	юхадогӀург	[juhadɔɣurg]

imposto (m)	налог	[nalɔg]
multa (f)	гӀуда	[ɣud]
multar (vt)	гӀуда тоха	[ɣud tɔh]

85. Correios. Serviço postal

agência (f) dos correios	пошт	[pɔʃt]
correio (m)	пошт	[pɔʃt]
carteiro (m)	почтальон	[pɔtʃtaljʲon]
horário (m)	белхан сахьташ	[belhan sahtaʃ]

carta (f)	кехат	[kehat]
carta (f) registada	заказ дина кехат	[zakaz dın kehat]
cartão (m) postal	открытк	[ɔtkrıtk]
telegrama (m)	телеграмма	[telegramm]
encomenda (f)	посылка	[pɔsılk]
transferência (f) de dinheiro	дӀатесна ахча	[dʼatesn ahtʃ]

receber (vt)	схьаэца	[shaetsa]
enviar (vt)	дӀадахьийта	[dʼadahıːt]
envio (m)	дӀадахьийтар	[dʼadahıːtar]

endereço (m)	адрес	[adres]
código (m) postal	индекс	[ındeks]
remetente (m)	дӀадахьийтинарг	[dʼadahıːtınarg]
destinatário (m)	схьаэцархо	[shaetsarhɔ]

| nome (m) | цӀе | [tsʼe] |
| sobrenome (m) | фамили | [famılı] |

tarifa (f)	тариф	[tarıf]
ordinário (adj)	гуттарлера	[guttarler]
econômico (adj)	кхоаме	[qɔame]

peso (m)	дозалла	[dɔzall]
pesar (estabelecer o peso)	оза	[ɔz]
envelope (m)	ботт	[bɔtt]
selo (m) postal	марка	[mark]

Moradia. Casa. Lar

86. Casa. Habitação

casa (f)	цӀа	[ts'a]
em casa	цӀахь	[ts'ah]
pátio (m), quintal (f)	керт	[kert]
cerca, grade (f)	керт	[kert]

tijolo (m)	кибарчиг	[kɪbartʃɪg]
de tijolos	кибарчигийн	[kɪbartʃɪgiːn]
pedra (f)	тӀулг	[t'ulg]
de pedra	тӀулган	[t'ulgan]
concreto (m)	бетон	[betɔn]
concreto (adj)	бетонан	[betɔnan]

novo (adj)	цӀина	[ts'ɪn]
velho (adj)	тиша	[tɪʃ]
decrépito (adj)	тиша	[tɪʃ]
moderno (adj)	вайн хенан	[vajn henan]
de vários andares	дукхазза тӀекӀелдина	[duqazz t'ek'eldɪn]
alto (adj)	лекха	[leq]

andar (m)	этаж	[ɛtaʒ]
de um andar	цхьа этаж йолу	[tsha ɛtaʒ jolu]

térreo (m)	лахара этаж	[lahar ɛtaʒ]
andar (m) de cima	лакхара этаж	[laqar ɛtaʒ]

telhado (m)	тхов	[thov]
chaminé (f)	бирӀа	[bɪrɣ]

telha (f)	гериг	[gerɪg]
de telha	гериган	[gerɪgan]
sótão (m)	чардакх	[tʃardaq]

janela (f)	кор	[kɔr]
vidro (m)	ангали	[angalɪ]

parapeito (m)	коран у	[kɔran u]
persianas (f pl)	коран неӀараш	[kɔran neəaraʃ]

parede (f)	пен	[pen]
varanda (f)	балкон	[balkɔn]
calha (f)	малхбалехьара бирӀа	[malhbalehar bɪrɣ]

em cima	лакхахь	[laqah]
subir (vi)	тӀедала	[t'edal]
descer (vi)	охьадан	[ɔhadan]
mudar-se (vr)	дӀаваха	[d'avah]

87. Casa. Entrada. Elevador

entrada (f)	тlеводийла	[t'evɔdɪːl]
escada (f)	лами	[lamɪ]
degraus (m pl)	тlерlанаш	[t'eɣanaʃ]
corrimão (m)	перила	[perɪl]
hall (m) de entrada	дуьхьал чоь	[dʉhal ʧø]

caixa (f) de correio	поштан яьшка	[pɔʃtan jæʃk]
lata (f) do lixo	нехаш кхуьйсу бак	[nehaʃ qʉjsu bak]
calha (f) de lixo	нехашдlаузург	[nehaʃdauzurg]

elevador (m)	лифт	[lɪft]
elevador (m) de carga	киранан лифт	[kɪranan lɪft]
cabine (f)	лифтан кабин	[lɪftan kabɪn]
pegar o elevador	даха	[dah]

apartamento (m)	петар	[petar]
residentes (pl)	хlусамхой	[h'usamhoj]
vizinho (m)	лулахо	[lulaho]
vizinha (f)	лулахо	[lulaho]
vizinhos (pl)	лулахой	[lulahoj]

88. Casa. Eletricidade

eletricidade (f)	электричество	[ɛlektrɪʧestvɔ]
lâmpada (f)	лампа	[lamp]
interruptor (m)	дlаяйоург	[d'ajajourg]
fusível, disjuntor (m)	тlус	[t'us]

fio, cabo (m)	сара	[sar]
instalação (f) elétrica	далор	[dalɔr]
medidor (m) de eletricidade	лорург	[lɔrurg]
indicação (f), registro (m)	гайтам	[gajtam]

89. Casa. Portas. Fechaduras

porta (f)	неl	[neʕ]
portão (m)	ков	[kɔv]
maçaneta (f)	тlам	[t'am]
destrancar (vt)	дlайела	[d'ajel]
abrir (vt)	схьайела	[shajel]
fechar (vt)	дlакъовла	[d'aqʔɔvl]

chave (f)	дорlа	[dɔɣ]
molho (m)	дорlанийн кочар	[dɔɣanɪːn kɔʧar]
ranger (vi)	цlийза	[ts'ɪːz]
rangido (m)	цlийзар	[ts'ɪːzar]
dobradiça (f)	кlажа	[k'aʒ]
capacho (m)	кузан цуьрг	[kuzan tsʉrg]
fechadura (f)	дорlа	[dɔɣ]

buraco (m) da fechadura	догӀанан lуьрг	[dɔɣanan 'ɥrg]
barra (f)	гӀуй	[ɣuj]
fecho (ferrolho pequeno)	зайл	[zajl]
cadeado (m)	навесной доӀла	[nawesnɔj dɔɣ]

tocar (vt)	детта	[dett]
toque (m)	горгали	[gɔrgalɪ]
campainha (f)	горгали	[gɔrgalɪ]
botão (m)	кнопка	[knɔpk]
batida (f)	тата	[tat]
bater (vi)	детта	[dett]

código (m)	код	[kɔd]
fechadura (f) de código	кодови доӀла	[kɔdowɪ dɔɣ]
interfone (m)	домофон	[dɔmɔfɔn]
número (m)	номер	[nɔmer]
placa (f) de porta	гойтург	[gɔjturg]
olho (m) mágico	бӀаьрг	[b'ærg]

90. Casa de campo

aldeia (f)	юрт	[jurt]
horta (f)	хасбеш	[hasbeʃ]
cerca (f)	керт	[kert]
cerca (f) de piquete	керт	[kert]
portão (f) do jardim	ринжа	[rɪnʒ]

celeiro (m)	амбар	[ambar]
adega (f)	ларма	[larm]
galpão, barracão (m)	божал	[bɔʒal]
poço (m)	гӀу	[ɣu]

fogão (m)	пеш	[peʃ]
atiçar o fogo	даго	[dagɔ]
lenha (carvão ou ~)	дечиг	[detʃɪg]
acha, lenha (f)	туьппалг	[tɥppalg]

varanda (f)	уче	[utʃe]
alpendre (m)	уче	[utʃe]
degraus (m pl) de entrada	лаба	[lab]
balanço (m)	бираьнчик	[bɪræntʃɪk]

91. Moradia. Mansão

casa (f) de campo	гӀалил ара цӀа	[ɣalɪl 'ar ts'a]
vila (f)	вилла	[wɪll]
ala (~ do edifício)	арло	['aɣɔ]

jardim (m)	хасбеш	[hasbeʃ]
parque (m)	беш	[beʃ]
estufa (f)	оранжерей	[ɔranʒerej]
cuidar de ...	lалашдан	['alaʃdan]

piscina (f)	бассейн	[bassejn]
academia (f) de ginástica	спортан зал	[spɔrtan zal]
quadra (f) de tênis	теннисан корт	[tenɪsan kɔrt]
cinema (m)	кинотеатр	[kɪnoteatr]
garagem (f)	гараж	[garaʒ]

| propriedade (f) privada | долара хьал | [dɔlar hal] |
| terreno (m) privado | долара хьал | [dɔlar hal] |

| advertência (f) | дӏахьедар | [d'ahedar] |
| sinal (m) de aviso | дӏахьедаран йоза | [d'ahedaran joz] |

guarda (f)	ха	[h]
guarda (m)	хехо	[heho]
alarme (m)	хаамбийриг	[ha:mbɪ:rɪg]

92. Castelo. Palácio

castelo (m)	гӏала	[ɣal]
palácio (m)	гӏала	[ɣal]
fortaleza (f)	гӏап	[ɣap]
muralha (f)	пен	[pen]
torre (f)	бӏов	[b'ɔv]
calabouço (m)	коьрта бӏов	[kørt b'ɔv]

grade (f) levadiça	хьалаайалун ков	[hala'ajalun kɔv]
passagem (f) subterrânea	лаьттан бухара чекхдолийла	[lættan buhar tʃeqdɔlɪ:l]
fosso (m)	саьнгар	[sængar]
corrente, cadeia (f)	зӏе	[z'e]
seteira (f)	бӏарол	[b'arɔl]

magnífico (adj)	исбаьхьа	[ɪsbæh]
majestoso (adj)	инзара-доккха	[ɪnzar dɔkq]
inexpugnável (adj)	тӏекхачалур воцу	[t'eqatʃalur vɔtsu]
medieval (adj)	юккъерчу бӏешерийн	[jukq?ertʃu b'eʃərɪ:n]

93. Apartamento

apartamento (m)	петар	[petar]
quarto, cômodo (m)	чоь	[tʃø]
quarto (m) de dormir	дуьйшу чоь	[dujʃu tʃø]
sala (f) de jantar	столови	[stɔlɔwɪ]
sala (f) de estar	хьешан цӏа	[heʃan ts'a]
escritório (m)	кабинет	[kabɪnet]

sala (f) de entrada	сени	[senɪ]
banheiro (m)	ваннан чоь	[vannan tʃø]
lavabo (m)	хьаштарӏа	[haʃtaɣ]
teto (m)	тхов	[thov]
chão, piso (m)	цӏенкъа	[ts'enq?]
canto (m)	са	[s]

94. Apartamento. Limpeza

arrumar, limpar (vt)	дӏадаха	[d'adah]
guardar (no armário, etc.)	дӏадаха	[d'adah]
pó (m)	чан	[ʧan]
empoeirado (adj)	ченан	[ʧenan]
tirar o pó	чан дӏаяккха	[ʧan d'ajakq]
aspirador (m)	чанъузург	[ʧan?uzurg]
aspirar (vt)	чанъузург хьакха	[ʧan?uzurg haq]

varrer (vt)	нуй хьакха	[nuj haq]
sujeira (f)	нехаш	[nehaʃ]
arrumação, ordem (f)	къепе	[q?epe]
desordem (f)	къепе яцар	[q?epe jatsar]

esfregão (m)	швабра	[ʃvabr]
pano (m), trapo (m)	горгам	[gɔrgam]
vassoura (f)	нуй	[nuj]
pá (f) de lixo	аьшкал	[æʃkal]

95. Mobiliário. Interior

mobiliário (m)	мебель	[mebelj]
mesa (f)	стол	[stɔl]
cadeira (f)	гӏант	[ɣant]
cama (f)	маьнга	[mæng]
sofá, divã (m)	диван	[dɪvan]
poltrona (f)	кресло	[kreslɔ]

estante (f)	шкаф	[ʃkaf]
prateleira (f)	терхи	[terhɪ]

guarda-roupas (m)	шкаф	[ʃkaf]
cabide (m) de parede	бедаршъухкург	[bedarʃ?uhkurg]
cabideiro (m) de pé	бедаршъухкург	[bedarʃ?uhkurg]

cômoda (f)	комод	[kɔmɔd]
mesinha (f) de centro	журналан стол	[ʒurnalan stɔl]

espelho (m)	куьзга	[kʉzg]
tapete (m)	куз	[kuz]
tapete (m) pequeno	кузан цуьрг	[kuzan tsʉrg]

lareira (f)	товха	[tɔvh]
vela (f)	чӏурам	[ʧ'uram]
castiçal (m)	чӏурамхӏотторг	[ʧ'uramhɔttɔrg]

cortinas (f pl)	штораш	[ʃtɔraʃ]
papel (m) de parede	обойш	[ɔbɔjʃ]
persianas (f pl)	жалюзаш	[ʒalʉzaʃ]

luminária (f) de mesa	стоьла тӏе хӏотто лампа	[støl t'e h'ɔttɔ lamp]
luminária (f) de parede	къуьда	[q?ʉd]

| abajur (m) de pé | торшер | [tɔrʃər] |
| lustre (m) | люстра | [lʉstr] |

pé (de mesa, etc.)	ког	[kɔg]
braço, descanso (m)	голагІортог	[gɔlaɣɔrtɔrg]
costas (f pl)	букъ	[buq?]
gaveta (f)	яьшка	[jæʃk]

96. Quarto de dormir

roupa (f) de cama	чухулаюху хІуманаш	[tʃuhulajuhu h'umanaʃ]
travesseiro (m)	гІайба	[ɣajb]
fronha (f)	лоччар	[lɔtʃar]
cobertor (m)	юргІа	[jurɣ]
lençol (m)	шаршу	[ʃarʃu]
colcha (f)	меттан шаршу	[mettan ʃarʃu]

97. Cozinha

cozinha (f)	кухни	[kuhnɪ]
gás (m)	газ	[gaz]
fogão (m) a gás	газан плита	[gazan plɪt]
fogão (m) elétrico	электрически плита	[ɛlektrɪtʃeskɪ plɪt]
forno (m)	духовка	[duhovk]
forno (m) de micro-ondas	микроволнови пеш	[mɪkrɔvɔlnɔwɪ peʃ]

geladeira (f)	шелиг	[ʃəlɪg]
congelador (m)	морозильник	[mɔrɔzɪljnɪk]
máquina (f) de lavar louça	пхьегІаш йулу машина	[pheɣaʃ julu maʃɪn]

moedor (m) de carne	жижигъохьург	[ʒɪʒɪg?ɔhurg]
espremedor (m)	муттадоккхург	[muttadɔkqurg]
torradeira (f)	тостер	[tɔster]
batedeira (f)	миксер	[mɪkser]

máquina (f) de café	къахьокхехкорг	[q?ahɔqehkɔrg]
cafeteira (f)	къахьокхехкорг	[q?ahɔqehkɔrg]
moedor (m) de café	къахьоахьарг	[q?ahɔaharg]

chaleira (f)	чайник	[tʃajnɪk]
bule (m)	чайник	[tʃajnɪk]
tampa (f)	негІап	[neɣar]
coador (m) de chá	цаца	[tsats]

colher (f)	Іайг	['ajg]
colher (f) de chá	стаканан Іайг	[stakanan 'ajg]
colher (f) de sopa	аьчка Іайг	['ætʃk 'ajg]
garfo (m)	мІара	[m'ar]
faca (f)	урс	[urs]

| louça (f) | пхьегІаш | [pheɣaʃ] |
| prato (m) | бошхап | [bɔʃhap] |

pires (m)	бошхап	[bɔʃhap]
cálice (m)	рюмка	[rʉmk]
copo (m)	стака	[stak]
xícara (f)	кад	[kad]

açucareiro (m)	шекардухкург	[ʃəkarduhkurg]
saleiro (m)	туьхадухкург	[tʉhaduhkurg]
pimenteiro (m)	бурчъюхкург	[burtʃʔʉhkurg]
manteigueira (f)	даьттадуьллург	[dættadʉllurg]

panela (f)	яй	[jaj]
frigideira (f)	зайла	[zajl]
concha (f)	чами	[tʃamɪ]
coador (m)	луьттар	[lʉttar]
bandeja (f)	хедар	[hedar]

garrafa (f)	шиша	[ʃɪʃ]
pote (m) de vidro	банка	[bank]
lata (~ de cerveja)	банка	[bank]

abridor (m) de garrafa	схьадоьллург	[shadøllurg]
abridor (m) de latas	схьадоьллург	[shadøllurg]
saca-rolhas (m)	штопор	[ʃtɔpɔr]
filtro (m)	луьттург	[lʉtturg]
filtrar (vt)	литта	[lɪtt]

| lixo (m) | нехаш | [nehaʃ] |
| lixeira (f) | нехийн ведар | [nehɪːn wedar] |

98. Casa de banho

banheiro (m)	ваннан чоь	[vannan tʃø]
água (f)	хи	[hɪ]
torneira (f)	кран	[kran]
água (f) quente	довха хи	[dɔvha hɪ]
água (f) fria	шийла хи	[ʃɪːl hɪ]

| pasta (f) de dente | цергийн паста | [tsergɪːn past] |
| escovar os dentes | цергаш цланъян | [tsergaʃ ts'anʔjan] |

barbear-se (vr)	даша	[daʃ]
espuma (f) de barbear	чопа	[tʃɔp]
gilete (f)	урс	[urs]

lavar (vt)	дила	[dɪl]
tomar banho	дила	[dɪl]
chuveiro (m), ducha (f)	душ	[duʃ]
tomar uma ducha	лийча	[lɪːtʃ]

banheira (f)	ванна	[van]
vaso (m) sanitário	унитаз	[unɪtaz]
pia (f)	раковина	[rakɔwɪn]
sabonete (m)	саба	[sab]
saboneteira (f)	сабадуьллург	[sabadʉllurg]

esponja (f)	худург	[hudurg]
xampu (m)	шампунь	[ʃampunj]
toalha (f)	гата	[gat]
roupão (m) de banho	оба	[ɔb]

lavagem (f)	диттар	[dɪttar]
lavadora (f) de roupas	хlуманаш юьтту машина	[h'umanaʃ juttu maʃɪn]
lavar a roupa	чухулаюху хlуманаш	[ʧuhulajuhu h'umanaʃ
	йитта	jɪtt]
detergente (m)	хlуманаш юьтту порошок	[h'umanaʃ juttu pɔrɔʃɔk]

99. Eletrodomésticos

televisor (m)	телевизор	[telewɪzɔr]
gravador (m)	магнитофон	[magnɪtofon]
videogravador (m)	видеомагнитофон	[wɪdeɔmagnɪtofon]
rádio (m)	приёмник	[prɪ'omnɪk]
leitor (m)	плеер	[plɛ'er]

projetor (m)	видеопроектор	[wɪdeɔprɔektɔr]
cinema (m) em casa	цlахь лело кинотеатр	[tsʼah lelɔ kɪnoteatr]
DVD Player (m)	DVD гойтург	[dɪwɪdɪ gɔjturg]
amplificador (m)	чlарlдийриг	[ʧʼaɣdɪːrɪg]
console (f) de jogos	ловзаран приставка	[lɔvzaran prɪstavk]

câmera (f) de vídeo	видеокамера	[wɪdeɔkamer]
máquina (f) fotográfica	фотоаппарат	[fotɔapparat]
câmera (f) digital	цифровой фотоаппарат	[tsɪfrovɔj fotɔapparat]

aspirador (m)	чанъузург	[ʧanʔuzurg]
ferro (m) de passar	иту	[ɪtu]
tábua (f) de passar	иту хьокху у	[ɪtu hɔqu u]

telefone (m)	телефон	[telefɔn]
celular (m)	мобильни телефон	[mɔbɪljnɪ telefɔn]
máquina (f) de escrever	зорба туху машина	[zɔrb tuhu maʃɪn]
máquina (f) de costura	чарх	[ʧarh]

microfone (m)	микрофон	[mɪkrofɔn]
fone (m) de ouvido	ладуrlургаш	[laduɣurgaʃ]
controle remoto (m)	пульт	[puljt]

CD (m)	компакт-диск	[kɔmpakt dɪsk]
fita (f) cassete	кассета	[kasset]
disco (m) de vinil	пластинка	[plastɪnk]

100. Reparações. Renovação

renovação (f)	таяр	[tajar]
renovar (vt), fazer obras	ремонт яр	[remɔnt jar]
reparar (vt)	ремонт ян	[remɔnt jan]
consertar (vt)	къепе дало	[qʔepe dalɔ]

refazer (vt)	юхадан	[juhadan]
tinta (f)	басар	[basar]
pintar (vt)	басар хьакха	[basar haq]
pintor (m)	басарча	[basartʃ]
pincel (m)	щётка	[ɕʼotk]

cal (f)	кир тоха	[kɪr tɔh]
caiar (vt)	кир тоха	[kɪr tɔh]

papel (m) de parede	обойш	[ɔbɔjʃ]
colocar papel de parede	обойш лато	[ɔbɔjʃ latɔ]
verniz (m)	лак	[lak]
envernizar (vt)	лак хьакха	[lak haq]

101. Canalizações

água (f)	хи	[hɪ]
água (f) quente	довха хи	[dɔvha hɪ]
água (f) fria	шийла хи	[ʃɪːl hɪ]
torneira (f)	кран	[kran]

gota (f)	тӏадам	[tʼadam]
gotejar (vi)	леда	[led]
vazar (vt)	эха	[ɛh]
vazamento (m)	дӏаэхар	[dʼaehar]
poça (f)	ӏам	[ʼam]

tubo (m)	биргӏа	[bɪrɣ]
válvula (f)	пиллиг	[pɪllɪg]
entupir-se (vr)	дукъадала	[duqʔadal]

ferramentas (f pl)	гӏирсаш	[ɣɪrsaʃ]
chave (f) inglesa	галморзахдоккху догӏа	[galmɔrzahdɔkqu dɔɣ]
desenroscar (vt)	схьахьовзо	[shahɔvzɔ]
enroscar (vt)	хьовзо	[hɔvzɔ]

desentupir (vt)	дӏацӏандан	[dʼatsʼandan]
encanador (m)	сантехник	[santehnɪk]
porão (m)	ор	[ɔr]
rede (f) de esgotos	канализаци	[kanalɪzatsɪ]

102. Fogo. Deflagração

incêndio (m)	цӏе	[tsʼe]
chama (f)	алу	[alu]
faísca (f)	суй	[suj]
fumaça (f)	кӏур	[kʼur]
tocha (f)	хаьштиг	[hæʃtɪg]
fogueira (f)	цӏе	[tsʼe]

gasolina (f)	бензин	[benzɪn]
querosene (m)	мехкадаьтта	[mehkadætt]

inflamável (adj)	догу	[dɔgu]
explosivo (adj)	эккхар кхераме	[ɛkqar qerame]
PROIBIDO FUMAR!	ЦИГАЬРКА ОЗА	[tsɪgærk ɔz
	МЕГАШ ДАЦ!	megaʃ dats]

segurança (f)	кхерамза	[qeramz]
perigo (m)	кхерам	[qeram]
perigoso (adj)	кхераме	[qerame]

incendiar-se (vr)	дата	[dat]
explosão (f)	эккхар	[ɛkqar]
incendiar (vt)	лато	[latɔ]
incendiário (m)	цӏетасархо	[ts'etasarhɔ]
incêndio (m) criminoso	цӏе йиллар	[ts'e jɪllar]

flamejar (vi)	алу тийса	[alu tɪːs]
queimar (vi)	догуш хила	[dɔguʃ hɪl]
queimar tudo (vi)	даьгна дӏадала	[dægn dɖladal]

bombeiro (m)	цӏе йойу	[ts'e joju]
caminhão (m) de bombeiros	цӏе йойу машина	[ts'e joju maʃɪn]
corpo (m) de bombeiros	цӏе йойу орца	[ts'e joju ɔrts]
escada (f) extensível	цӏе йойу лами	[ts'e joju lamɪ]

mangueira (f)	марш	[marʃ]
extintor (m)	цӏейойург	[ts'ejojurg]
capacete (m)	каска	[kask]
sirene (f)	сирена	[sɪren]

gritar (vi)	мохь бетта	[mɔh bett]
chamar por socorro	гӏонна кхайкха	[ɣɔnn qajq]
socorrista (m)	кӏелхьардакхархо	[k'elhardaqharhɔ]
salvar, resgatar (vt)	кӏелхьардаккха	[k'elhardakq]

chegar (vi)	дан	[dan]
apagar (vt)	дӏадайа	[d'adaj]
água (f)	хи	[hɪ]
areia (f)	гӏум	[ɣum]

ruínas (f pl)	къапалг	[q?apalg]
ruir (vi)	харца	[harts]
desmoronar (vi)	чухарца	[tʃuharts]
desabar (vi)	охьахарца	[ɔhaharts]

fragmento (m)	кийсиг	[kɪːsɪg]
cinza (f)	чим	[tʃɪm]

sufocar (vi)	садукъадала	[saduq?adal]
perecer (vi)	хӏаллакьхила	[h'allakʲhɪl]

ATIVIDADES HUMANAS

Emprego. Negócios. Parte 1

103. Escritório. O trabalho no escritório

escritório (~ de advogados)	офис	[ɔfɪs]
escritório (do diretor, etc.)	кабинет	[kabɪnet]
recepção (f)	ресепшн	[resepʃn]
secretário (m)	секретарь	[sekretarʲ]
diretor (m)	директор	[dɪrektɔr]
gerente (m)	менеджер	[menedʒer]
contador (m)	бухгалтер	[buhgalter]
empregado (m)	къинхьегамча	[qʔɪnhegamtʃ]
mobiliário (m)	мебель	[mebelj]
mesa (f)	стол	[stɔl]
cadeira (f)	кресло	[kreslɔ]
gaveteiro (m)	тумбочка	[tumbɔtʃk]
cabideiro (m) de pé	бедаршъухкург	[bedarʃʔuhkurg]
computador (m)	компьютер	[kɔmpjʉter]
impressora (f)	принтер	[prɪnter]
fax (m)	факс	[faks]
fotocopiadora (f)	копи йоккху аппарат	[kɔpɪ jokqu apparat]
papel (m)	кехат	[kehat]
artigos (m pl) de escritório	канцелярин гӏирс	[kantseljarɪn ɣɪrs]
tapete (m) para mouse	кузан цуьрг	[kuzan tsʉrg]
folha (f)	кехат	[kehat]
pasta (f)	папка	[papk]
catálogo (m)	каталог	[katalɔg]
lista (f) telefônica	справочник	[spravɔtʃnɪk]
documentação (f)	документаш	[dɔkumentaʃ]
brochura (f)	брошюра	[brɔʃʉr]
panfleto (m)	кехат	[kehat]
amostra (f)	кеп	[kep]
formação (f)	lамор	[ˈamɔr]
reunião (f)	кхеташо	[qetaʃɔ]
hora (f) de almoço	делкъана садалар	[delqʔan sadaˈar]
fazer uma cópia	копи яккха	[kɔpɪ jakq]
tirar cópias	даржо	[darʒɔ]
receber um fax	факс схьаэца	[faks shaəts]
enviar um fax	факс дlайахьийта	[faks dˈajahɪːt]
fazer uma chamada	тоха	[tɔh]

| responder (vt) | жоп дала | [ʒɔp dal] |
| passar (vt) | зle таса | [z'e tas] |

marcar (vt)	билгалдан	[bɪlgaldan]
demonstrar (vt)	демонстраци ян	[demɔnstratsɪ jan]
estar ausente	ца хила	[tsa hɪl]
ausência (f)	чекхдалийтар	[ʧeqdalɪːtar]

104. Processos negociais. Parte 1

ocupação (f)	гlуллакх	[ɣullaq]
firma, empresa (f)	фирма	[fɪrm]
companhia (f)	компани	[kɔmpanɪ]
corporação (f)	корпораци	[kɔrpɔratsɪ]
empresa (f)	предприяти	[predprɪjatɪ]
agência (f)	агенство	[agenstvɔ]

acordo (documento)	барт	[bart]
contrato (m)	чlарlам	[ʧ'aɣam]
acordo (transação)	барт	[bart]
pedido (m)	заказ	[zakaz]
termos (m pl)	биллам	[bɪllam]

por atacado	туьпахь	[tupah]
por atacado (adj)	туьпахь	[tupah]
venda (f) por atacado	туьпахь дохка	[tupah dɔhk]
a varejo	дустуш духку	[dustuʃ duhku]
venda (f) a varejo	узуш дохка	[uzuʃ dɔhk]

concorrente (m)	къийсархо	[q?ɪːsarhɔ]
concorrência (f)	къийсам	[q?ɪːsam]
competir (vi)	къийса	[q?ɪːs]

| sócio (m) | декъашхо | [deq?aʃho] |
| parceria (f) | дакъа лацар | [daq? latsar] |

crise (f)	кризис	[krɪzɪs]
falência (f)	банкрот хилар	[bankrɔt hɪlar]
entrar em falência	декхарлахь диса	[deqarlah dɪs]
dificuldade (f)	хало	[halɔ]
problema (m)	проблема	[prɔblem]
catástrofe (f)	ирча бохам	[ɪrʧ bɔham]

economia (f)	экономика	[ɛkɔnɔmɪk]
econômico (adj)	экономикин	[ɛkɔnɔmɪkɪn]
recessão (f) econômica	экономикин лахдалар	[ɛkɔnɔmɪkɪn lahdalar]

| objetivo (m) | lалашо | ['alaʃɔ] |
| tarefa (f) | декхар | [deqar] |

comerciar (vi, vt)	мах лело	[mah lelɔ]
rede (de distribuição)	туькнаш	[tuknaʃ]
estoque (m)	склад	[sklad]
sortimento (m)	ассортимент	[assɔrtɪment]

líder (m)	лидер	[lɪder]
grande (~ empresa)	доккха	[dɔkq]
monopólio (m)	монополи	[mɔnɔpɔlɪ]

teoria (f)	теори	[teɔrɪ]
prática (f)	практика	[praktɪk]
experiência (f)	зеделларг	[zedellarg]
tendência (f)	тенденци	[tendentsɪ]
desenvolvimento (m)	кхиам	[qɪam]

105. Processos negociais. Parte 2

rentabilidade (f)	пайда	[pajd]
rentável (adj)	пайдан	[pajdan]

delegação (f)	векалш	[wekalʃ]
salário, ordenado (m)	белхан алапа	[belhan alap]
corrigir (~ um erro)	нисдан	[nɪsdan]
viagem (f) de negócios	командировка	[kɔmandɪrɔvk]
comissão (f)	комисси	[kɔmɪssɪ]

controlar (vt)	тӀехьажа	[t'ehaʒ]
conferência (f)	конференци	[kɔnferentsɪ]
licença (f)	лицензи	[lɪtsenzɪ]
confiável (adj)	тешаме	[teʃame]

empreendimento (m)	дӏадолор	[d'adɔlɔr]
norma (f)	барам	[baram]
circunstância (f)	хьал	[hal]
dever (do empregado)	декхар	[deqar]

empresa (f)	организаци	[ɔrganɪzatsɪ]
organização (f)	вовшахтохар	[vɔvʃahtɔhar]
organizado (adj)	вовшахкхетта	[vɔvʃahqett]
anulação (f)	дӏадаккхар	[d'adakqar]
anular, cancelar (vt)	дӏадаккха	[d'adakq]
relatório (m)	отчёт	[ɔttʃot]

patente (f)	патент	[patent]
patentear (vt)	патент ян	[patent jan]
planejar (vt)	план хӏотто	[plan h'ɔttɔ]

bônus (m)	совгӏат	[sɔvɣat]
profissional (adj)	корматаллин	[kɔrmatallɪn]
procedimento (m)	кеп	[kep]

examinar (~ a questão)	къасто	[q?astɔ]
cálculo (m)	ларар	[larar]
reputação (f)	репутаци	[reputatsɪ]
risco (m)	кхерам	[qeram]

dirigir (~ uma empresa)	куьйгаллз дан	[kʉjgallz dan]
informação (f)	хабар	[habar]
propriedade (f)	долалла	[dɔlall]

união (f)	барт	[bart]
seguro (m) de vida	дахаран страховани яр	[daharan strahovanɪ jar]
fazer um seguro	страховани ян	[strahovanɪ jan]
seguro (m)	страховка	[strahovk]
leilão (m)	кхайкхош дохкар	[qajqɔʃ dɔhkar]
notificar (vt)	дӏахаийта	[d'ahaɪːt]
gestão (f)	лелор	[lelɔr]
serviço (indústria de ~s)	гӏуллакх	[ɣullaq]
fórum (m)	гулам	[gulam]
funcionar (vi)	болх бан	[bɔlh ban]
estágio (m)	мур	[mur]
jurídico, legal (adj)	юридически	[jurɪdɪʧeskɪ]
advogado (m)	юрист	[jurɪst]

106. Produção. Trabalhos

usina (f)	завод	[zavɔd]
fábrica (f)	фабрика	[fabrɪk]
oficina (f)	цех	[ʦeh]
local (m) de produção	производство	[prɔɪzvɔdstvɔ]
indústria (f)	промышленность	[prɔmɪʃlenɔstʲ]
industrial (adj)	промышленни	[prɔmɪʃlenɪ]
indústria (f) pesada	еза промышленность	[ez prɔmɪʃlenɔstʲ]
indústria (f) ligeira	яйн промышленность	[jajn prɔmɪʃlenɔstʲ]
produção (f)	сурсат	[sursat]
produzir (vt)	дан	[dan]
matérias-primas (f pl)	аьргалла	[ærgall]
chefe (m) de obras	бригадир	[brɪgadɪr]
equipe (f)	бригада	[brɪgad]
operário (m)	белхало	[belhalɔ]
dia (m) de trabalho	белхан де	[belhan de]
intervalo (m)	садалар	[sada'ar]
reunião (f)	гулам	[gulam]
discutir (vt)	дийцаре дилла	[dɪːʦare dɪll]
plano (m)	план	[plan]
cumprir o plano	план кхочушян	[plan qɔʧuʃan]
taxa (f) de produção	барам	[baram]
qualidade (f)	дикалла	[dɪkall]
controle (m)	контроль	[kɔntrɔlj]
controle (m) da qualidade	дикаллан контроль	[dɪkallan kɔntrɔlj]
segurança (f) no trabalho	белхан кхерамзалла	[belhan qeramzall]
disciplina (f)	низам	[nɪzam]
infração (f)	дохор	[dɔhor]
violar (as regras)	дохо	[dɔho]
greve (f)	забастовка	[zabastɔvk]
grevista (m)	забастовкахо	[zabastɔvkaho]

| estar em greve | забастовка ян | [zabastɔvk jan] |
| sindicato (m) | профсоюз | [prɔfsɔjuz] |

inventar (vt)	кхолла	[qɔll]
invenção (f)	кхоллар	[qɔllar]
pesquisa (f)	таллар	[tallar]
melhorar (vt)	тадан	[tadan]
tecnologia (f)	технологи	[tehnɔlɔgɪ]
desenho (m) técnico	чертёж	[tʃertʲɔʒ]

carga (f)	мохь	[mɔh]
carregador (m)	киранча	[kɪrantʃ]
carregar (o caminhão, etc.)	тӀедотта	[tʼedott]
carregamento (m)	тӀедоттар	[tʼedottar]
descarregar (vt)	дассо	[dassɔ]
descarga (f)	дассор	[dassɔr]

transporte (m)	транспорт	[transpɔrt]
companhia (f) de transporte	транспортан компани	[transpɔrtan kɔmpanɪ]
transportar (vt)	дӀакхехьа	[dʼaqeh]

vagão (m) de carga	вагон	[vagɔn]
tanque (m)	цистерна	[tsɪstern]
caminhão (m)	киранийн машина	[kɪranɪːn maʃɪn]

| máquina (f) operatriz | станок | [stanɔk] |
| mecanismo (m) | механизм | [mehanɪzm] |

resíduos (m pl) industriais	даххаш	[dahaʃ]
embalagem (f)	дӀахьарчор	[dʼahartʃor]
embalar (vt)	дӀахьарчо	[dʼahartʃo]

107. Contrato. Acordo

contrato (m)	чӀарӀам	[tʃʼaɣam]
acordo (m)	барт	[bart]
adendo, anexo (m)	тӀедалар	[tʼedalar]

assinar o contrato	чӀарӀам бан	[tʃʼaɣam ban]
assinatura (f)	куьг	[kʉg]
assinar (vt)	куьг тало	[kʉg taʼɔ]
carimbo (m)	муxӀап	[muhʼar]

objeto (m) do contrato	договаран хӀума	[dɔgovaran hʼum]
cláusula (f)	пункт	[punkt]
partes (f pl)	арӀонаш	[ʼaɣonaʃ]
domicílio (m) legal	юридически адрес	[jurɪdɪtʃeskɪ adres]

violar o contrato	контракт дохо	[kɔntrakt dɔho]
obrigação (f)	тӀелацам	[tʼelatsam]
responsabilidade (f)	жоьпалла	[ʒøpall]
força (f) maior	форс-мажор	[fɔrs maʒɔr]
litígio (m), disputa (f)	къовсам	[qʔɔvsam]
multas (f pl)	гӀуданан санкциш	[ɣudanan sanktsɪʃ]

108. Importação & Exportação

importação (f)	импорт	[ɪmpɔrt]
importador (m)	импортхо	[ɪmpɔrtho]
importar (vt)	импорт ян	[ɪmpɔrt jan]
de importação	импортан	[ɪmpɔrtan]
exportador (m)	экспортхо	[ɛkspɔrtho]
exportar (vt)	экспорт ян	[ɛkspɔrt jan]
mercadoria (f)	товар	[tɔvar]
lote (de mercadorias)	жут	[ʒut]
peso (m)	дозалла	[dɔzall]
volume (m)	дукхалла	[duqall]
metro (m) cúbico	кубически метр	[kubɪtʃeskɪ metr]
produtor (m)	арахоьцург	[arahøtsurg]
companhia (f) de transporte	транспортан компани	[transpɔrtan kɔmpanɪ]
contêiner (m)	контейнер	[kɔntejner]
fronteira (f)	доза	[dɔz]
alfândega (f)	таможни	[tamɔʒnɪ]
taxa (f) alfandegária	таможнин ял	[tamɔʒnɪn jal]
funcionário (m) da alfândega	таможхо	[tamɔʒho]
contrabando (atividade)	контрабанда	[kɔntraband]
contrabando (produtos)	контрабанда	[kɔntraband]

109. Finanças

ação (f)	акци	[aktsɪ]
obrigação (f)	облигаци	[ɔblɪgatsɪ]
nota (f) promissória	вексель	[wekselj]
bolsa (f) de valores	биржа	[bɪrʒ]
cotação (m) das ações	акцин мах	[aktsɪn mah]
tornar-se mais barato	дайдала	[dajdal]
tornar-se mais caro	даздала	[dazdal]
participação (f) majoritária	контролан пакет	[kɔntrɔlan paket]
investimento (m)	инвестици	[ɪnwestɪtsɪ]
investir (vt)	инвестици ян	[ɪnwestɪtsɪ jan]
porcentagem (f)	процент	[prɔtsent]
juros (m pl)	ял	[jal]
lucro (m)	пайда	[pajd]
lucrativo (adj)	пайде	[pajde]
imposto (m)	налог	[nalɔg]
divisa (f)	валюта	[valʉt]
nacional (adj)	къаьмнийн	[q?æmnɪːn]
câmbio (m)	хийцар	[hɪːtsar]

| contador (m) | бухгалтер | [buhgalter] |
| contabilidade (f) | бухгалтери | [buhgalterɪ] |

falência (f)	банкрот хилар	[bankrɔt hɪlar]
falência, quebra (f)	хӏаллакъхилар	[h'allaqʔɪlar]
ruína (f)	даькъаздаккхар	[dæqʔazdakqar]
estar quebrado	даькъаздала	[dæqʔazdal]
inflação (f)	инфляци	[ɪnfljatsɪ]
desvalorização (f)	девальваци	[devaljvatsɪ]

capital (m)	капитал	[kapɪtal]
rendimento (m)	пайда	[pajd]
volume (m) de negócios	го баккхар	[gɔ bakqar]
recursos (m pl)	тӏаьхьалонаш	[t'æhalɔnaʃ]
recursos (m pl) financeiros	ахча	[ahtʃ]
reduzir (vt)	жимдан	[ʒɪmdan]

110. Marketing

marketing (m)	маркетинг	[marketɪng]
mercado (m)	рынок	[rɪnɔk]
segmento (m) do mercado	рынкан сегмент	[rɪnkan segment]
produto (m)	сурсат	[sursat]
mercadoria (f)	товар	[tɔvar]

marca (f)	бренд	[brend]
marca (f) registrada	механ марка	[mehan mark]
logotipo (m)	фирмин хьаьрк	[fɪrmɪn hærk]
logo (m)	логотип	[lɔgɔtɪp]

demanda (f)	хьашт хилар	[haʃt hɪlar]
oferta (f)	предложени	[predlɔʒenɪ]
necessidade (f)	хьашто	[haʃtɔ]
consumidor (m)	хьаштхо	[haʃthɔ]

análise (f)	анализ	[analɪz]
analisar (vt)	анализ ян	[analɪz jan]
posicionamento (m)	позиционировани	[pɔzɪtsɪɔnɪrɔvanɪ]
posicionar (vt)	позиционировать ян	[pɔzɪtsɪɔnɪrɔvatʲ jan]

preço (m)	мах	[mah]
política (f) de preços	механ политика	[mehan pɔlɪtɪk]
formação (f) de preços	мах хилар	[mah hɪlar]

111. Publicidade

publicidade (f)	реклама	[reklam]
fazer publicidade	реклама ян	[reklam jan]
orçamento (m)	бюджет	[bʉdʒet]

| anúncio (m) | кхайкхор | [qajqɔr] |
| publicidade (f) na TV | телереклама | [telereklam] |

| publicidade (f) na rádio | радион реклама | [radɪɔn reklam] |
| publicidade (f) exterior | арахьара реклама | [arahar reklam] |

comunicação (f) de massa	массийн хааман гӀирс	[massɪ:n ha:man ɣɪrs]
periódico (m)	муьран арахецнарг	[mɥran arahetsnarg]
imagem (f)	имидж	[ɪmɪdʒ]

| slogan (m) | лозунг | [lɔzung] |
| mote (m), lema (f) | девиз | [dewɪz] |

campanha (f)	кампани	[kampanɪ]
campanha (f) publicitária	рекламан кампани	[reklaman kampanɪ]
grupo (m) alvo	Ӏалашонан аудитори	['alaʃɔnan 'audɪtɔrɪ]

cartão (m) de visita	визитан карта	[wɪzɪtan kart]
panfleto (m)	кехат	[kehat]
brochura (f)	брошюра	[brɔʃɥr]
folheto (m)	буклет	[buklet]
boletim (~ informativo)	бюллетень	[bɥlletenj]

letreiro (m)	гойтург	[gɔjturg]
cartaz, pôster (m)	плакат	[plakat]
painel (m) publicitário	рекламан у	[reklaman u]

112. Banca

| banco (m) | банк | [bank] |
| balcão (f) | отделени | [ɔtdelenɪ] |

| consultor (m) bancário | консультант | [kɔnsuljtant] |
| gerente (m) | урхалхо | [urhalho] |

conta (f)	счёт	[stʃʲot]
número (m) da conta	чотан номер	[tʃotan nɔmer]
conta (f) corrente	карара чот	[karar tʃot]
conta (f) poupança	накопительни чот	[nakɔpɪteljnɪ tʃot]

abrir uma conta	чот схьайелла	[tʃot shajell]
fechar uma conta	чот дӀакъовла	[tʃot d'aqʔovl]
depositar na conta	счёт тӀедилла	[stʃʲot t'edɪll]
sacar (vt)	счёт тӀера схьаэца	[stʃʲot t'er sha'ɛts]

depósito (m)	диллар	[dɪllar]
fazer um depósito	дилла	[dɪll]
transferência (f) bancária	дахьийтар	[dahɪ:tar]
transferir (vt)	дахьийта	[dahɪ:t]

| soma (f) | жамӀ | [ʒam'] |
| Quanto? | Мел? | [mel] |

assinatura (f)	куьг	[kɥg]
assinar (vt)	куьг тӀало	[kɥg ta'ɔ]
cartão (m) de crédito	кредитан карта	[kredɪtan kart]
senha (f)	код	[kɔd]

| número (m) do cartão de crédito | кредитан картан номер | [kredɪtan kartan nɔmer] |
| caixa (m) eletrônico | банкомат | [bankɔmat] |

cheque (m)	чек	[ʧek]
passar um cheque	чек язъян	[ʧek jazʔjan]
talão (m) de cheques	чекан книшка	[ʧekan knɪʃk]

empréstimo (m)	кредит	[kredɪt]
pedir um empréstimo	кредит дехар	[kredɪt dehar]
obter empréstimo	кредит эца	[kredɪt ɛʦ]
dar um empréstimo	кредит далар	[kredɪt dalar]
garantia (f)	юкъархилар	[juqʔarhɪlar]

113. Telefone. Conversação telefônica

telefone (m)	телефон	[telefɔn]
celular (m)	мобильни телефон	[mɔbɪljnɪ telefɔn]
secretária (f) eletrônica	автоответчик	[avtə'otweʧɪk]

| fazer uma chamada | детта | [dett] |
| chamada (f) | горгали | [gɔrgalɪ] |

discar um número	номер эца	[nɔmer ɛʦ]
Alô!	Алло!	[allɔ]
perguntar (vt)	хатта	[hatt]
responder (vt)	жоп дала	[ʒɔp dal]

ouvir (vt)	хаза	[haz]
bem	дика ду	[dɪk du]
mal	вон ду	[vɔn du]
ruído (m)	новкъарлонаш	[nɔvqʔarlɔnaʃ]

fone (m)	луьлла	[lʉll]
pegar o telefone	луьлла эца	[lʉll ɛʦ]
desligar (vi)	луьлла охьайилла	[lʉll ɔhajɪll]

ocupado (adj)	мукъа доцу	[muqʔ dɔʦu]
tocar (vi)	етта	[ett]
lista (f) telefônica	телефонан книга	[telefɔnan knɪg]

chamada (f) local	меттигара	[mettɪgar]
de longa distância	гӀаланашна юккъера	[ɣalanaʃn jukqʔer]
internacional (adj)	гӀаланашна юккъера	[ɣalanaʃn jukqʔer]

114. Telefone móvel

celular (m)	мобильни телефон	[mɔbɪljnɪ telefɔn]
tela (f)	дисплей	[dɪsplej]
botão (m)	кнопка	[knɔpk]
cartão SIM (m)	SIM-карта	[sɪm kart]
bateria (f)	батарей	[batarej]

| descarregar-se (vr) | кхачадала | [qatʃadal] |
| carregador (m) | юзаран гӀирс | [juzaran ɣɪrs] |

menu (m)	меню	[menʉ]
configurações (f pl)	настройкаш	[nastrɔjkaʃ]
melodia (f)	мукъам	[muqʔam]
escolher (vt)	харжа	[harʒ]

calculadora (f)	калькулятор	[kaljkuljatɔr]
correio (m) de voz	автоответчик	[avtə'otwetʃɪk]
despertador (m)	сомавокху сахьт	[sɔmavɔkqu saht]
contatos (m pl)	телефонан книга	[telefɔnan knɪg]

| mensagem (f) de texto | SMS-хаам | [ɛsɛmɛs ha'am] |
| assinante (m) | абонент | [abɔnent] |

115. Estacionário

| caneta (f) | авторучка | [avtɔrutʃk] |
| caneta (f) tinteiro | перо | [perɔ] |

lápis (m)	къолам	[qʔɔlam]
marcador (m) de texto	маркер	[marker]
caneta (f) hidrográfica	фломастер	[flɔmaster]

| bloco (m) de notas | блокнот | [blɔknɔt] |
| agenda (f) | ежедневник | [eʒednevnɪk] |

régua (f)	линейка	[lɪnejk]
calculadora (f)	калькулятор	[kaljkuljatɔr]
borracha (f)	лаьстиг	[læstɪg]
alfinete (m)	кнопка	[knɔpk]
clipe (m)	мӀар	[ma'ar]

cola (f)	клей	[klej]
grampeador (m)	степлер	[stepler]
furador (m) de papel	Іуьргашдохург	['ʉrgaʃdɔhurg]
apontador (m)	точилк	[tɔtʃɪlk]

116. Vários tipos de documentos

relatório (m)	отчёт	[ɔttʃʲot]
acordo (m)	барт	[bart]
ficha (f) de inscrição	дӀахьедар	[d'ahedar]
autêntico (adj)	бакъ долу	[baqʔ dɔlu]
crachá (m)	бэдж	[bɛdʒ]
cartão (m) de visita	визитан карта	[wɪzɪtan kart]

certificado (m)	сертификат	[sertɪfɪkat]
cheque (m)	чек	[tʃek]
conta (f)	счёт	[stʃʲot]
constituição (f)	конституци	[kɔnstɪtutsɪ]

contrato (m)	чIарIам	[ʧʼaɣam]
cópia (f)	копи	[kɔpɪ]
exemplar (~ assinado)	экземпляр	[ɛkzempljar]

declaração (f) alfandegária	декпараци	[deklaratsɪ]
documento (m)	документ	[dɔkument]
carteira (f) de motorista	лепорхочун бакъонаш	[lelɔrhɔʧun baqʔɔnaʃ]
adendo, anexo (m)	тIедалар	[tʼedalar]
questionário (m)	анкета	[anket]

carteira (f) de identidade	тешалла	[teʃall]
inquérito (m)	жоп дехар	[ʒɔp dehar]
convite (m)	кхойкху билет	[qɔjqu bɪlet]
fatura (f)	чот	[ʧɔt]

lei (f)	закон	[zakɔn]
carta (correio)	кехат	[kehat]
papel (m) timbrado	бланк	[blank]
lista (f)	список	[spɪsɔk]
manuscrito (m)	куьйгайоза	[kʉjgajoz]
boletim (~ informativo)	бюллетень	[bʉlletenj]
bilhete (mensagem breve)	кехат	[kehat]

passe (m)	пропуск	[prɔpusk]
passaporte (m)	паспорт	[paspɔrt]
permissão (f)	бакъо	[baqʔɔ]
currículo (m)	резюме	[rezʉme]
nota (f) promissória	куьг яздар	[kʉg jazdar]
recibo (m)	квитанци	[kwɪtantsɪ]
talão (f)	чек	[ʧek]
relatório (m)	рапорт	[rapɔrt]

mostrar (vt)	дIакховдо	[dʼaqɔvdɔ]
assinar (vt)	куьг тало	[kʉg taʼɔ]
assinatura (f)	куьг	[kʉg]
carimbo (m)	мухIар	[muhʼar]
texto (m)	текст	[tekst]
ingresso (m)	билет	[bɪlet]

riscar (vt)	дIадайа	[dʼadaj]
preencher (vt)	яздан	[jazdan]

carta (f) de porte	накладной	[nakladnɔj]
testamento (m)	весет	[weset]

117. Tipos de negócios

serviços (m pl) de contabilidade	бухгалтерин гIуллакхаш	[buhgalterɪn ɣullaqaʃ]
publicidade (f)	реклама	[reklam]
agência (f) de publicidade	рекламан агенталла	[reklaman agentall]
ar (m) condicionado	кондиционераш	[kɔndɪtsɪɔneraʃ]
companhia (f) aérea	авиакомпани	[awɪakɔmpanɪ]
bebidas (f pl) alcoólicas	спиртан маларш	[spɪrtan malarʃ]

comércio (m) de antiguidades	антиквариат	[antɪkvarɪat]
galeria (f) de arte	галерей	[galerej]
serviços (m pl) de auditoria	аудитаран гӀуллакхаш	['audɪtaran ɣullaqaʃ]

negócios (m pl) bancários	банкан бизнес	[bankan bɪznes]
bar (m)	бар	[bar]
salão (m) de beleza	хазаллан салон	[hazallan salon]
livraria (f)	книжкийн туька	[knɪʃkɪ:n tɵk]
cervejaria (f)	йийн доккху меттиг	[jɪ:n dokqu mettɪg]
centro (m) de escritórios	бизнес-центр	[bɪznes ʦentr]
escola (f) de negócios	бизнес-школа	[bɪznes ʃkol]

cassino (m)	казино	[kazɪnɔ]
construção (f)	гӀишло яр	[ɣɪʃlɔ jar]
consultoria (f)	консалтинг	[konsaltɪng]

clínica (f) dentária	стоматологи	[stɔmatɔlɔgɪ]
design (m)	дизайн	[dɪzajn]
drogaria (f)	аптека	[aptek]
lavanderia (f)	химцӀандар	[hɪmʦ'andar]
agência (f) de emprego	кадрашха агенталла	[kadraʃha agentall]

serviços (m pl) financeiros	финансийн гӀуллакхаш	[fɪnansɪ:n ɣullaqaʃ]
alimentos (m pl)	сурсаташ	[sursataʃ]
funerária (f)	велчан ламаста ден бюро	[weltʃan lamast den bɵrɔ]
mobiliário (m)	мебель	[mebelj]
roupa (f)	бедар	[bedar]
hotel (m)	хьешийн цӀа	[heʃɪ:n ʦ'a]

sorvete (m)	морожени	[mɔrɔʒenɪ]
indústria (f)	промышленность	[prɔmɪʃlenɔstʲ]
seguro (~ de vida, etc.)	страхована	[strahovan]
internet (f)	интернет	[ɪnternet]
investimento (m)	инвестици	[ɪnwestɪʦɪ]

joalheiro (m)	ювелир	[juwelɪr]
joias (f pl)	ювелиран хӀуманаш	[juwelɪran h'umanaʃ]
lavanderia (f)	прачечни	[pratʃetʃnɪ]
assessorias (f pl) jurídicas	юридически гӀуллакхаш	[jurɪdɪtʃeskɪ ɣullaqaʃ]
indústria (f) ligeira	йайн промышленность	[jajn prɔmɪʃlenɔstʲ]

revista (f)	журнал	[ʒurnal]
vendas (f pl) por catálogo	каталог тӀехула махлелор	[katalɔg t'ehul mahlelɔr]
medicina (f)	медицина	[medɪʦɪn]
cinema (m)	кинотеатр	[kɪnɔteatr]
museu (m)	музей	[muzej]

agência (f) de notícias	информацин агенталла	[ɪnfɔrmaʦɪn agentall]
jornal (m)	газета	[gazet]
boate (casa noturna)	буьйсанан клуб	[bɵjsanan klub]

petróleo (m)	нефть	[neftʲ]
serviços (m pl) de remessa	курьеран гӀуллакх	[kurjeran ɣullaq]
indústria (f) farmacêutica	фармацевтика	[farmaʦevtɪk]
tipografia (f)	полиграфи	[pɔlɪgrafɪ]
editora (f)	издательство	[ɪzdateljstvɔ]

rádio (m)	радио	[radɪɔ]
imobiliário (m)	ара-чу ца баккхалун бахам	[arə ʧu tsə bakqalun baham]
restaurante (m)	ресторан	[restɔran]

empresa (f) de segurança	ха ден агенталла	[ha den agentall]
esporte (m)	спорт	[spɔrt]
bolsa (f) de valores	биржа	[bɪrʒ]
loja (f)	туька	[tʉk]
supermercado (m)	супермаркет	[supermarket]
piscina (f)	бассейн	[bassejn]

alfaiataria (f)	ателье	[atelje]
televisão (f)	телевидени	[telewɪdenɪ]
teatro (m)	театр	[teatr]
comércio (m)	махлелор	[mahlelɔr]
serviços (m pl) de transporte	дӏадахьарш	[d'adaharʃ]
viagens (f pl)	туризм	[turɪzm]

veterinário (m)	ветеринар	[weterɪnar]
armazém (m)	склад	[sklad]
recolha (f) do lixo	нехаш аракхехьар	[nehaʃ araqehar]

Emprego. Negócios. Parte 2

118. Espetáculo. Feira

feira, exposição (f)	гайтам	[gajtam]
feira (f) comercial	махбаран гайта хӀоттор	[mahbaran gajt h'ɔttɔr]
participação (f)	дакъа лацар	[daqʔ latsar]
participar (vi)	дакъа лаца	[daqʔ lats]
participante (m)	декъашхо	[deqʔaʃho]
diretor (m)	директор	[dɪrektɔr]
direção (f)	дирекци, оргкомитет	[dɪrektsɪ], [ɔrgkɔmɪtet]
organizador (m)	вовшахтохархо	[vɔvʃahtɔharhɔ]
organizar (vt)	вовшахтоха	[vɔvʃahtɔh]
ficha (f) de inscrição	дакъа лацар дӀахьедан	[daqʔ latsar d'ahedan]
preencher (vt)	яздан	[jazdan]
detalhes (m pl)	деталаш	[detalaʃ]
informação (f)	хаам	[ha'am]
preço (m)	мах	[mah]
incluindo	тӀехь	[t'eh]
incluir (vt)	юкъадало	[juqʔadalɔ]
pagar (vt)	ахча дала	[ahtʃ dal]
taxa (f) de inscrição	регистрацин ахча далар	[regɪstratsɪn ahtʃ dalar]
entrada (f)	чугӀойла	[tʃugʲɔjl]
pavilhão (m), salão (f)	павильон	[pawɪljʲɔn]
inscrever (vt)	регистраци ян	[regɪstratsɪ jan]
crachá (m)	бэдж	[bɛdʒ]
stand (m)	гайтаман стенд	[gajtaman stend]
reservar (vt)	бронь ян	[brɔnj jan]
vitrine (f)	витрина	[wɪtrɪn]
lâmpada (f)	къуьда	[qʔʉd]
design (m)	дизайн	[dɪzajn]
pôr (posicionar)	хила	[hɪl]
distribuidor (m)	дистрибьютор	[dɪstrɪbjʉtɔr]
fornecedor (m)	латторг	[lattɔrg]
país (m)	мохк	[mɔhk]
estrangeiro (adj)	кхечу мехкан	[qetʃu mehkan]
produto (m)	сурсат	[sursat]
associação (f)	цхьаьнакхетар	[tshænaqetar]
sala (f) de conferência	конференц-зал	[konferents zal]
congresso (m)	конгресс	[kɔngress]

concurso (m)	конкурс	[kɔnkurs]
visitante (m)	оьхург	[øhurg]
visitar (vt)	хьажа даха	[haʒ dah]
cliente (m)	заказхо	[zakazho]

119. Media

jornal (m)	газета	[gazet]
revista (f)	журнал	[ʒurnal]
imprensa (f)	пресса	[press]
rádio (m)	радио	[radɪo]
estação (f) de rádio	радиостанци	[radɪostantsɪ]
televisão (f)	телевидени	[telewɪdenɪ]

apresentador (m)	телевиденин ведущий	[telewɪdenɪn weduɕɪ:]
locutor (m)	дитктор	[dɪtktɔr]
comentarista (m)	комментархо	[kɔmmentarhɔ]

jornalista (m)	журналист	[ʒurnalɪst]
correspondente (m)	корреспондент	[kɔrrespɔndent]
repórter (m) fotográfico	фотокорреспондент	[fotokɔrrespɔndent]
repórter (m)	репортёр	[reportˈor]

redator (m)	редактор	[redaktɔr]
redator-chefe (m)	коьрта редактор	[kørt redaktɔr]
assinar a ...	яздала	[jazdal]
assinatura (f)	яздар	[jazdar]
assinante (m)	язвалархо	[jazvalarhɔ]
ler (vt)	еша	[eʃ]
leitor (m)	ешархо	[eʃarhɔ]

tiragem (f)	тираж	[tɪraʒ]
mensal (adj)	хlоп беттан	[h'ɔr bettan]
semanal (adj)	хlоп кlиранан	[h'ɔr k'ɪranan]
número (jornal, revista)	номер	[nɔmer]
recente, novo (adj)	керла	[kerl]

manchete (f)	корта	[kɔrt]
pequeno artigo (m)	билгало	[bɪlgalɔ]
coluna (~ semanal)	рубрика	[rubrɪk]
artigo (m)	статья	[statj]
página (f)	arlo	[ˈaɣɔ]

reportagem (f)	репортаж	[reportaʒ]
evento (festa, etc.)	хилларг	[hɪllarg]
sensação (f)	сенсаци	[sensatsɪ]
escândalo (m)	дов	[dɔv]
escandaloso (adj)	девне	[devne]
grande (adj)	чlорла	[tʃ'ɔɣ]

programa (m)	передача	[peredatʃ]
entrevista (f)	интервью	[ɪntervjʉ]
transmissão (f) ao vivo	дуьххьал трансляци	[dʉhal transljatsɪ]
canal (m)	канал	[kanal]

120. Agricultura

agricultura (f)	юртан бахам	[jurtan baham]
camponês (m)	ахархо	[aharhɔ]
camponesa (f)	ахархо	[aharhɔ]
agricultor, fazendeiro (m)	фермер	[fermer]
trator (m)	трактор	[traktɔr]
colheitadeira (f)	комбайн	[kɔmbajn]
arado (m)	гота	[gɔt]
arar (vt)	аха	[ah]
campo (m) lavrado	охана	[ɔhan]
sulco (m)	харш	[harʃ]
semear (vt)	ден	[den]
plantadeira (f)	хӏутосург	[h'utɔsurg]
semeadura (f)	дӏадер	[d'ader]
foice (m)	мангал	[mangal]
cortar com foice	мангал хьакха	[mangal haq]
pá (f)	бел	[bel]
cavar (vt)	ахка	[ahk]
enxada (f)	метиг	[metɪg]
capinar (vt)	асар дан	[asar dan]
erva (f) daninha	асар	[asar]
regador (m)	хитухург	[hɪtuhurg]
regar (plantas)	хи тоха	[hɪ tɔh]
rega (f)	хи тохар	[hɪ tɔhar]
forquilha (f)	шада	[ʃad]
ancinho (m)	кагтуха	[kagtuh]
fertilizante (m)	удобрени	[udɔbrenɪ]
fertilizar (vt)	удобрени тасар	[udɔbrenɪ tasar]
estrume, esterco (m)	кхелли	[qellɪ]
campo (m)	аре	[are]
prado (m)	бай	[baj]
horta (f)	хасбеш	[hasbeʃ]
pomar (m)	хасбеш	[hasbeʃ]
pastar (vt)	дажо	[daʒɔ]
pastor (m)	ӏу	['u]
pastagem (f)	дежийла	[deʒɪːl]
pecuária (f)	даьхнилелор	[dæhnɪlelɔr]
criação (f) de ovelhas	жалелор	[ʒalelɔr]
plantação (f)	плантаци	[plantatsɪ]
canteiro (m)	хесалг	[hesalg]
estufa (f)	парник	[parnɪk]

seca (f)	йокъо	[joq?ɔ]
seco (verão ~)	йокъо хӀутту	[joq?ɔ huttu]
cereais (m pl)	буьртиган	[bʉrtɪgan]
colher (vt)	буьртигаш долу	[bʉrtɪgaʃ dɔlu]
moleiro (m)	хьархо	[harhɔ]
moinho (m)	хьера	[her]
moer (vt)	ахьа	[ah]
farinha (f)	дама	[dam]
palha (f)	ча	[ʧ]

121. Construção. Processo de construção

canteiro (m) de obras	гӀишлош йойла	[ɣɪʃlɔʃ jojl]
construir (vt)	дан	[dan]
construtor (m)	гӀишлошъярхо	[ɣɪʃlɔʃ?jarhɔ]
projeto (m)	проект	[prɔekt]
arquiteto (m)	архитектор	[arhɪtektɔr]
operário (m)	белхало	[belhalɔ]
fundação (f)	бух	[buh]
telhado (m)	тхов	[thov]
estaca (f)	бӀорӀам	[b'ɔɣam]
parede (f)	пен	[pen]
colunas (f pl) de sustentação	арматура	[armatur]
andaime (m)	гӀоьнан ламеш	[ɣønan lameʃ]
concreto (m)	бетон	[betɔn]
granito (m)	гранит	[granɪt]
pedra (f)	тӀулг	[t'ulg]
tijolo (m)	кибарчиг	[kɪbarʧɪg]
areia (f)	гӀум	[ɣum]
cimento (m)	цемент	[ʦement]
emboço, reboco (m)	хьахар	[hahar]
emboçar, rebocar (vt)	хьаха	[hah]
tinta (f)	басар	[basar]
pintar (vt)	басар хьакха	[basar haq]
barril (m)	боьшка	[bøʃk]
grua (f), guindaste (m)	чӀинт	[ʧ'ɪnt]
erguer (vt)	хьалаайар	[hala'ajar]
baixar (vt)	дӀахеца	[d'ahets]
buldózer (m)	бульдозер	[buljdɔzer]
escavadora (f)	экскаватор	[ɛkskavatɔr]
caçamba (f)	кхимар	[qɪmar]
escavar (vt)	ахка	[ahk]
capacete (m) de proteção	каска	[kask]

122. Ciência. Investigação. Cientistas

ciência (f)	Ӏилма	['ɪlm]
científico (adj)	Ӏилманан	['ɪlmanan]
cientista (m)	дешна	[deʃn]
teoria (f)	теори	[teɔrɪ]

axioma (m)	аксиома	[aksɪɔm]
análise (f)	анализ	[analɪz]
analisar (vt)	анализ ян	[analɪz jan]
argumento (m)	аргумент	[argument]
substância (f)	хӀума	[h'um]

hipótese (f)	гипотеза	[gɪpɔtez]
dilema (m)	дилемма	[dɪlemm]
tese (f)	диссертаци	[dɪssertatsɪ]
dogma (m)	догма	[dɔgm]

doutrina (f)	доктрина	[dɔktrɪn]
pesquisa (f)	таллар	[tallar]
pesquisar (vt)	талла	[tall]
testes (m pl)	контроль	[kɔntrɔlj]
laboratório (m)	лаборатори	[labɔratɔrɪ]

método (m)	некъ	[neq?]
molécula (f)	молекула	[mɔlekul]
monitoramento (m)	мониторинг	[mɔnɪtɔrɪng]
descoberta (f)	гучудаккхар	[guʧudakqar]

postulado (m)	постулат	[pɔstulat]
princípio (m)	принцип	[prɪntsɪp]
prognóstico (previsão)	прогноз	[prɔgnɔz]
prognosticar (vt)	прогноз ян	[prɔgnɔz jan]

síntese (f)	синтез	[sɪntez]
tendência (f)	тенденци	[tendentsɪ]
teorema (m)	теорема	[teɔrem]

ensinamentos (m pl)	хьехар	[hehar]
fato (m)	хилларг	[hɪllarg]
expedição (f)	экспедици	[ɛkspedɪtsɪ]
experiência (f)	эксперимент	[ɛksperɪment]

acadêmico (m)	академик	[akademɪk]
bacharel (m)	бакалавр	[bakalavr]
doutor (m)	доктор	[dɔktɔr]
professor (m) associado	доцент	[dɔtsent]
mestrado (m)	магистр	[magɪstr]
professor (m)	профессор	[prɔfessɔr]

Profissões e ocupações

123. Procura de emprego. Demissão

trabalho (m)	болх	[bɔlh]
equipe (f)	штат	[ʃtat]

carreira (f)	карьера	[karjer]
perspectivas (f pl)	перспектива	[perspektɪv]
habilidades (f pl)	говзалла	[gɔvzall]

seleção (f)	харжар	[harʒar]
agência (f) de emprego	кадрашха агенталла	[kadraʃha agentall]
currículo (m)	резюме	[rezʉme]
entrevista (f) de emprego	къамел дар	[qʔamel dar]
vaga (f)	ваканси	[vakansɪ]

salário (m)	алапа	[alap]
salário (m) fixo	алапа	[alap]
pagamento (m)	алапа далар	[alap dalar]

cargo (m)	гӏуллакх	[ɣullaq]
dever (do empregado)	декхар	[deqar]
gama (f) de deveres	нах	[nah]
ocupado (adj)	мукъаза	[muqʔaz]

despedir, demitir (vt)	дӏадаккха	[d'adakq]
demissão (f)	дӏадаккхар	[d'adakqar]

desemprego (m)	белхазалла	[belhazall]
desempregado (m)	белхазхо	[belhazho]
aposentadoria (f)	пенси	[pensɪ]
aposentar-se (vr)	пенси ваха	[pensɪ vah]

124. Gente de negócios

diretor (m)	директор	[dɪrektɔr]
gerente (m)	урхалхо	[urhalho]
patrão, chefe (m)	куьйгалхо, шеф	[kʉjgalho], [ʃef]

superior (m)	хьаькам	[hæːkam]
superiores (m pl)	хьаькамаш	[hæːkamaʃ]
presidente (m)	паччахь	[patʃah]
chairman (m)	председатель	[predsedatelj]

substituto (m)	когаметтаниг	[kɔgamettanɪg]
assistente (m)	гӏоьнча	[ɣønʧ]
secretário (m)	секретарь	[sekretarʲ]

secretário (m) pessoal	долахь волу секретарь	[dɔlah vɔlu sekretarʲ]
homem (m) de negócios	бизнесхо	[bɪznesho]
empreendedor (m)	хьуьнарча	[hʉnarʧ]
fundador (m)	диллинарг	[dɪllɪnarg]
fundar (vt)	дилла	[dɪll]

principiador (m)	кхоллархо	[qɔllarhɔ]
parceiro, sócio (m)	декъашхо	[deqʔaʃho]
acionista (m)	акци ерг	[aktsɪ erg]

milionário (m)	миллионхо	[mɪllɪɔnho]
bilionário (m)	миллиардхо	[mɪllɪardho]
proprietário (m)	да	[d]
proprietário (m) de terras	лаьттада	[lættad]

cliente (m)	клиент	[klɪent]
cliente (m) habitual	даимлера клиент	[daɪmler klɪent]
comprador (m)	эцархо	[ɛtsarhɔ]
visitante (m)	оьхург	[øhurg]

profissional (m)	говзанча	[gɔvzanʧ]
perito (m)	эксперт	[ɛkspert]
especialista (m)	говзанча	[gɔvzanʧ]

| banqueiro (m) | банкир | [bankɪr] |
| corretor (m) | брокер | [brɔker] |

caixa (m, f)	кассир	[kassɪr]
contador (m)	бухгалтер	[buhgalter]
guarda (m)	хехо	[heho]

investidor (m)	инвестор	[ɪnwestɔr]
devedor (m)	декхархо	[deqarhɔ]
credor (m)	кредитор	[kredɪtɔr]
mutuário (m)	декхархо	[deqarhɔ]

| importador (m) | импортхо | [ɪmpɔrtho] |
| exportador (m) | экспортхо | [ɛkspɔrtho] |

produtor (m)	арахоьцург	[arahøtsurg]
distribuidor (m)	дистрибьютор	[dɪstrɪbjʉtɔr]
intermediário (m)	юкъарлонча	[juqʔarlɔnʧ]

consultor (m)	консультант	[kɔnsuljtant]
representante comercial	векал	[wekal]
agente (m)	агент	[agent]
agente (m) de seguros	страховкин агент	[strahovkɪn agent]

125. Profissões de serviços

cozinheiro (m)	кхачанхо	[qaʧanho]
chefe (m) de cozinha	шеф-кхачанхо	[ʃəf qaʧanho]
padeiro (m)	пурнхо	[purnho]
barman (m)	бармен	[barmen]

garçom (m)	официант	[ɔfɪtsɪɑnt]
garçonete (f)	официантка	[ɔfɪtsɪɑntk]
advogado (m)	хьехамча	[hehamtʃ]
jurista (m)	юрист	[jurɪst]
notário (m)	нотариус	[nɔtɑrɪus]
eletricista (m)	монтер	[mɔnter]
encanador (m)	сантехник	[sɑntehnɪk]
carpinteiro (m)	дечиг-пхьар	[detʃɪg phɑr]
massagista (m)	массажхо	[mɑssaʒho]
massagista (f)	массажхо	[mɑssaʒho]
médico (m)	лор	[lɔr]
taxista (m)	таксист	[tɑksɪst]
condutor (automobilista)	шофер	[ʃɔfer]
entregador (m)	курьер	[kurjer]
camareira (f)	хlусамча	[h'usɑmtʃ]
guarda (m)	хехо	[heho]
aeromoça (f)	стюардесса	[stʉardess]
professor (m)	хьехархо	[heharhɔ]
bibliotecário (m)	библиотекахо	[bɪblɪɔtekaho]
tradutor (m)	талмаж	[tɑlmaʒ]
intérprete (m)	талмаж	[tɑlmaʒ]
guia (m)	гид	[gɪd]
cabeleireiro (m)	парикмахер	[parɪkmɑher]
carteiro (m)	почтальон	[pɔtʃtalj'ɔn]
vendedor (m)	йохкархо	[johkarhɔ]
jardineiro (m)	бешахо	[beʃaho]
criado (m)	ялхо	[jɑlho]
criada (f)	ялхо	[jɑlho]
empregada (f) de limpeza	цlанонча	[ts'anɔntʃ]

126. Profissões militares e postos

soldado (m) raso	моrlapepa	[mɔɣarer]
sargento (m)	сержант	[serʒant]
tenente (m)	лейтенант	[lejtenant]
capitão (m)	капитан	[kapɪtan]
major (m)	майор	[mɑjor]
coronel (m)	полковник	[pɔlkɔvnɪk]
general (m)	инарла	[ɪnɑrl]
marechal (m)	маршал	[marʃal]
almirante (m)	адмирал	[ɑdmɪral]
militar (m)	тlеман	[t'eman]
soldado (m)	салти	[sɑltɪ]
oficial (m)	эпсар	[ɛpsar]

comandante (m)	командир	[komandɪr]
guarda (m) de fronteira	дозанхо	[dɔzanho]
operador (m) de rádio	радиохаамхо	[radɪoha'amho]
explorador (m)	талламхо	[tallamho]
sapador-mineiro (m)	сапёр	[sapʲor]
atirador (m)	кхоссархо	[qossarhɔ]
navegador (m)	штурман	[ʃturman]

127. Oficiais. Padres

rei (m)	паччахь	[patʃah]
rainha (f)	зуда-паччахь	[zud patʃah]
príncipe (m)	принц	[prɪnts]
princesa (f)	принцесса	[prɪntsess]
czar (m)	паччахь	[patʃah]
czarina (f)	зуда-паччахь	[zud patʃah]
presidente (m)	паччахь	[patʃah]
ministro (m)	министр	[mɪnɪstr]
primeiro-ministro (m)	примьер-министр	[prɪmjer mɪnɪstr]
senador (m)	сенатхо	[senatho]
diplomata (m)	дипломат	[dɪplɔmat]
cônsul (m)	консул	[kɔnsul]
embaixador (m)	векал	[wekal]
conselheiro (m)	хьехамча	[hehamtʃ]
funcionário (m)	чиновник	[tʃɪnɔvnɪk]
prefeito (m)	префект	[prefekt]
Presidente (m) da Câmara	мэр	[mɛr]
juiz (m)	суьдхо	[sʉdho]
procurador (m)	прокурор	[prokurɔr]
missionário (m)	миссионер	[mɪssɪɔner]
monge (m)	монах	[mɔnah]
abade (m)	аббат	[abbat]
rabino (m)	равин	[rawɪn]
vizir (m)	визирь	[wɪzɪrʲ]
xá (m)	шах	[ʃah]
xeique (m)	шайх	[ʃajh]

128. Profissões agrícolas

abelheiro (m)	накхарамозийлелорхо	[naqaramɔzɪːlelɔrhɔ]
pastor (m)	ly	[ˈu]
agrônomo (m)	агроном	[agrɔnɔm]
criador (m) de gado	даьхнийлелорхо	[dæhnɪːlelɔrhɔ]
veterinário (m)	ветеринар	[weterɪnar]

agricultor, fazendeiro (m)	фермер	[fermer]
vinicultor (m)	чалардоккхург	[tʃaɣardɔkqurg]
zoólogo (m)	зоолог	[zoˈolog]
vaqueiro (m)	ковбой	[kɔvbɔj]

129. Profissões artísticas

ator (m)	актёр	[aktʲor]
atriz (f)	актриса	[aktrɪs]

cantor (m)	эшархо	[ɛʃarhɔ]
cantora (f)	эшархо	[ɛʃarhɔ]

bailarino (m)	хелхархо	[helharhɔ]
bailarina (f)	хелхархо	[helharhɔ]

artista (m)	артист	[artɪst]
artista (f)	артист	[artɪst]

músico (m)	музыкант	[muzɪkant]
pianista (m)	пианист	[pɪanɪst]
guitarrista (m)	гитарча	[gɪtartʃ]

maestro (m)	дирижёр	[dɪrɪʒor]
compositor (m)	композитор	[kɔmpozɪtɔr]
empresário (m)	импресарио	[ɪmpresarɪɔ]

diretor (m) de cinema	режиссёр	[reʒɪsʲor]
produtor (m)	продюсер	[prɔdʉser]
roteirista (m)	сценарихо	[stsenarɪhɔ]
crítico (m)	критик	[krɪtɪk]

escritor (m)	яздархо	[jazdarhɔ]
poeta (m)	илланча	[ɪllantʃ]
escultor (m)	скульптор	[skuljptɔr]
pintor (m)	исбаьхьалча	[ɪsbæhaltʃ]

malabarista (m)	жонглёр	[ʒɔnglʲor]
palhaço (m)	жухарг	[ʒuharg]
acrobata (m)	пелхьо	[pelhɔ]
ilusionista (m)	бозбуунча	[bɔzbuˈuntʃ]

130. Várias profissões

médico (m)	лор	[lor]
enfermeira (f)	лорйиша	[lɔrjɪʃ]
psiquiatra (m)	психиатр	[psɪhɪatr]
dentista (m)	цергийн лор	[tsergɪːn lor]
cirurgião (m)	хирург	[hɪrurg]

astronauta (m)	астронавт	[astrɔnavt]
astrônomo (m)	астроном	[astrɔnɔm]

piloto (m)	кеманхо	[kemanho]
motorista (m)	лелорхо	[lelɔrhɔ]
maquinista (m)	машинхо	[maʃɪnho]
mecânico (m)	механик	[mehanɪk]

mineiro (m)	кӏорабаккхархо	[kʼɔrabakqarhɔ]
operário (m)	белхало	[belhalɔ]
serralheiro (m)	слесарь	[slesarʲ]
marceneiro (m)	дечка пхьар	[detʃk phar]
torneiro (m)	токарь	[tɔkarʲ]
construtor (m)	гӏишлошъярхо	[ɣɪʃlɔʃʔjarhɔ]
soldador (m)	латорхо	[latɔrhɔ]

professor (m)	профессор	[prɔfessɔr]
arquiteto (m)	архитектор	[arhɪtektɔr]
historiador (m)	историк	[ɪstɔrɪk]
cientista (m)	дешна	[deʃn]
físico (m)	физик	[fɪzɪk]
químico (m)	химик	[hɪmɪk]

arqueólogo (m)	археолог	[arheolɔg]
geólogo (m)	геолог	[geɔlɔg]
pesquisador (cientista)	талламхо	[tallamho]

| babysitter, babá (f) | баба | [bab] |
| professor (m) | хьехархо | [heharhɔ] |

redator (m)	редактор	[redaktɔr]
redator-chefe (m)	коьрта редактор	[kørt redaktɔr]
correspondente (m)	корреспондент	[kɔrrespɔndent]
datilógrafa (f)	машинхо	[maʃɪnho]

designer (m)	дизайнер	[dɪzajner]
especialista (m) em informática	компьютерхо	[kɔmpjʉterhɔ]
programador (m)	программист	[prɔgrammɪst]
engenheiro (m)	инженер	[ɪnʒener]

marujo (m)	хӏордахо	[hʼɔrdaho]
marinheiro (m)	хӏордахо	[hʼɔrdaho]
socorrista (m)	кӏелхьардаккхархо	[kʼelhardaqharhɔ]

bombeiro (m)	цӏе йойу	[tsʼe joju]
polícia (m)	полици	[pɔlɪtsɪ]
guarda-noturno (m)	хехо	[heho]
detetive (m)	лахарча	[lahartʃ]

funcionário (m) da alfândega	таможхо	[tamɔʒho]
guarda-costas (m)	ларвархо	[larvarhɔ]
guarda (m) prisional	набахтхо	[nabahtho]
inspetor (m)	инспектор	[ɪnspektɔr]

esportista (m)	спортхо	[spɔrtho]
treinador (m)	тренер	[trener]
açougueiro (m)	хасапхо	[hasapho]
sapateiro (m)	эткийн пхьар	[ɛtkɪːn phar]

115

| comerciante (m) | совдегар | [sɔvdegar] |
| carregador (m) | киранча | [kɪrantʃ] |

| estilista (m) | модельхо | [mɔdeljho] |
| modelo (f) | модель | [mɔdelj] |

131. Ocupações. Estatuto social

| estudante (~ de escola) | школахо | [ʃkɔlaho] |
| estudante (~ universitária) | студент | [student] |

filósofo (m)	философ	[fɪlɔsɔf]
economista (m)	экономист	[ɛkɔnɔmɪst]
inventor (m)	кхоллархо	[qɔllarhɔ]

desempregado (m)	белхазхо	[belhazho]
aposentado (m)	пенсионер	[pensɪɔner]
espião (m)	шпион	[ʃpɪɔn]

preso, prisioneiro (m)	лаьцна стаг	[læts̩n stag]
grevista (m)	забастовкахо	[zabastɔvkaho]
burocrata (m)	бюрократ	[bʉrɔkrat]
viajante (m)	некъахо	[neqʔaho]

| homossexual (m) | гомосексуализмхо | [gɔmɔseksualɪzmho] |
| hacker (m) | хакер | [haker] |

bandido (m)	талорхо	[talorhɔ]
assassino (m)	йолах дийнарг	[jolah dɪːnarg]
drogado (m)	наркоман	[narkɔman]
traficante (m)	наркотикаш йохкархо	[narkɔtɪkaʃ johkarhɔ]
prostituta (f)	кхахьпа	[qahp]
cafetão (m)	сутенёр	[sutenʲor]

bruxo (m)	холмачхо	[holmatʃho]
bruxa (f)	холмачхо	[holmatʃho]
pirata (m)	пират	[pɪrat]
escravo (m)	лай	[laj]
samurai (m)	самурай	[samuraj]
selvagem (m)	акха адам	[aq adam]

Desportos

132. Tipos de desportos. Desportistas

esportista (m)	спортхо	[sportho]
tipo (m) de esporte	спортан кеп	[sportan kep]
basquete (m)	баскетбол	[basketbol]
jogador (m) de basquete	баскетболхо	[basketbolho]
beisebol (m)	бейсбол	[bejsbol]
jogador (m) de beisebol	бейсболхо	[bejsbolho]
futebol (m)	футбол	[futbol]
jogador (m) de futebol	футболхо	[futbolho]
goleiro (m)	кевнахо	[kevnaho]
hóquei (m)	хоккей	[hokkej]
jogador (m) de hóquei	хоккейхо	[hokkejho]
vôlei (m)	волейбол	[vɔlejbol]
jogador (m) de vôlei	волейболхо	[vɔlejbolho]
boxe (m)	бокс	[bɔks]
boxeador (m)	боксёр	[bɔksʲor]
luta (f)	латар	[latar]
lutador (m)	латархо	[latarhɔ]
caratê (m)	карате	[karate]
carateca (m)	каратист	[karatɪst]
judô (m)	дзюдо	[dzʉdɔ]
judoca (m)	дзюдоист	[dzʉdɔɪst]
tênis (m)	теннис	[tenɪs]
tenista (m)	теннисхо	[tenɪshɔ]
natação (f)	нека	[nek]
nadador (m)	неканча	[nekantʃ]
esgrima (f)	фехтовани	[fehtɔvanɪ]
esgrimista (m)	фехтовальщик	[fehtɔvaljɕɪk]
xadrez (m)	шахматаш	[ʃahmataʃ]
jogador (m) de xadrez	шахматхо	[ʃahmathɔ]
alpinismo (m)	альпинизм	[aljpɪnɪzm]
alpinista (m)	альпинист	[aljpɪnɪst]
corrida (f)	дадар	[dadar]

corredor (m)	идархо	[ɪdarhɔ]
atletismo (m)	яйн атлетика	[jajn atletɪk]
atleta (m)	атлет	[atlet]

hipismo (m)	говрийн спорт	[gɔvrɪːn spɔrt]
cavaleiro (m)	бере	[bere]

patinação (f) artística	куьцара хехкар	[kɯtsar hehkar]
patinador (m)	фигурахо	[fɪgurahɔ]
patinadora (f)	фигурахо	[fɪgurahɔ]

halterofilismo (m)	еза атлетика	[ez atletɪk]
corrida (f) de carros	автомобилаш хахкар	[avtomobɪlaʃ hahkar]
piloto (m)	хахкархо	[hahkarhɔ]

ciclismo (m)	вилиспетан спорт	[wɪlɪspetan spɔrt]
ciclista (m)	вилиспетхо	[wɪlɪspethɔ]

salto (m) em distância	дохалла кхийссаваларш	[dɔhall qɪːssavalarʃ]
salto (m) com vara	хьокханца кхоссавалар	[hɔqants qɔssavalar]
atleta (m) de saltos	кхоссавалархо	[qɔssavalarhɔ]

133. Tipos de desportos. Diversos

futebol (m) americano	америкин футбол	[amerɪkɪn futbɔl]
badminton (m)	бадминтон	[badmɪntɔn]
biatlo (m)	биатлон	[bɪatlɔn]
bilhar (m)	биллиард	[bɪllɪard]

bobsled (m)	бобслей	[bɔbslej]
musculação (f)	бодибилдинг	[bɔdɪbɪldɪng]
polo (m) aquático	хин поло	[hɪn pɔlɔ]
handebol (m)	гандбол	[gandbɔl]
golfe (m)	гольф	[gɔljf]

remo (m)	пийсиг хьакхар	[pɪːsɪg haqar]
mergulho (m)	дайвинг	[dajwɪng]
corrida (f) de esqui	лыжийн хахкар	[lɪʒɪːn hahkar]
tênis (m) de mesa	стоьлан тенис	[stølan tenɪs]

vela (f)	гатанан спорт	[gatanan spɔrt]
rali (m)	ралли	[rallɪ]
rúgbi (m)	регби	[regbɪ]
snowboard (m)	сноуборд	[snɔubɔrd]
arco-e-flecha (m)	секхӏад кхоссар	[sekh'ad qɔssar]

134. Ginásio

barra (f)	штанга	[ʃtang]
halteres (m pl)	гантелаш	[gantelaʃ]
aparelho (m) de musculação	тренажёр	[trenaʒor]
bicicleta (f) ergométrica	вилиспетан тренажёр	[wɪlɪspetan trenaʒor]

118

esteira (f) de corrida	бовду некъ	[bɔvdu neq?]
barra (f) fixa	васхал	[vashal]
barras (f pl) paralelas	брусаш	[brusaʃ]
cavalo (m)	конь	[kɔnj]
tapete (m) de ginástica	мат	[mat]

| aeróbica (f) | аэробика | [aerɔbɪk] |
| ioga, yoga (f) | йогалла | [jogall] |

135. Hóquei

hóquei (m)	хоккей	[hokkej]
jogador (m) de hóquei	хоккейхо	[hokkejho]
jogar hóquei	хоккейх ловза	[hokkejh lɔvz]
gelo (m)	ша	[ʃ]

disco (m)	шайба	[ʃajb]
taco (m) de hóquei	клюшка	[kluʃk]
patins (m pl) de gelo	канкеш	[kankeʃ]

| muro (m) | арло | ['aɣɔ] |
| tiro (m) | кхоссар | [qɔssar] |

goleiro (m)	кевнахо	[kevnaho]
gol (m)	гол	[gɔl]
marcar um gol	гол чутоха	[gɔl tʃutɔh]

| tempo (m) | мур | [mur] |
| banco (m) de reservas | сов ловзархочуна гlант | [sɔv lɔvzarhɔtʃun ɣant] |

136. Futebol

futebol (m)	футбол	[futbɔl]
jogador (m) de futebol	футболхо	[futbɔlho]
jogar futebol	футболах ловза	[futbɔlah lɔvz]

Time (m) Principal	уггар лакхара лига	[uggar laqar lɪg]
time (m) de futebol	футболан клуб	[futbɔlan klub]
treinador (m)	тренер	[trener]
proprietário (m)	да	[d]

equipe (f)	команда	[kɔmand]
capitão (m)	командин капитан	[kɔmandɪn kapɪtan]
jogador (m)	ловзархо	[lɔvzarhɔ]
jogador (m) reserva	сов ловзархо	[sɔv lɔvzarhɔ]

atacante (m)	тlелетарг	[t'eletarg]
centroavante (m)	юккъера тlелетарг	[jukq?er t'eletarg]
marcador (m)	бомбардир	[bɔmbardɪr]
defesa (m)	лардархо	[lardarhɔ]
meio-campo (m)	полузащитник	[pɔluzaçɪtnɪk]
jogo (m), partida (f)	матч	[matʃ]

encontrar-se (vr)	вовшахкхета	[vɔvʃahqet]
final (m)	финал	[fɪnal]
semifinal (f)	ахфинал	[ahfɪnal]
campeonato (m)	чемпионат	[ʧempɪɔnat]

tempo (m)	тайм	[tajm]
primeiro tempo (m)	I-ра тайм	[ʕra tajm]
intervalo (m)	садалар	[sada'ar]

goleira (f)	ков	[kɔv]
goleiro (m)	кевнахо	[kevnaho]
trave (f)	штанга	[ʃtang]
travessão (m)	васхал	[vashal]
rede (f)	бой	[bɔj]
tomar um gol	чекхдалийта	[ʧeqdalɪːt]

bola (f)	буьрка	[bʉrk]
passe (m)	пас, дӀадалар	[pas], [d'adalar]
chute (m)	тохар	[tɔhar]
chutar (vt)	тоха	[tɔh]
pontapé (m)	штрафан тохар	[ʃtrafan tɔhar]
escanteio (m)	арӀонгара тохар	['aɣɔngar tɔhar]

ataque (m)	атака	[atak]
contra-ataque (m)	контратака	[kɔntratak]
combinação (f)	комбинаци	[kɔmbɪnatsɪ]

árbitro (m)	арбитр	[arbɪtr]
apitar (vi)	шок етта	[ʃɔk ett]
apito (m)	шок	[ʃɔk]
falta (f)	дохор	[dɔhor]
cometer a falta	дохо	[dɔho]
expulsar (vt)	майдан тӀера дӀаваккха	[majdan t'er d'avakq]

cartão (m) amarelo	можа карточка	[mɔʒ kartɔʧk]
cartão (m) vermelho	цӀе карточка	[ts'e kartɔʧk]
desqualificação (f)	дисквалификаци	[dɪskvalɪfɪkatsɪ]
desqualificar (vt)	дисквалификаци ян	[dɪskvalɪfɪkatsɪ jan]

pênalti (m)	пенальти	[penaljtɪ]
barreira (f)	пен	[pen]
marcar (vt)	чутоха	[ʧutɔh]
gol (m)	гол	[gɔl]
marcar um gol	гол чутоха	[gɔl ʧutɔh]

substituição (f)	хийцар	[hɪːtsar]
substituir (vt)	хийца	[hɪːts]
regras (f pl)	бакъонаш	[baqʔonaʃ]
tática (f)	тактика	[taktɪk]

estádio (m)	стадион	[stadɪɔn]
arquibancadas (f pl)	трибуна	[trɪbun]
fã, torcedor (m)	фан, хьажархо	[fan], [haʒarhɔ]
gritar (vi)	мохь бетта	[mɔh bett]
placar (m)	табло	[tablɔ]
resultado (m)	чот	[ʧɔt]

derrota (f)	эшар	[ɛʃɑr]
perder (vt)	эша	[ɛʃ]
empate (m)	ничья	[nɪtʃj]
empatar (vi)	ничьях ловза	[nɪtʃjɑh lɔvz]

vitória (f)	толам	[tɔlɑm]
vencer (vi, vt)	тола	[tɔl]
campeão (m)	тоьлларг	[tøllɑrg]
melhor (adj)	уггар дикаха	[uggɑr dɪkɑh]
felicitar (vt)	декъалдан	[deqʔɑldɑn]

comentarista (m)	комментархо	[kɔmmentɑrhɔ]
comentar (vt)	комментареш яла	[kɔmmentɑreʃ jɑl]
transmissão (f)	трансляци	[trɑnsljɑʦɪ]

137. Esqui alpino

esqui (m)	когсалазаш	[kɔgsɑlɑzɑʃ]
esquiar (vi)	лыжаш хехка	[lɪʒɑʃ hehk]
estação (f) de esqui	горнолыжни курорт	[gɔrnɔlɪʒnɪ kurɔrt]
teleférico (m)	хьалаойург	[hɑlɑɔjurg]

bastões (m pl) de esqui	гlажаш	[ɣɑʒɑʃ]
declive (m)	басе	[bɑse]
slalom (m)	слалом	[slɑlɔm]

138. Tênis. Golfe

golfe (m)	гольф	[gɔljf]
clube (m) de golfe	гольфан-клуб	[gɔljfɑn klub]
jogador (m) de golfe	гольфан ловзархо	[gɔljfɑn lɔvzɑrhɔ]

buraco (m)	кlаг	[k'ɑg]
taco (m)	клюшка	[kluʃk]
trolley (m)	клюшкийн гlудалкх	[kluʃkɪːn ɣudɑlq]

tênis (m)	теннис	[tenɪs]
quadra (f) de tênis	корт	[kɔrt]
saque (m)	далар	[dɑlɑr]
sacar (vi)	дала	[dɑl]
raquete (f)	ракетка	[rɑketk]
rede (f)	бой	[bɔj]
bola (f)	буьрка	[burk]

139. Xadrez

xadrez (m)	шахматаш	[ʃɑhmɑtɑʃ]
peças (f pl) de xadrez	шахматаш	[ʃɑhmɑtɑʃ]
jogador (m) de xadrez	шахматхо	[ʃɑhmɑthɔ]
tabuleiro (m) de xadrez	шахматийн у	[ʃɑhmɑtɪːn u]

peça (f)	фигура	[fɪgur]
brancas (f pl)	кӏайн	[kʼajn]
pretas (f pl)	Iаьржа	[ˈærʒ]

peão (m)	жӏакки	[ʒʼakkɪ]
bispo (m)	пийл	[pɪːl]
cavalo (m)	говр	[gɔvr]
torre (f)	бӏов	[bʼɔv]
dama (f)	ферзь	[ferzʲ]
rei (m)	паччахь	[paʧah]

vez (f)	лелар	[lelar]
mover (vt)	лела	[lel]
sacrificar (vt)	таса	[tas]
roque (m)	паччахь хийцар	[paʧah hɪːtsar]
xeque (m)	шах	[ʃah]
xeque-mate (m)	мат	[mat]

torneio (m) de xadrez	шахматийн турнир	[ʃahmatɪːn turnɪr]
grão-mestre (m)	гроссмейстер	[grɔssmejster]
combinação (f)	комбинаци	[kɔmbɪnatsɪ]
partida (f)	парти	[partɪ]
jogo (m) de damas	шашкаш	[ʃaʃkaʃ]

140. Boxe

boxe (m)	бокс	[bɔks]
combate (m)	латар	[latar]
luta (f) de boxe	латар	[latar]
round (m)	раунд	[raund]

ringue (m)	ринг	[rɪng]
gongo (m)	жиргӏа	[ʒɪrɣ]

murro, soco (m)	тохар	[tɔhar]
derrubada (f)	нокдаун	[nɔkdaun]
nocaute (m)	нокаут	[nɔkaut]
nocautear (vt)	нокаут дан	[nɔkaut dan]

luva (f) de boxe	боксерски каран	[bɔkserskɪ karan]
juiz (m)	рефери	[referɪ]

peso-pena (m)	дайн дозалла	[dajn dɔzall]
peso-médio (m)	юккъера дозалла	[jukqʔer dɔzall]
peso-pesado (m)	деза дозалла	[dez dɔzall]

141. Desportos. Diversos

Jogos (m pl) Olímpicos	олимпан ловзараш	[ɔlɪmpan lɔvzaraʃ]
vencedor (m)	толамхо	[tɔlamho]
vencer (vi)	эшо	[ɛʃɔ]
vencer (vi, vt)	тола	[tɔl]

líder (m)	лидер	[lɪder]
liderar (vt)	лидер хила	[lɪder hɪl]

primeiro lugar (m)	хьалхара меттиг	[halhar mettɪg]
segundo lugar (m)	шолгІа меттиг	[ʃolɣ mettɪg]
terceiro lugar (m)	кхоалгІа меттиг	[qɔalɣ mettɪg]

medalha (f)	мидал	[mɪdal]
troféu (m)	хІонс	[h'ɔns]
taça (f)	кубок	[kubɔk]
prêmio (m)	совгІат	[sɔvɣat]
prêmio (m) principal	коьрта совгІат	[kørt sɔvɣat]

recorde (m)	рекорд	[rekɔrd]
estabelecer um recorde	рекорд хІотто	[rekɔrd h'ɔttɔ]

final (m)	финал	[fɪnal]
final (adj)	финалан	[fɪnalan]

campeão (m)	тоьлларг	[tøllarg]
campeonato (m)	чемпионат	[ʧempɪɔnat]

estádio (m)	стадион	[stadɪɔn]
arquibancadas (f pl)	трибуна	[trɪbun]
fã, torcedor (m)	фан, хьажархо	[fan], [haʒarhɔ]
adversário (m)	мостагІ	[mɔstaɣ]

partida (f)	старт	[start]
linha (f) de chegada	финиш	[fɪnɪʃ]

derrota (f)	эшор	[ɛʃɔr]
perder (vt)	эша	[ɛʃ]

árbitro, juiz (m)	суьдхо	[sᵾdhɔ]
júri (m)	жюри	[ʒᵾrɪ]
resultado (m)	счёт	[stʃot]
empate (m)	ничья	[nɪʧj]
empatar (vi)	ничьях ловза	[nɪʧjah lɔvz]
ponto (m)	очко	[ɔʧkɔ]
resultado (m) final	хилам	[hɪlam]

intervalo (m)	садаІар	[sada'ar]
doping (m)	допинг	[dɔpɪng]
penalizar (vt)	гІуда тоха	[ɣud tɔh]
desqualificar (vt)	дисквалификаци ян	[dɪskvalɪfɪkatsɪ jan]

aparelho, aparato (m)	гІирс	[ɣɪrs]
dardo (m)	гоьмукъ	[gømuq?]
peso (m)	хІоъ	[h'ɔ?]
bola (f)	горгал	[gɔrgal]

alvo, objetivo (m)	Іалашо	['alaʃɔ]
alvo (~ de papel)	гІакх	[ɣaq]
disparar, atirar (vi)	кхийса	[qɪːs]
preciso (tiro ~)	нийса	[nɪːs]
treinador (m)	тренер	[trener]

treinar (vt)	Іамо	[ˈɑmɔ]
treinar-se (vr)	Іама	[ˈɑm]
treino (m)	Іамор	[ˈɑmɔr]

academia (f) de ginástica	спортзал	[sportzɑl]
exercício (m)	упражнени	[uprɑʒnenɪ]
aquecimento (m)	дегІ хецадалийтар	[deɣ heʦɑdɑlɪːtɑr]

Educação

142. Escola

escola (f)	школа	[ʃkɔl]
diretor (m) de escola	директор	[dɪrektɔr]
aluno (m)	дешархо	[deʃarhɔ]
aluna (f)	дешархо	[deʃarhɔ]
estudante (m)	школахо	[ʃkɔlaho]
estudante (f)	школахо	[ʃkɔlaho]
ensinar (vt)	хьеха	[heh']
aprender (vt)	Iамо	['amɔ]
decorar (vt)	дагахь Iамо	[dagah 'amɔ]
estudar (vi)	Iама	['am]
estar na escola	Iама	['am]
ir à escola	школе ваха	[ʃkɔle vah]
alfabeto (m)	абат	[abat]
disciplina (f)	предмет	[predmet]
sala (f) de aula	класс	[klass]
lição, aula (f)	урок	[urɔk]
toque (m)	горгали	[gɔrgalɪ]
classe (f)	парта	[part]
quadro (m) negro	классан у	[klassan u]
nota (f)	отметка	[ɔtmetk]
boa nota (f)	дика отметка	[dɪk ɔtmetk]
nota (f) baixa	вон отметка	[vɔn ɔtmetk]
dar uma nota	отметка хIотто	[ɔtmetk h'ɔttɔ]
erro (m)	гIалат	[ɣalat]
errar (vi)	гIалат дан	[ɣalat dan]
corrigir (~ um erro)	нисдан	[nɪsdan]
cola (f)	шпаргалка	[ʃpargalk]
dever (m) de casa	цIера тIедиллар	[ts'er t'edɪllar]
exercício (m)	упражнени	[upraʒnenɪ]
estar presente	хила	[hɪl]
estar ausente	ца хила	[tsa hɪl]
punir (vt)	тIаIзар дан	[ta'zar dan]
punição (f)	тIаIзар	[ta'zar]
comportamento (m)	лелар	[lelar]
boletim (m) escolar	дневник	[dnevnɪk]
lápis (m)	къолам	[q?ɔlam]

borracha (f)	лаьстиг	[læstɪg]
giz (m)	мел	[mel]
porta-lápis (m)	гӀутакх	[ɣutɑq]

mala, pasta, mochila (f)	портфель	[pɔrtfelj]
caneta (f)	ручка	[rutʃk]
caderno (m)	тетрадь	[tetradʲ]
livro (m) didático	учебник	[utʃebnɪk]
compasso (m)	циркуль	[tsɪrkulj]

| traçar (vt) | дилла | [dɪll] |
| desenho (m) técnico | чертёж | [tʃertʲoʒ] |

poesia (f)	байт	[bajt]
de cor	дагахь	[dagah]
decorar (vt)	дагахь Ӏамо	[dagah 'amɔ]

| férias (f pl) | каникулаш | [kanɪkulaʃ] |
| estar de férias | каникулашт хилар | [kanɪkulaʃt hɪlar] |

teste (m), prova (f)	талламан болх	[tallaman bɔlh]
redação (f)	сочинени	[sɔtʃɪnenɪ]
ditado (m)	диктант	[dɪktant]
exame (m), prova (f)	экзамен	[ɛkzamen]
fazer prova	экзамен дӀаялар	[ɛkzamen d'ajalar]
experiência (~ química)	гӀулч	[ɣultʃ]

143. Colégio. Universidade

academia (f)	академи	[akademɪ]
universidade (f)	университет	[unɪwersɪtet]
faculdade (f)	факультет	[fakuljtet]

estudante (m)	студент	[student]
estudante (f)	студентка	[studentk]
professor (m)	хьехархо	[heharhɔ]
auditório (m)	аудитори	[audɪtɔrɪ]
graduado (m)	дешна ваьлларг	[deʃn vællarg]
diploma (m)	диплом	[dɪplɔm]
tese (f)	диссертаци	[dɪssertatsɪ]
estudo (obra)	таллар	[tallar]
laboratório (m)	лаборатори	[labɔratɔrɪ]

palestra (f)	лекци	[lektsɪ]
colega (m) de curso	курсахо	[kursahɔ]
bolsa (f) de estudos	стипенди	[stɪpendɪ]
grau (m) acadêmico	Ӏилманан дарж	['ɪlmanan darʒ]

144. Ciências. Disciplinas

| matemática (f) | математика | [matematɪk] |
| álgebra (f) | алгебра | [algebr] |

geometria (f)	геометри	[geɔmetrɪ]
astronomia (f)	астрономи	[astrɔnɔmɪ]
biologia (f)	биологи	[bɪɔlɔgɪ]
geografia (f)	географи	[geɔgrafɪ]
geologia (f)	геологи	[geɔlɔgɪ]
história (f)	истори	[ɪstɔrɪ]

medicina (f)	медицина	[medɪtsɪn]
pedagogia (f)	педагогика	[pedagɔgɪk]
direito (m)	бакъо	[baq?ɔ]

física (f)	физика	[fɪzɪk]
química (f)	хими	[hɪmɪ]
filosofia (f)	философи	[fɪlɔsɔfɪ]
psicologia (f)	психологи	[psɪhɔlɔgɪ]

145. Sistema de escrita. Ortografia

gramática (f)	грамматика	[grammatɪk]
vocabulário (m)	лексика	[leksɪk]
fonética (f)	фонетика	[fɔnetɪk]

substantivo (m)	цӏердош	[ts'erdɔʃ]
adjetivo (m)	билгалдош	[bɪlgaldɔʃ]
verbo (m)	хандош	[handɔʃ]
advérbio (m)	куцдош	[kutsdɔʃ]

pronome (m)	цӏерметдош	[ts'ermetdɔʃ]
interjeição (f)	айдардош	[ajdardɔʃ]
preposição (f)	предлог	[predlɔg]

raiz (f)	дешан орам	[deʃan ɔram]
terminação (f)	чаккхе	[tʃakqe]
prefixo (m)	дешхьалхе	[deʃhalhe]
sílaba (f)	дешдакъа	[deʃdaq?]
sufixo (m)	суффикс	[suffɪks]

acento (m)	тохар	[tɔhar]
apóstrofo (f)	апостроф	[apɔstrɔf]

ponto (m)	тӏадам	[t'adam]
vírgula (f)	цӏоьмалг	[ts'ømalg]
ponto e vírgula (m)	тӏадамца цӏоьмалг	[t'adamts ts'ømalg]
dois pontos (m pl)	ши тӏадам	[ʃɪ t'adam]
reticências (f pl)	тӏадамаш	[t'adamaʃ]

ponto (m) de interrogação	хаттаран хьаьрк	[hattaran hærk]
ponto (m) de exclamação	айдаран хьаьрк	[ajdaran hærk]

aspas (f pl)	кавычкаш	[kavɪtʃkaʃ]
entre aspas	кавычкаш юккъе	[kavɪtʃkaʃ jukq?e]
parênteses (m pl)	къовларш	[q?ɔvlarʃ]
entre parênteses	къовларш юккъе	[q?ɔvlarʃ jukq?e]
hífen (m)	сизалг	[sɪzalg]

travessão (m)	тиз	[tɪz]
espaço (m)	юкъ	[juqʔ]

letra (f)	элп	[ɛlp]
letra (f) maiúscula	доккха элп	[dɔkɑ ɛlp]

vogal (f)	мукъа аз	[muqʔ az]
consoante (f)	мукъаза аз	[muqʔaz az]

frase (f)	предложени	[predlɔʒenɪ]
sujeito (m)	подлежащи	[pɔdleʒaɕɪ]
predicado (m)	сказуеми	[skazuemɪ]

linha (f)	моrла	[mɔɣ]
em uma nova linha	керлачу моrлапера	[kerlatʃu mɔɣarer]
parágrafo (m)	абзац	[abzats]

palavra (f)	дош	[dɔʃ]
grupo (m) de palavras	дешнийн цхьаьнакхетар	[deʃnɪːn tshænaqetar]
expressão (f)	алар	[alar]
sinônimo (m)	синоним	[sɪnɔnɪm]
antônimo (m)	антоним	[antɔnɪm]

regra (f)	бакъо	[baqʔɔ]
exceção (f)	юкъарадаккхар	[juqʔaradakqar]
correto (adj)	нийса	[nɪːs]

conjugação (f)	хийцар	[hɪːtsar]
declinação (f)	легар	[legar]
caso (m)	дожар	[dɔʒar]
pergunta (f)	хаттар	[hattar]
sublinhar (vt)	билгалдаккха	[bɪlgaldakq]
linha (f) pontilhada	пунктир	[punktɪr]

146. Línguas estrangeiras

língua (f)	мотт	[mɔtt]
língua (f) estrangeira	кхечу мехкийн мотт	[qetʃu mehkɪːn mɔtt]
estudar (vt)	lамо	['amɔ]
aprender (vt)	lамо	['amɔ]

ler (vt)	еша	[eʃ]
falar (vi)	дийца	[dɪːts]
entender (vt)	кхета	[qet]
escrever (vt)	яздан	[jazdan]

rapidamente	сиха	[sɪh]
devagar, lentamente	меллаша	[mellaʃ]
fluentemente	паrрlат	[parɣat]

regras (f pl)	бакъонаш	[baqʔɔnaʃ]
gramática (f)	грамматика	[grammatɪk]
vocabulário (m)	лексика	[leksɪk]
fonética (f)	фонетика	[fɔnetɪk]

livro (m) didático	учебник	[uʧebnɪk]
dicionário (m)	дошам, словарь	[dɔʃam], [slɔvarʲ]
manual (m) autodidático	lамалург	[ˈamalurg]
guia (m) de conversação	къамеllаморг	[qʔamelʼamɔrg]

fita (f) cassete	кассета	[kasset]
videoteipe (m)	видеокассета	[wɪdeɔkasset]
CD (m)	CD	[sɪdɪ]
DVD (m)	DVD	[dɪwɪdɪ]

alfabeto (m)	алфавит	[alfawɪt]
soletrar (vt)	элпашц мотт бийца	[ɛlpaʃts mɔtt bɪːts]
pronúncia (f)	алар	[alar]

sotaque (m)	акцент	[akʦent]
com sotaque	акцент	[akʦent]
sem sotaque	акцент ца хила	[akʦent tsə hɪl]

| palavra (f) | дош | [dɔʃ] |
| sentido (m) | маьlна | [mæˈn] |

curso (m)	курсаш	[kursaʃ]
inscrever-se (vr)	дlаяздала	[dʼajazdal]
professor (m)	хьехархо	[heharhɔ]

tradução (processo)	дахьийтар	[dahɪːtar]
tradução (texto)	гоч дар	[gɔʧ dar]
tradutor (m)	талмаж	[talmaʒ]
intérprete (m)	талмаж	[talmaʒ]

| poliglota (m) | полиглот | [pɔlɪglɔt] |
| memória (f) | эс | [ɛs] |

147. Personagens de contos de fadas

| Papai Noel (m) | Санта Клаус | [sɑnt klɑus] |
| sereia (f) | хи-аьзни | [hɪ æznɪ] |

bruxo, feiticeiro (m)	бозбуунча	[bɔzbuˈunʧ]
fada (f)	бозбуунча	[bɔzbuˈunʧ]
mágico (adj)	бозбуунчаллин	[bɔzbuˈunʧallɪn]
varinha (f) mágica	шайтlанан гlаж	[ʃajtʼanan ɣaʒ]

| conto (m) de fadas | туьйра | [tujr] |
| milagre (m) | lаламат | [ˈalamat] |

| anão (m) | буьйдолг | [bujdɔlg] |
| transformar-se em ... | дерза | [derz] |

fantasma (m)	бlапларla	[bʼarlaɣ]
fantasma (m)	гlаларт	[ɣalart]
monstro (m)	lаламат	[ˈalamat]
dragão (m)	саьрмик	[særmɪk]
gigante (m)	дlуьтlа	[dʼjʉtʼ]

148. Signos do Zodíaco

Áries (f)	Овен	[ɔwen]
Touro (m)	Телец	[teleʦ]
Gêmeos (m pl)	Близнецы	[blɪznetsɪ]
Câncer (m)	Рак	[rak]
Leão (m)	Лев	[lev]
Virgem (f)	Дева	[dev]

Libra (f)	Весы	[wesɪ]
Escorpião (m)	Скорпион	[skɔrpɪɔn]
Sagitário (m)	Стрелец	[streleʦ]
Capricórnio (m)	Козерог	[kɔzerɔg]
Aquário (m)	Водолей	[vɔdɔlej]
Peixes (pl)	Рыбы	[rɪbɪ]

caráter (m)	амал	[amal]
traços (m pl) do caráter	амаллин башхала	[amallɪn baʃhal]
comportamento (m)	лелар	[lelar]
prever a sorte	пал тийса	[pal tɪːs]
adivinha (f)	палтуьйсург	[paltɥjsurg]
horóscopo (m)	гороскоп	[gɔrɔskɔp]

Artes

149. Teatro

teatro (m)	театр	[teatr]
ópera (f)	опера	[ɔper]
opereta (f)	оперетта	[ɔperett]
balé (m)	балет	[balet]
cartaz (m)	афиша	[afɪʃ]
companhia (f) de teatro	труппа	[trupp]
turnê (f)	гастролаш	[gastrɔlaʃ]
estar em turnê	гастролаш яла	[gastrɔlaʃ jal]
ensaiar (vt)	репетици ян	[repetɪʦɪ jan]
ensaio (m)	репетици	[repetɪʦɪ]
repertório (m)	репертуар	[repertuar]
apresentação (f)	хьожийла	[hɔʒɪːl]
espetáculo (m)	спектакль	[spektaklj]
peça (f)	пьеса	[pjes]
entrada (m)	билет	[bɪlet]
bilheteira (f)	билетан касса	[bɪletan kass]
hall (m)	чоь	[ʧø]
vestiário (m)	гардероб	[garderɔb]
senha (f) numerada	номер	[nɔmer]
binóculo (m)	турмал	[turmal]
lanterninha (m)	контролёр	[kɔntrɔljor]
plateia (f)	партер	[parter]
balcão (m)	балкон	[balkɔn]
primeiro balcão (m)	бельэтаж	[beljˈætaʒ]
camarote (m)	ложа	[lɔʒ]
fila (f)	морła	[mɔɣ]
assento (m)	меттиг	[mettɪg]
público (m)	гулбелларш	[gulbellarʃ]
espectador (m)	хьажархо	[haʒarhɔ]
aplaudir (vt)	тłараł детта	[tˈaraʃ dett]
aplauso (m)	аплодисменташ	[aplɔdɪsmentaʃ]
ovação (f)	оваци	[ɔvaʦɪ]
palco (m)	сцена	[sʦen]
cortina (f)	кирхьа	[kɪrh]
cenário (m)	декорации	[dekɔraʦɪ]
bastidores (m pl)	кулисаш	[kulɪsaʃ]
cena (f)	сурт	[surt]
ato (m)	дакъа	[daqʔ]
intervalo (m)	антракт	[antrakt]

150. Cinema

ator (m)	актёр	[aktʲor]
atriz (f)	актриса	[aktrɪs]
cinema (m)	кино	[kɪnɔ]
episódio (m)	сери	[serɪ]
filme (m) policial	детектив	[detektɪv]
filme (m) de ação	боевик	[bɔewɪk]
filme (m) de aventuras	хиллачеран фильм	[hɪllatʃeran fɪljm]
filme (m) de ficção científica	фонтазин фильм	[fɔntazɪn fɪljm]
filme (m) de horror	къематин фильм	[qʔematɪn fɪljm]
comédia (f)	кинокомеди	[kɪnɔkɔmedɪ]
melodrama (m)	мелодрама	[melɔdram]
drama (m)	драма	[dram]
filme (m) de ficção	исбаьхьаллин фильм	[ɪsbæhallɪn fɪljm]
documentário (m)	бакъдолчуна тlера фильм	[baqʔdɔltʃun tʲer fɪljm]
desenho (m) animado	мультфильм	[muljtfɪljm]
cinema (m) mudo	аз доцу кино	[az dɔtsu kɪnɔ]
papel (m)	роль	[rɔlj]
papel (m) principal	коьрта роль	[kørt rɔlj]
representar (vt)	лело	[lelɔ]
estrela (f) de cinema	кинозвезда	[kɪnɔzwezd]
conhecido (adj)	гlарадаьлла	[ɣaradæll]
famoso (adj)	гlарадаьлла	[ɣaradæll]
popular (adj)	гlраваьлла	[ɣravæll]
roteiro (m)	сценари	[stsenarɪ]
roteirista (m)	сценарихо	[stsenarɪho]
diretor (m) de cinema	режиссёр	[reʒɪsʲor]
produtor (m)	продюсер	[prɔdɨser]
assistente (m)	ассистент	[assɪstent]
diretor (m) de fotografia	оператор	[ɔperatɔr]
dublê (m)	каскадёр	[kaskadʲor]
filmar (vt)	фильм яккха	[fɪljm jakq]
audição (f)	хьажар	[haʒar]
filmagem (f)	яккхар	[jakqar]
equipe (f) de filmagem	кино йоккху группа	[kɪnɔ jokqu grupp]
set (m) de filmagem	кино йоккху майда	[kɪnɔ jokqu majd]
câmera (f)	кинокамера	[kɪnɔkamer]
cinema (m)	кинотеатр	[kɪnɔteatr]
tela (f)	экран	[ɛkran]
exibir um filme	фильм гайта	[fɪljm gajt]
trilha (f) sonora	аьзнийн дорожк	[æznɪːn dɔrɔʒk]
efeitos (m pl) especiais	леррина эффекташ	[lerrɪn ɛffektaʃ]
legendas (f pl)	субтитраш	[subtɪtraʃ]
crédito (m)	титраш	[tɪtraʃ]
tradução (f)	гоч дар	[gɔtʃ dar]

151. Pintura

arte (f)	исбаьхьалла	[ɪsbæhall]
belas-artes (f pl)	исбаьхьаллин говзалла	[ɪsbæhallɪn govzall]
galeria (f) de arte	галерей	[galerej]
exibição (f) de arte	сурташ гайтар	[surtaʃ gajtar]

pintura (f)	суьрташ дахкар	[surtaʃ dahkar]
arte (f) gráfica	графика	[grafɪk]
arte (f) abstrata	абстракционизм	[abstraktsɪɔnɪzm]
impressionismo (m)	импрессионизм	[ɪmpressɪɔnɪzm]

pintura (f), quadro (m)	суьрт	[surt]
desenho (m)	сурт	[surt]
cartaz, pôster (m)	плакат	[plakat]

ilustração (f)	иллюстраци	[ɪllustratsɪ]
miniatura (f)	миниатюра	[mɪnɪatur]
cópia (f)	копи	[kɔpɪ]
reprodução (f)	репродукци	[reprɔduktsɪ]

mosaico (m)	мозаика	[mɔzaɪk]
vitral (m)	витраж	[wɪtraʒ]
afresco (m)	фреска	[fresk]
gravura (f)	огана	[ɔgan]

busto (m)	бюст	[bust]
escultura (f)	скульптура	[skuljptur]
estátua (f)	статуя	[statuj]
gesso (m)	гипс	[gɪps]
em gesso (adj)	гипсехь	[gɪpseh]

retrato (m)	портрет	[pɔrtret]
autorretrato (m)	автопортрет	[avtɔpɔrtret]
paisagem (f)	сурт	[surt]
natureza (f) morta	натюрморт	[naturmɔrt]
caricatura (f)	карикатура	[karɪkatur]
esboço (m)	сурт	[surt]

tinta (f)	басар	[basar]
aquarela (f)	акварель	[akvarelj]
tinta (f) a óleo	даьтта	[dætt]
lápis (m)	къолам	[qʔɔlam]
tinta (f) nanquim	шекъа	[ʃeqʔ]
carvão (m)	кІора	[kʼɔr]

desenhar (vt)	сурт дилла	[surt dɪll]
pintar (vt)	сурт дилла	[surt dɪll]
posar (vi)	позе хІотта	[pɔze hʼɔtt]
modelo (m)	натурахо	[naturaho]
modelo (f)	натурахо	[naturaho]

pintor (m)	исбаьхьалча	[ɪsbæhaltʃ]
obra (f)	произведени	[prɔɪzwedenɪ]
obra-prima (f)	шедевр	[ʃedevr]

estúdio (m)	пхьалгӏа	[phalɣ]
tela (f)	гата	[gat]
cavalete (m)	мольберт	[mɔljbert]
paleta (f)	палитра	[palɪtr]

moldura (f)	гур	[gur]
restauração (f)	реставраци	[restavratsɪ]
restaurar (vt)	реставраци ян	[restavratsɪ jan]

152. Literatura & Poesia

literatura (f)	литература	[lɪteratur]
autor (m)	автор	[avtɔr]
pseudônimo (m)	псевдоним	[psevdɔnɪm]

livro (m)	книшка	[knɪʃk]
volume (m)	том	[tɔm]
índice (m)	чулацам	[ʧulatsam]
página (f)	аrӏо	[ˈaɣɔ]
protagonista (m)	коьрта турпалхо	[kørt turpalho]
autógrafo (m)	автограф	[avtɔgraf]

conto (m)	дийцар	[dɪːtsar]
novela (f)	повесть	[pɔwestʲ]
romance (m)	роман	[rɔman]
obra (f)	сочинени	[sɔʧɪnenɪ]
fábula (m)	басни	[basnɪ]
romance (m) policial	детектив	[detektɪv]

verso (m)	байт	[bajt]
poesia (f)	поэзи	[pɔɛzɪ]
poema (m)	поэма	[pɔɛm]
poeta (m)	илланча	[ɪllanʧ]

ficção (f)	беллетристика	[belletrɪstɪk]
ficção (f) científica	ӏилманан фантастика	[ˈɪlmanan fantastɪk]
aventuras (f pl)	хилларг	[hɪllarg]
literatura (f) didática	дешаран литература	[deʃaran lɪteratur]
literatura (f) infantil	берийн литература	[berɪːn lɪteratur]

153. Circo

circo (m)	цирк	[tsɪrk]
circo (m) ambulante	цирк-шапито	[tsɪrk ʃapɪtɔ]
programa (m)	программа	[prɔgramm]
apresentação (f)	хьожийла	[hɔʒɪːl]

número (m)	номер	[nɔmer]
picadeiro (f)	майда	[majd]

pantomima (f)	пантомима	[pantɔmɪm]
palhaço (m)	жухарг	[ʒuharg]

acrobata (m)	пелхьо	[pelhɔ]
acrobacia (f)	пелхьолла	[pelhɔll]
ginasta (m)	гимнастхо	[gɪmnɑstho]
ginástica (f)	гимнастика	[gɪmnɑstɪk]
salto (m) mortal	сальто	[sɑljtɔ]

homem (m) forte	атлет	[ɑtlet]
domador (m)	караламорхо	[kɑrɑ'ɑmɔrhɔ]
cavaleiro (m) equilibrista	бере	[bere]
assistente (m)	ассистент	[ɑssɪstent]

truque (m)	трюк	[trʉk]
truque (m) de mágica	бозбуунчалла	[bɔzbu'untʃɑll]
ilusionista (m)	бозбуунча	[bɔzbu'untʃ]

malabarista (m)	жонглёр	[ʒɔnglʲor]
fazer malabarismos	жонглировать дан	[ʒɔnglɪrɔvɑtʲ dɑn]
adestrador (m)	караламорг	[kɑrɑ'ɑmɔrg]
adestramento (m)	караламор	[kɑrɑ'ɑmɔr]
adestrar (vt)	караламо	[kɑrɑ'ɑmɔ]

154. Música. Música popular

música (f)	музыка	[muzɪk]
músico (m)	музыкант	[muzɪkɑnt]
instrumento (m) musical	музыкин гӀирс	[muzɪkɪn ɣɪrs]
tocar ...	лакха	[lɑq]

guitarra (f)	гитара	[gɪtɑr]
violino (m)	чӀондарг	[tʃʼɔndɑrg]
violoncelo (m)	виолончель	[wɪɔlɔntʃelj]
contrabaixo (m)	контрабас	[kɔntrɑbɑs]
harpa (f)	арфа	[ɑrf]

piano (m)	пианино	[pɪɑnɪnɔ]
piano (m) de cauda	рояль	[rɔjɑlj]
órgão (m)	орган	[ɔrgɑn]

instrumentos (m pl) de sopro	зурманийн гӀирсаш	[zurmɑnɪːn ɣɪrsɑʃ]
oboé (m)	гобой	[gɔbɔj]
saxofone (m)	саксофон	[sɑksɔfɔn]
clarinete (m)	кларнет	[klɑrnet]
flauta (f)	флейта	[flejt]
trompete (m)	зурма	[zurm]

| acordeão (m) | кехатпондар | [kehɑtpɔndɑr] |
| tambor (m) | вота | [vɔt] |

dueto (m)	дуэт	[duɛt]
trio (m)	трио	[trɪɔ]
quarteto (m)	квартет	[kvɑrtet]
coro (m)	хор	[hor]
orquestra (f)	оркестр	[ɔrkestr]
música (f) pop	рок-музыка	[rɔk muzɪk]

música (f) rock	рок-музыка	[rɔk muzɪk]
grupo (m) de rock	рок-группа	[rɔk grupp]
jazz (m)	джаз	[dʒɑz]
ídolo (m)	цӏу	[ts'u]
fã, admirador (m)	ларамхо	[lɑrɑmho]
concerto (m)	концерт	[kɔntsert]
sinfonia (f)	симфони	[sɪmfɔnɪ]
composição (f)	сочинени	[sɔtʃɪnenɪ]
compor (vt)	кхолла	[qɔll]
canto (m)	лакхар	[lɑqɑr]
canção (f)	илли	[ɪllɪ]
melodia (f)	мукъам	[muq?ɑm]
ritmo (m)	ритм	[rɪtm]
blues (m)	блюз	[blʉz]
notas (f pl)	ноташ	[nɔtɑʃ]
batuta (f)	гӏаж	[ɣɑʒ]
arco (m)	чӏоӏндаргӏа	[tʃ'ɔndɑrɣ]
corda (f)	мерз	[merz]
estojo (m)	ботт	[bɔtt]

Descanso. Entretenimento. Viagens

155. Viagens

turismo (m)	туризм	[turɪzm]
turista (m)	турист	[turɪst]
viagem (f)	араваьлла лелар	[aravæll lelar]
aventura (f)	хилларг	[hɪllarg]
percurso (curta viagem)	дахар	[dahar]
férias (f pl)	отпуск	[ɔtpusk]
estar de férias	отпускехь хилар	[ɔtpuskeh hɪlar]
descanso (m)	садалар	[sada'ar]
trem (m)	цӀерпошт	[ts'erpɔʃt]
de trem (chegar ~)	цӀерпоштахь	[ts'erpɔʃtah]
avião (m)	кема	[kem]
de avião	кеманца	[kemants]
de carro	машина тӀехь	[maʃɪn t'eh]
de navio	кеманца	[kemants]
bagagem (f)	кира	[kɪr]
mala (f)	чамда	[tʃamd]
carrinho (m)	киран гӀудакх	[kɪran ɣudaq]
passaporte (m)	паспорт	[paspɔrt]
visto (m)	виза	[wɪz]
passagem (f)	билет	[bɪlet]
passagem (f) aérea	авиабилет	[awɪabɪlet]
guia (m) de viagem	некъгойтург	[neq?gɔjturg]
mapa (m)	карта	[kart]
área (f)	меттиг	[mettɪg]
lugar (m)	меттиг	[mettɪg]
exotismo (m)	экзотика	[ɛkzɔtɪk]
exótico (adj)	экзотикин	[ɛkzɔtɪkɪn]
surpreendente (adj)	тамашена	[tamaʃən]
grupo (m)	группа	[grupp]
excursão (f)	экскурси	[ɛkskursɪ]
guia (m)	экскурсилелорхо	[ɛkskursɪlelɔrhɔ]

156. Hotel

hotel (m)	хьешийн цӀа	[heʃiːn ts'a]
motel (m)	мотель	[mɔtelj]
três estrelas	кхо седа	[qø sed]

| cinco estrelas | пхи седа | [phɪ sed] |
| ficar (vi, vt) | саца | [sɑts] |

quarto (m)	номер	[nɔmer]
quarto (m) individual	цхьа меттиг йолу номер	[tsha mettɪg jolu nɔmer]
quarto (m) duplo	шиъ меттиг йолу номер	[ʃɪʔ mettɪg jolu nɔmer]
reservar um quarto	номер бронь ян	[nɔmer brɔnj jan]

| meia pensão (f) | полупансион | [pɔlupɑnsɪɔn] |
| pensão (f) completa | йиззина пансион | [jɪzzɪn pɑnsɪɔn] |

com banheira	ваннер	[vɑnner]
com chuveiro	душер	[duʃer]
televisão (m) por satélite	спутникови телевидени	[sputnɪkɔwɪ telewɪdenɪ]
ar (m) condicionado	кондиционер	[kɔndɪtsɪɔner]
toalha (f)	гата	[gɑt]
chave (f)	догӏа	[dɔɣ]

administrador (m)	администратор	[admɪnɪstrɑtɔr]
camareira (f)	хӏусамчӏа	[h'usɑmtʃ]
bagageiro (m)	киранхо	[kɪranho]
porteiro (m)	портье	[pɔrtje]

restaurante (m)	ресторан	[restɔran]
bar (m)	бар	[bɑr]
café (m) da manhã	марта	[mɑrt]
jantar (m)	пхьор	[phɔr]
bufê (m)	шведийн стоьл	[ʃwedɪːn støl]

| saguão (m) | вестибюль | [westɪbʉlj] |
| elevador (m) | лифт | [lɪft] |

NÃO PERTURBE	МА ХЬЕВЕ	[ma hewe]
PROIBIDO FUMAR!	ЦИГАЬРКА ОЗА	[tsɪgærk ɔz
	МЕГАШ ДАЦ!	megaʃ dats]

157. Livros. Leitura

livro (m)	книшка	[knɪʃk]
autor (m)	автор	[avtɔr]
escritor (m)	яздархо	[jazdɑrhɔ]
escrever (~ um livro)	язъян	[jaz?jan]

leitor (m)	ешархо	[eʃɑrhɔ]
ler (vt)	еша	[eʃ]
leitura (f)	ешар	[eʃar]

| para si | дагахь | [dɑgah] |
| em voz alta | хезаш | [hezaʃ] |

publicar (vt)	арахеца	[arahets]
publicação (f)	арахецар	[arahetsar]
editor (m)	арахецархо	[arahetsarhɔ]
editora (f)	издательство	[ɪzdateljstvɔ]

sair (vi)	арадала	[aradal]
lançamento (m)	арадалар	[aradalar]
tiragem (f)	тираж	[tıraʒ]
livraria (f)	книшкийн туька	[knıʃkɪːn tʉk]
biblioteca (f)	библиотека	[bıblɪɔtek]
novela (f)	повесть	[pɔwestʲ]
conto (m)	дийцар	[dɪːtsar]
romance (m)	роман	[rɔman]
romance (m) policial	детектив	[detektɪv]
memórias (f pl)	мемуараш	[memuaraʃ]
lenda (f)	дийцар	[dɪːtsar]
mito (m)	миф	[mɪf]
poesia (f)	байташ	[bajtaʃ]
autobiografia (f)	автобиографи	[avtobɪɔgrafɪ]
obras (f pl) escolhidas	хаьржина	[hærʒɪn]
ficção (f) científica	фантастика	[fantastɪk]
título (m)	цIе	[tsʼe]
introdução (f)	чудалор	[tʃudalɔr]
folha (f) de rosto	титулан arlo	[tıtulan aɣɔ]
capítulo (m)	корта	[kɔrt]
excerto (m)	дакъа	[daqʔ]
episódio (m)	эпизод	[ɛpɪzɔd]
enredo (m)	сюжет	[sʉʒet]
conteúdo (m)	чулацам	[tʃulatsam]
índice (m)	чулацам	[tʃulatsam]
protagonista (m)	коьрта турпалхо	[kørt turpalho]
volume (m)	том	[tɔm]
capa (f)	мужалт	[muʒalt]
encadernação (f)	мужалт яр	[muʒalt jar]
marcador (m) de página	юкъаюьллург	[juqʔajullurg]
página (f)	arlo	[ˈaɣɔ]
folhear (vt)	херца	[herts]
margem (f)	йистош	[jıstɔʃ]
anotação (f)	билгало	[bɪlgalɔ]
nota (f) de rodapé	билгалдаккхар	[bɪlgaldakqar]
texto (m)	текст	[tekst]
fonte (f)	зорба	[zɔrb]
falha (f) de impressão	гIалат кхетар	[ɣalat qetar]
tradução (f)	гоч	[gɔtʃ]
traduzir (vt)	гочдинарг	[gɔtʃdɪnarg]
original (m)	бакъдерг	[baqʔderg]
famoso (adj)	гIарадаьлла	[ɣaradæll]
desconhecido (adj)	девзаш доцу	[devzaʃ dotsu]
interessante (adj)	самукъане	[samuqʔane]

best-seller (m)	бестселлер	[bestseller]
dicionário (m)	дошам, словарь	[dɔʃam], [slovarʲ]
livro (m) didático	учебник	[utʃebnɪk]
enciclopédia (f)	энциклопеди	[ɛntsɪklɔpedɪ]

158. Caça. Pesca

caça (f)	таллар	[tallar]
caçar (vi)	талла эха	[tall ɛh]
caçador (m)	талархо	[tallarhɔ]

disparar, atirar (vi)	кхийса	[qɪːs]
rifle (m)	топ	[tɔp]
cartucho (m)	патарма	[patarm]
chumbo (m) de caça	дробь	[drɔbʲ]

armadilha (f)	гура	[gur]
armadilha (com corda)	речlа	[retʃ]
pôr a armadilha	гура боrlа	[gur bɔɣ]

caçador (m) furtivo	браконьер	[brakɔnjer]
caça (animais)	экха	[ɛq]
cão (m) de caça	таллархойн жlаьла	[tallarhɔjn ʒˈæl]

| safári (m) | сафари | [safarɪ] |
| animal (m) empalhado | мунда | [mund] |

pescador (m)	чlерийлецархо	[tʃ'erɪːletsarhɔ]
pesca (f)	чlерийлецар	[tʃ'erɪːletsar]
pescar (vt)	чlерий леца	[tʃ'erɪː lets]

vara (f) de pesca	мlара	[m'ar]
linha (f) de pesca	леска	[lesk]
anzol (m)	мlара	[m'ar]

| boia (f), flutuador (m) | тlус | [t'us] |
| isca (f) | кхоллург | [qɔllurg] |

| lançar a linha | къийдамаш бан | [q?ɪːdamaʃ ban] |
| morder (peixe) | муьрг етта | [murg ett] |

| pesca (f) | лецна | [letsn] |
| buraco (m) no gelo | lуьрг | [ˈurg] |

rede (f)	бой	[bɔj]
barco (m)	кема	[kem]
pescar com rede	бойца леца	[bɔjts lets]

| lançar a rede | бой чукхосса | [bɔj tʃuqɔss] |
| puxar a rede | бой аратакхо | [bɔj arataqɔ] |

baleeiro (m)	китобой	[kɪtɔbɔj]
baleeira (f)	китобойни кема	[kɪtɔbɔjnɪ kem]
arpão (m)	чаьнчакх	[tʃæntʃaq]

159. Jogos. Bilhar

bilhar (m)	биллиард	[bɪllɪɑrd]
sala (f) de bilhar	биллиардан	[bɪllɪɑrdɑn]
bola (f) de bilhar	биллиардан шар	[bɪllɪɑrdɑn ʃɑr]
embolsar uma bola	шар чутоха	[ʃɑr ʧutɔh]
taco (m)	кий	[kɪ:]
caçapa (f)	луза	[luz]

160. Jogos. Jogar cartas

ouros (m pl)	черо	[ʧerɔ]
espadas (f pl)	IаьржбIаьрГ	['ærʒbærg]
copas (f pl)	черви	[ʧerwɪ]
paus (m pl)	IаьржабIаьргаш	['ærʒabærgaʃ]
ás (m)	тIуз	[t'uz]
rei (m)	паччахь	[paʧah]
dama (f), rainha (f)	йоI	[joʕ]
valete (m)	салти	[saltɪ]
carta (f) de jogar	ловзо кехат	[lɔvzɔ kehat]
cartas (f pl)	кехаташ	[kehataʃ]
trunfo (m)	козар	[kɔzar]
baralho (m)	туп	[tup]
dar, distribuir (vt)	декъа	[deqʔ]
embaralhar (vt)	эдан	[ɛdan]
vez, jogada (f)	дахар	[dahar]
trapaceiro (m)	хьарамча	[haramʧ]

161. Casino. Roleta

cassino (m)	казино	[kazɪnɔ]
roleta (f)	рулетка	[ruletk]
aposta (f)	диллар	[dɪllar]
apostar (vt)	дилла	[dɪll]
vermelho (m)	цIен	[ts'en]
preto (m)	Iаьржа	['ærʒ]
apostar no vermelho	цIенчун тIе дилла	[ts'enʧun t'e dɪll]
apostar no preto	Iаьржчун тIе дилла	['ærʒʧun t'e dɪll]
croupier (m, f)	крупье	[krupje]
girar da roleta	бера хьийзо	[ber hɪ:zɔ]
regras (f pl) do jogo	ловзаран бакъонаш	[lɔvzaran baqʔɔnaʃ]
ficha (f)	фишка	[fɪʃk]
ganhar (vi, vt)	даккха	[dakq]
ganho (m)	даккхар	[dakqar]

| perder (dinheiro) | эша | [ɛʃ] |
| perda (f) | эшар | [ɛʃar] |

jogador (m)	ловзархо	[lɔvzarhɔ]
blackjack, vinte-e-um (m)	блэк джэк	[blɛk dʒɛk]
jogo (m) de dados	даьлахках ловзар	[dæ'ahkah lɔvzar]
caça-níqueis (m)	ловзо автомат	[lɔvzɔ avtɔmat]

162. Descanso. Jogos. Diversos

passear (vi)	доладала	[dɔladal]
passeio (m)	доладалар	[dɔladalar]
viagem (f) de carro	доладалар	[dɔladalar]
aventura (f)	хилларг	[hɪllarg]
piquenique (m)	пикник	[pɪknɪk]

jogo (m)	ловзар	[lɔvzar]
jogador (m)	ловзархо	[lɔvzarhɔ]
partida (f)	парти	[partɪ]

colecionador (m)	гулдархо	[guldarhɔ]
colecionar (vt)	гулъян	[gul?jan]
coleção (f)	гулдар	[guldar]

palavras (f pl) cruzadas	кроссворд	[krɔssvɔrd]
hipódromo (m)	ипподром	[ɪppɔdrɔm]
discoteca (f)	дискотека	[dɪskɔtek]

| sauna (f) | сауна | [saun] |
| loteria (f) | лотерей | [lɔterej] |

campismo (m)	поход	[pɔhod]
acampamento (m)	лагерь	[lagerʲ]
barraca (f)	четар	[tʃetar]
bússola (f)	къилба	[q?ɪlb]
campista (m)	турист	[turɪst]

ver (vt), assistir à ...	хьежа	[heʒ]
telespectador (m)	телехьажархо	[telehaʒarhɔ]
programa (m) de TV	телепередача	[teleperedatʃ]

163. Fotografia

| máquina (f) fotográfica | фотоаппарат | [fotɔapparat] |
| foto, fotografia (f) | фото, сурт | [fotɔ], [surt] |

fotógrafo (m)	суьрташдохург	[surtaʃdɔhurg]
estúdio (m) fotográfico	фотостуди	[fotɔstudɪ]
álbum (m) de fotografias	фотоальбом	[fotɔaljbɔm]

| lente (f) fotográfica | объектив | [ɔb?ektɪv] |
| lente (f) teleobjetiva | телеобъектив | [teleɔb?ektɪv] |

| filtro (m) | фильтр | [fɪljtr] |
| lente (f) | линза | [lɪnz] |

ótica (f)	оптика	[ɔptɪk]
abertura (f)	диафрагма	[dɪɑfrɑgm]
exposição (f)	выдержка	[vɪderʒk]
visor (m)	видоискатель	[wɪdɔɪskɑtelj]

câmera (f) digital	цифрийн камера	[tsɪfrɪːn kɑmer]
tripé (m)	штатив	[ʃtɑtɪv]
flash (m)	эккхар	[ɛkqɑr]

fotografar (vt)	сурт даккха	[surt dɑkq]
tirar fotos	даккха	[dɑkq]
fotografar-se (vr)	сурт даккхийта	[surt dɑkqɪːt]

foco (m)	резкость	[rezkɔstʲ]
focar (vt)	резкостан тӏедало	[rezkɔstan tʼedalɔ]
nítido (adj)	чӏоарла	[tʃʼɔ'aɣ]
nitidez (f)	чӏоарла хилар	[tʃʼɔ'aɣ hɪlar]

| contraste (m) | къастам | [qʔastam] |
| contrastante (adj) | къастаме | [qʔastame] |

retrato (m)	сурт	[surt]
negativo (m)	негатив	[negatɪv]
filme (m)	фотоплёнка	[fɔtəplʲonk]
fotograma (m)	кадр	[kadr]
imprimir (vt)	зорба тоха	[zɔrb tɔh]

164. Praia. Natação

praia (f)	пляж	[pljaʒ]
areia (f)	гӏум	[ɣum]
deserto (adj)	гӏум-аренан	[ɣum arenan]

bronzeado (m)	кхарзавалар	[qarzavalar]
bronzear-se (vr)	вага	[vag]
bronzeado (adj)	маьлхо дагийна	[mælho dagɪːn]
protetor (m) solar	кхарзваларан дуьхьал крем	[qarzvalaran dɨhal krem]

biquíni (m)	бикини	[bɪkɪnɪ]
maiô (m)	луьйчушъюхург	[lɨjtʃuʃʔɨhurg]
calção (m) de banho	плавкаш	[plavkaʃ]

piscina (f)	бассейн	[bassejn]
nadar (vi)	нека дан	[nek dan]
chuveiro (m), ducha (f)	душ	[duʃ]
mudar, trocar (vt)	бедар хийца	[bedar hɪːts]
toalha (f)	гата	[gat]

| barco (m) | кема | [kem] |
| lancha (f) | катер | [kater] |

esqui (m) aquático	хин лыжаш	[hɪn lɪʒɑʃ]
barco (m) de pedais	хин вилиспет	[hɪn wɪlɪspet]
surf, surfe (m)	серфинг	[serfɪng]
surfista (m)	серфингхо	[serfɪnho]

equipamento (m) de mergulho	акваланг	[ɑkvɑlɑng]
pé (m pl) de pato	пиллигаш	[pɪllɪgɑʃ]
máscara (f)	маска	[mɑsk]
mergulhador (m)	чулелхархо	[ʧulelharhɔ]
mergulhar (vi)	чулелха	[ʧulelh]
debaixo d'água	хин кӏел	[hɪn k'el]

guarda-sol (m)	зонтик	[zɔntɪk]
espreguiçadeira (f)	шезлонг	[ʃezlong]
óculos (m pl) de sol	куьзганаш	[kʉzgɑnɑʃ]
colchão (m) de ar	нека дан гоь	[nek dɑn gø]

| brincar (vi) | ловза | [lɔvz] |
| ir nadar | лийча | [lɪːʧ] |

bola (f) de praia	буьрка	[bʉrk]
encher (vt)	дуса	[dus]
inflável (adj)	дусу	[dusu]

onda (f)	тулгӏе	[tulɣe]
boia (f)	буй	[buj]
afogar-se (vr)	бухадаха	[buhadɑh]

salvar (vt)	кӏелхьардакхха	[k'elhardɑqh]
colete (m) salva-vidas	кӏелхьарвоккху жилет	[k'elhɑrvɔkqu ʒɪlet]
observar (vt)	тергам бан	[tergɑm bɑn]
salva-vidas (pessoa)	кӏелхьардакххархо	[k'elhardɑqharhɔ]

EQUIPAMENTO TÉCNICO. TRANSPORTES

Equipamento técnico. Transportes

165. Computador

computador (m)	компьютер	[kɔmpjʉter]
computador (m) portátil	ноутбук	[nɔutbuk]
ligar (vt)	лато	[latɔ]
desligar (vt)	дӀадайа	[d'adaj]
teclado (m)	клавиатура	[klawɪatur]
tecla (f)	пиллиг	[pɪllɪg]
mouse (m)	мышь	[mɪʃ]
tapete (m) para mouse	кузан цуьрг	[kuzan tsʉrg]
botão (m)	кнопка	[knɔpk]
cursor (m)	курсор	[kursɔr]
monitor (m)	монитор	[mɔnɪtɔr]
tela (f)	экран	[ɛkran]
disco (m) rígido	жёстки диск	[ʒostkɪ dɪsk]
capacidade (f) do disco rígido	жестки дискан барам	[ʒestkɪ dɪskan baram]
memória (f)	эс	[ɛs]
memória RAM (f)	оперативни эс	[ɔperatɪvnɪ ɛs]
arquivo (m)	файл	[fajl]
pasta (f)	папка	[papk]
abrir (vt)	схьаделла	[shadell]
fechar (vt)	дӀакъовла	[d'aqʔɔvl]
salvar (vt)	Ӏалашдан	['alaʃdan]
deletar (vt)	дӀадаккха	[d'adakq]
copiar (vt)	копи яккха	[kɔpɪ jakq]
ordenar (vt)	сорташ дан	[sɔrtaʃ dan]
copiar (vt)	схьаяздан	[shajazdan]
programa (m)	программа	[prɔgramm]
software (m)	программни кхачам	[prɔgrammnɪ qatʃam]
programador (m)	программист	[prɔgrammɪst]
programar (vt)	программа хӀотто	[prɔgramm h'ɔtto]
hacker (m)	хакер	[haker]
senha (f)	пароль	[parɔlj]
vírus (m)	вирус	[wɪrus]
detectar (vt)	каро	[karɔ]
byte (m)	байт	[bajt]

megabyte (m)	мегабайт	[megabajt]
dados (m pl)	хаамаш	[ha'amaʃ]
base (f) de dados	хаамашан база	[ha'amaʃan baz]

cabo (m)	кабель	[kabelj]
desconectar (vt)	дӏадаккха	[d'adakq]
conectar (vt)	вовшахтаса	[vovʃahtas]

166. Internet. E-mail

internet (f)	интернет	[ɪnternet]
browser (m)	браузер	[brauzer]
motor (m) de busca	лехамийн ресурс	[lehamɪːn resurs]
provedor (m)	провайдер	[provajder]

webmaster (m)	веб-мастер	[web master]
website (m)	веб-сайт	[web sajt]
web page (f)	веб-arlo	[web aɣɔ]

| endereço (m) | адрес | [adres] |
| livro (m) de endereços | адресийн книга | [adresɪːn knɪg] |

| caixa (f) de correio | поштан яьшка | [poʃtan jæʃk] |
| correio (m) | пошт | [poʃt] |

mensagem (f)	хаам	[ha'am]
remetente (m)	дӏадахьийтинарг	[d'adahɪːtɪnarg]
enviar (vt)	дӏадахьийта	[d'adahɪːt]
envio (m)	дӏадахьийтар	[d'adahɪːtar]

| destinatário (m) | схьаэцархо | [shaetsarhɔ] |
| receber (vt) | зхьаэца | [zhaets] |

| correspondência (f) | кехаташ дӏасакхехьийтар | [kehataʃ d'asaqehɪːtar] |
| corresponder-se (vr) | кехаташ дӏасакхехьийта | [kehataʃ d'asaqehɪːt] |

arquivo (m)	файл	[fajl]
fazer download, baixar (vt)	чудаккха	[tʃudakq]
criar (vt)	кхолла	[qoll]
deletar (vt)	дӏадаккха	[d'adakq]
deletado (adj)	дӏадаькккхнарг	[d'adækqnarg]

conexão (f)	дазар	[dazar]
velocidade (f)	сихалла	[sɪhall]
modem (m)	модем	[mɔdem]

| acesso (m) | тӏекхочийла | [t'eqotʃɪːl] |
| porta (f) | порт | [port] |

| conexão (f) | дӏатасар | [d'atasar] |
| conectar (vi) | дӏатаса | [d'atas] |

| escolher (vt) | харжа | [harʒ] |
| buscar (vt) | леха | [leh] |

167. Eletricidade

eletricidade (f)	электричество	[ɛlektrɪtʃestvɔ]
elétrico (adj)	электрически	[ɛlektrɪtʃeskɪ]
planta (f) elétrica	электростанци	[ɛlektrɔstantsɪ]
energia (f)	ницкъ	[nɪtsq?]
energia (f) elétrica	электроницкъ	[ɛlektrɔnɪtsq?]

lâmpada (f)	лампа	[lɑmp]
lanterna (f)	фонарик	[fɔnarɪk]
poste (m) de iluminação	фонарь	[fɔnarʲ]

luz (f)	серло	[serlɔ]
ligar (vt)	лато	[latɔ]
desligar (vt)	дӏадайа	[d'adaj]
apagar a luz	серло дӏаяйа	[serlɔ d'ajaj]

queimar (vi)	дага	[dag]
curto-circuito (m)	электрически серий вовшахкхетар	[ɛlektrɪtʃeskɪ serɪ: vɔvʃahqetar]
ruptura (f)	хадор	[hadɔr]
contato (m)	хьакхадалар	[haqadalar]

interruptor (m)	дӏаяйоург	[d'ajajourg]
tomada (de parede)	розетка	[rɔzetk]
plugue (m)	мӏара	[m'ar]
extensão (f)	удлинитель	[udlɪnɪtelj]

fusível (m)	предохранитель	[predɔhranɪtelj]
fio, cabo (m)	сара	[sar]
instalação (f) elétrica	далор	[dalɔr]

ampère (m)	ампер	[amper]
amperagem (f)	токан ицкъ	[tɔkan ɪtsq?]
volt (m)	вольт	[vɔljt]
voltagem (f)	булам	[bulam]

aparelho (m) elétrico	электроприбор	[ɛlektrɔprɪbɔr]
indicador (m)	индикатор	[ɪndɪkatɔr]

eletricista (m)	электрик	[ɛlektrɪk]
soldar (vt)	лато	[latɔ]
soldador (m)	латорг	[latɔrg]
corrente (f) elétrica	ток	[tɔk]

168. Ferramentas

ferramenta (f)	гӏирс	[ɣɪrs]
ferramentas (f pl)	гӏирсаш	[ɣɪrsaʃ]
equipamento (m)	гӏирс хӏоттор	[ɣɪrs hɔttɔr]

martelo (m)	жӏов	[ʒ'ɔv]
chave (f) de fenda	сетал	[setal]

machado (m)	диг	[dɪg]
serra (f)	херх	[herh]
serrar (vt)	хьакха	[haq]
plaina (f)	воттан	[vɔttan]
aplainar (vt)	хьекха	[heq]
soldador (m)	латорг	[latɔrg]
soldar (vt)	лато	[latɔ]
lima (f)	ков	[kɔv]
tenaz (f)	морзах	[mɔrzah]
alicate (m)	чlапморзах	[ʧʼapmɔrzah]
formão (m)	сто	[stɔ]
broca (f)	буру	[buru]
furadeira (f) elétrica	буру	[buru]
furar (vt)	буру хьовзо	[buru hɔvzɔ]
faca (f)	урс	[urs]
lâmina (f)	дитт	[dɪtt]
afiado (adj)	ира	[ɪr]
cego (adj)	аьрта	[ært]
embotar-se (vr)	аьртадала	[ærtadal]
afiar, amolar (vt)	ирдан	[ɪrdan]
parafuso (m)	болт	[bɔlt]
porca (f)	гайка	[gajk]
rosca (f)	агар	[agar]
parafuso (para madeira)	шуруп	[ʃurup]
prego (m)	хьостам	[hɔstam]
cabeça (f) do prego	кlуж	[kʼuʒ]
régua (f)	линейка	[lɪnejk]
fita (f) métrica	рулетка	[ruletk]
nível (m)	тlадам	[tʼadam]
lupa (f)	бlаьрг	[bʼærg]
medidor (m)	юсту прибор	[justu prɪbɔr]
medir (vt)	дуста	[dust]
escala (f)	шкала	[ʃkal]
indicação (f), registro (m)	гайтам	[gajtam]
compressor (m)	компрессор	[kɔmpressɔr]
microscópio (m)	микроскоп	[mɪkrɔskɔp]
bomba (f)	насос	[nasɔs]
robô (m)	робот	[rɔbɔt]
laser (m)	лазер	[lazer]
chave (f) de boca	гайкин дorlа	[gajkɪn dɔɣ]
fita (f) adesiva	скоч	[skɔʧ]
cola (f)	клей	[klej]
lixa (f)	ялпаран кехат	[jalparan kehat]
mola (f)	пружина	[pruʒɪn]

| ímã (m) | магнит | [magnɪt] |
| luva (f) | карнаш | [karnaʃ] |

corda (f)	чуха	[tʃuh]
cabo (~ de nylon, etc.)	тӏийриг	[t'ɪːrɪg]
fio (m)	сара	[sar]
cabo (~ elétrico)	кабель	[kabelj]

marreta (f)	варзап	[varzap]
pé de cabra (m)	ваба	[vab]
escada (f) de mão	лами	[lamɪ]
escada (m)	лами	[lamɪ]

enroscar (vt)	хьовзо	[hɔvzɔ]
desenroscar (vt)	схьахьовзо	[shahɔvzɔ]
apertar (vt)	юкъакъовла	[juqʔaqʔɔvl]
colar (vt)	тӏелато	[t'elatɔ]
cortar (vt)	хедо	[hedɔ]

falha (f)	доьхнарг	[døhnarg]
conserto (m)	тадар	[tadar]
consertar, reparar (vt)	тадан	[tadan]
regular, ajustar (vt)	нисдан	[nɪsdan]

verificar (vt)	хьажа	[haʒ]
verificação (f)	хьажар	[haʒar]
indicação (f), registro (m)	гайтам	[gajtam]

| seguro (adj) | тешаме | [teʃame] |
| complicado (adj) | чолхе | [tʃɔlhe] |

enferrujar (vi)	мекхадола	[meqadɔl]
enferrujado (adj)	мекхадоьлла	[meqadøll]
ferrugem (f)	мекха	[meq]

149

Transportes

169. Avião

avião (m)	кема	[kem]
passagem (f) aérea	авиабилет	[awɪabɪlet]
companhia (f) aérea	авиакомпани	[awɪakɔmpanɪ]
aeroporto (m)	аэропорт	[aerɔpɔrt]
supersônico (adj)	озал тӏехь	[ɔzal t'eh]

comandante (m) do avião	кеман командир	[keman kɔmandɪr]
tripulação (f)	экипаж	[ɛkɪpaʒ]
piloto (m)	кеманхо	[kemanho]
aeromoça (f)	стюардесса	[stʉardess]
copiloto (m)	штурман	[ʃturman]

asas (f pl)	тӏемаш	[t'emaʃ]
cauda (f)	цӏога	[ts'ɔg]
cabine (f)	кабина	[kabɪn]
motor (m)	двигатель	[dwɪgatelj]
trem (m) de pouso	шасси	[ʃassɪ]
turbina (f)	бера	[ber]

hélice (f)	бера	[ber]
caixa-preta (f)	ӏаьржа яьшка	['ærʒ jæʃk]
coluna (f) de controle	штурвал	[ʃturval]
combustível (m)	ягорг	[jagɔrg]

instruções (f pl) de segurança	инструкци	[ɪnstruktsɪ]
máscara (f) de oxigênio	кислородан маска	[kɪslɔrɔdan mask]
uniforme (m)	униформа	[unɪfɔrm]

colete (m) salva-vidas	кӏелхьарвоккху жилет	[k'elharvɔkqu ʒɪlet]
paraquedas (m)	четар	[tʃetar]

decolagem (f)	хьалаӏаттар	[halaɣattar]
descolar (vi)	хьалаӏатта	[halaɣatt]
pista (f) de decolagem	хьалаӏотту аса	[halaɣottu as]

visibilidade (f)	гуш хилар	[guʃ hɪlar]
voo (m)	дахар	[dahar]

altura (f)	лакхалла	[laqall]
poço (m) de ar	хӏаваъан ор	[h'ava?an ɔr]

assento (m)	меттиг	[mettɪg]
fone (m) de ouvido	ладугӏургаш	[laduɣurgaʃ]
mesa (f) retrátil	цхьалха стол	[tshalha stɔl]
janela (f)	иллюминатор	[ɪllʉmɪnatɔr]
corredor (m)	чекхдолийла	[tʃeqdɔlɪːl]

170. Comboio

trem (m)	цlерпошт	[ts'erpoʃt]
trem (m) elétrico	электричка	[ɛlektrɪtʃk]
trem (m)	чехка цlерпошт	[tʃehk ts'erpoʃt]
locomotiva (f) diesel	тепловоз	[teplovoz]
locomotiva (f) a vapor	цlермашен	[ts'ermaʃən]

vagão (f) de passageiros	вагон	[vagon]
vagão-restaurante (m)	вагон-ресторан	[vagon restoran]

carris (m pl)	рельсаш	[reljsaʃ]
estrada (f) de ferro	аьчка некъ	['ætʃk neq?]
travessa (f)	шпала	[ʃpal]

plataforma (f)	платформа	[platform]
linha (f)	некъ	[neq?]
semáforo (m)	семафор	[semafor]
estação (f)	станци	[stantsɪ]

maquinista (m)	машинхо	[maʃɪnho]
bagageiro (m)	киранхо	[kɪranho]
hospedeiro, -a (m, f)	проводник	[provodnɪk]
passageiro (m)	пассажир	[passaʒɪr]
revisor (m)	контролёр	[kontrolʲor]

corredor (m)	уче	[utʃe]
freio (m) de emergência	стоп-кран	[stop kran]

compartimento (m)	купе	[kupe]
cama (f)	терхи	[terhɪ]
cama (f) de cima	лакхара терхи	[laqar terhɪ]
cama (f) de baixo	лахара терхи	[lahar terhɪ]
roupa (f) de cama	меттан лоччарш	[mettan lotʃarʃ]

passagem (f)	билет	[bɪlet]
horário (m)	расписани	[raspɪsanɪ]
painel (m) de informação	хаамийн у	[ha:mi:n u]

partir (vt)	дlадаха	[d'adah]
partida (f)	дlадахар	[d'adahar]

chegar (vi)	схьакхача	[shaqatʃ]
chegada (f)	схьакхачар	[shaqatʃar]

chegar de trem	цlерпоштахь ван	[ts'erpoʃtah van]
pegar o trem	цlерпошта тle хаа	[ts'erpoʃt t'e ha'a]
descer de trem	цlерпошта тlера охьадосса	[ts'erpoʃt t'er ohadoss]

acidente (m) ferroviário	харцар	[hartsar]
locomotiva (f) a vapor	цlермашен	[ts'ermaʃən]
foguista (m)	кочегар	[kotʃegar]
fornalha (f)	дагор	[dagor]
carvão (m)	кlора	[k'or]

171. Barco

navio (m)	кема	[kem]
embarcação (f)	кема	[kem]
barco (m) a vapor	цlеркема	[tsˈerkem]
barco (m) fluvial	теплоход	[teplohod]
transatlântico (m)	лайнер	[lɑjner]
cruzeiro (m)	крейсер	[krejser]
iate (m)	яхта	[jɑht]
rebocador (m)	буксир	[buksɪr]
barcaça (f)	баржа	[bɑrʒ]
ferry (m)	бурам	[burɑm]
veleiro (m)	гатанан кема	[gɑtɑnɑn kem]
bergantim (m)	бригантина	[brɪgɑntɪn]
quebra-gelo (m)	ша-кема	[ʃɑ kem]
submarino (m)	хи бухахула лела кема	[hɪ buhɑhul lel kem]
bote, barco (m)	кема	[kem]
baleeira (bote salva-vidas)	шлюпка	[ʃʉpk]
bote (m) salva-vidas	кlелхьарвоккху шлюпка	[kˈelhɑrvɔkqu ʃʉpk]
lancha (f)	катер	[kɑter]
capitão (m)	капитан	[kɑpɪtɑn]
marinheiro (m)	хlордахо	[hˈɔrdɑho]
marujo (m)	хlордахо	[hˈɔrdɑho]
tripulação (f)	экипаж	[ɛkɪpɑʒ]
contramestre (m)	боцман	[botsmɑn]
grumete (m)	юнга	[jung]
cozinheiro (m) de bordo	кок	[kɔk]
médico (m) de bordo	хи кеман лор	[hɪ kemɑn lɔr]
convés (m)	палуба	[pɑlub]
mastro (m)	мачта	[mɑtʃt]
vela (f)	гата	[gɑt]
porão (m)	трюм	[trʉm]
proa (f)	кеман мара	[kemɑn mɑr]
popa (f)	кеман цlога	[kemɑn tsˈog]
remo (m)	пийсиг	[pɪːsɪg]
hélice (f)	винт	[wɪnt]
cabine (m)	каюта	[kɑjut]
sala (f) dos oficiais	кают-компани	[kɑjut kɔmpɑnɪ]
sala (f) das máquinas	машинийн отделени	[mɑʃɪnɪːn ɔtdelenɪ]
ponte (m) de comando	капитанан тlай	[kɑpɪtɑnɑn tˈɑj]
sala (f) de comunicações	радиотрубка	[rɑdɪɔtrubk]
onda (f)	тулгlе	[tulɣe]
diário (m) de bordo	кеман журнал	[kemɑn ʒurnɑl]
luneta (f)	турмал	[turmɑl]
sino (m)	горгал	[gɔrgɑl]

bandeira (f)	байракх	[bajraq]
cabo (m)	муш	[muʃ]
nó (m)	шад	[ʃad]

corrimão (m)	тӀам	[tʼam]
prancha (f) de embarque	лами	[lamɪ]

âncora (f)	якорь	[jakorʲ]
recolher a âncora	якорь хьалаайа	[jakorʲ halaʼaj]
jogar a âncora	якорь кхосса	[jakorʲ qɔss]
amarra (corrente de âncora)	якоран зӀе	[jakɔran zʼe]

porto (m)	порт	[pɔrt]
cais, amarradouro (m)	дӀатосийла	[dʼatɔsɪːl]
atracar (vi)	йистедало	[jɪstedalɔ]
desatracar (vi)	дӀадаха	[dʼadah]

viagem (f)	араваьлла лелар	[aravæll lelar]
cruzeiro (m)	круиз	[kruɪz]
rumo (m)	курс	[kurs]
itinerário (m)	маршрут	[marʃrut]

canal (m) de navegação	фарватер	[farvater]
banco (m) de areia	гомхалла	[gɔmhall]
encalhar (vt)	гӀамарла даха	[ɣamarl dah]

tempestade (f)	дарц	[darts]
sinal (m)	сигнал	[sɪgnal]
afundar-se (vr)	бухадаха	[buhadah]
SOS	SOS	[sɔs]
boia (f) salva-vidas	кӀелхьарвоккху го	[kʼelharvɔkqu gɔ]

172. Aeroporto

aeroporto (m)	аэропорт	[aerɔpɔrt]
avião (m)	кема	[kem]
companhia (f) aérea	авиакомпани	[awɪakɔmpanɪ]
controlador (m) de tráfego aéreo	диспетчер	[dɪspetʃer]

partida (f)	дӀадахар	[dʼadahar]
chegada (f)	схьакхачар	[shaqatʃar]
chegar (vi)	схьакхача	[shaqatʃ]

hora (f) de partida	гӀовтаран хан	[ɣɔvtaran han]
hora (f) de chegada	схьакхачаран хан	[shaqatʃaran han]

estar atrasado	хьедала	[hedal]
atraso (m) de voo	хьедар	[hedar]

painel (m) de informação	хаамийн табло	[haːmɪːn tablɔ]
informação (f)	хаам	[haʼam]
anunciar (vt)	кхайкхо	[qajqɔ]
voo (m)	рейс	[rejs]

alfândega (f)	таможни	[tamɔʒnɪ]
funcionário (m) da alfândega	таможхо	[tamɔʒho]
declaração (f) alfandegária	декларци	[deklaratsɪ]
preencher a declaração	декларци язъян	[deklaratsɪ jazʔjan]
controle (m) de passaporte	паспортан контроль	[pastpɔrtan kɔntrɔlj]
bagagem (f)	кира	[kɪr]
bagagem (f) de mão	куьйга леладен кира	[kʉjg leladen kɪr]
carrinho (m)	гӀудалкх	[ɣudalq]
pouso (m)	охьахаар	[ɔhahaʿar]
pista (f) de pouso	охьахааден аса	[ɔhahaʿaden as]
aterrissar (vi)	охьахаа	[ɔhahaʿa]
escada (f) de avião	лами	[lamɪ]
check-in (m)	регистраци	[regɪstratsɪ]
balcão (m) do check-in	регистрацин гӀопаста	[regɪstratsɪn ɣɔpast]
fazer o check-in	регистраци ян	[regɪstratsɪ jan]
cartão (m) de embarque	тӀехааден талон	[tʼehaʿaden talɔn]
portão (m) de embarque	арадалар	[aradalar]
trânsito (m)	транзит	[tranzɪt]
esperar (vi, vt)	хьежа	[heʒ]
sala (f) de espera	хьежаран зал	[heʒaran zal]
despedir-se (acompanhar)	новкъадаккха	[nɔvqʔadakq]
despedir-se (dizer adeus)	Ӏодика ян	[ʼɔdɪk jan]

173. Bicicleta. Motocicleta

bicicleta (f)	велиспет	[welɪspet]
lambreta (f)	мотороллер	[mɔtɔrɔller]
moto (f)	мотоцикл	[mɔtɔtsɪkl]
ir de bicicleta	велиспетехь ваха	[welɪspeteh vahʼ]
guidão (m)	тӀам	[tʼam]
pedal (m)	педаль	[pedalj]
freios (m pl)	тормозаш	[tɔrmɔzaʃ]
banco, selim (m)	нуьйр	[nʉjr]
bomba (f)	насос	[nasɔs]
bagageiro (m) de teto	багажник	[baɡaʒnɪk]
lanterna (f)	фонарь	[fɔnarʲ]
capacete (m)	гӀем	[ɣem]
roda (f)	чкъург	[t͡ʃqʔurg]
para-choque (m)	тӀам	[tʼam]
aro (m)	туре	[ture]
raio (m)	чӀу	[t͡ʃʼu]

Carros

174. Tipos de carros

| carro, automóvel (m) | автомобиль | [ɑvtɔmɔbɪlj] |
| carro (m) esportivo | спортивни автомобиль | [spɔrtɪvnɪ ɑvtɔmɔbɪlj] |

limusine (f)	лимузин	[lɪmuzɪn]
todo o terreno (m)	внедорожник, джип	[vnedɔrɔʒnɪk], [dʒɪp]
conversível (m)	кабриолет	[kɑbrɪɔlet]
minibus (m)	микроавтобус	[mɪkrɔɑvtɔbus]

| ambulância (f) | сихонан гӀо | [sɪhonɑn ɣɔ] |
| limpa-neve (m) | ло дӀадоккху машина | [lɔ d'ɑdɔkqu mɑʃɪn] |

caminhão (m)	киранийн машина	[kɪrɑnɪːn mɑʃɪn]
caminhão-tanque (m)	бензовоз	[benzɔvɔz]
perua, van (f)	хӀургон	[h'urgɔn]
caminhão-trator (m)	озорг	[ɔzɔrg]
reboque (m)	тӀаьхьатосург	[t'æhɑtɔsurg]

| confortável (adj) | комфорт йолу | [kɔmfɔrt jolu] |
| usado (adj) | лелийна | [lelɪːn] |

175. Carros. Carroçaria

capô (m)	капот	[kɑpɔt]
para-choque (m)	тӀам	[t'ɑm]
teto (m)	тхов	[thov]

para-brisa (m)	хьалхара ангали	[hɑlhar ɑngɑlɪ]
retrovisor (m)	тӀехьара сурт гайта ангали	[t'ehar surt gɑjt ɑngɑlɪ]
esguicho (m)	дилар	[dɪlar]
limpadores (m) de para-brisas	ангалицӀандийригаш	['ɑngɑlɪts'ɑndɪːrɪgɑʃ]

vidro (m) lateral	агӀонгара ангали	['ɑɣɔngar ɑngɑlɪ]
elevador (m) do vidro	ангалихьалаойург	[ɑngɑlɪhɑlaɔjurg]
antena (f)	антенна	[ɑnten]
teto (m) solar	люк	[lʉk]

para-choque (m)	бампер	[bamper]
porta-malas (f)	багажник	[bagɑʒnɪk]
porta (f)	неӀ	[neʕ]
maçaneta (f)	тӀам	[t'ɑm]
fechadura (f)	дорла	[dɔɣ]
placa (f)	номер	[nɔmer]
silenciador (m)	лагӀйийриг	[lɑɣjɪːrɪg]

tanque (m) de gasolina	бензинан бак	[benzɪnan bak]
tubo (m) de exaustão	выхлопни турба	[vɪhlɔpnɪ turb]

acelerador (m)	газ	[gaz]
pedal (m)	педаль	[pedalj]
pedal (m) do acelerador	газан педаль	[gazan pedalj]

freio (m)	тормоз	[tɔrmɔz]
pedal (m) do freio	тормозан педаль	[tɔrmɔzan pedalj]
frear (vt)	тормоз таса	[tɔrmɔz tas]
freio (m) de mão	дӏахӏоттайойларан тормоз	[d'ah'ɔttajojlaran tɔrmɔz]

embreagem (f)	вовшахтасар	[vɔvʃahtasar]
pedal (m) da embreagem	вовшахтасаран педаль	[vɔvʃahtasaran pedalj]
disco (m) de embreagem	вовшахтасаран диск	[vɔvʃahtasaran dɪsk]
amortecedor (m)	амортизатор	[amɔrtɪzatɔr]

roda (f)	чкъург	[tʃq?urg]
pneu (m) estepe	тӏаьхьалонан чкъург	[t'æhalɔnan tʃq?urg]
calota (f)	кад	[kad]

rodas (f pl) motrizes	лело чкъургаш	[lelɔ tʃq?urgaʃ]
de tração dianteira	хьалхараприводан	[halharaprɪvɔdan]
de tração traseira	тӏехьараприводан	[t'eharaprɪvɔdan]
de tração às 4 rodas	дуьззинаприводан	[dɥzzɪnaprɪvɔdan]

caixa (f) de mudanças	передачан гӏутакх	[peredatʃan ɣutaq]
automático (adj)	автоматически	[avtɔmatɪtʃeskɪ]
mecânico (adj)	механически	[mehanɪtʃeskɪ]
alavanca (f) de câmbio	передачан гӏутакхан зеразакъ	[peredatʃan ɣutaqan zerazaq?]

farol (m)	фара	[far]
faróis (m pl)	фараш	[faraʃ]

farol (m) baixo	гергара серло	[gergar serlɔ]
farol (m) alto	генара серло	[genar serlɔ]
luzes (f pl) de parada	собар-хаам	[sɔbar ha'am]

luzes (f pl) de posição	габаритам серло	[gabarɪtam serlɔ]
luzes (f pl) de emergência	аварии серло	[avarɪ: serlɔ]
faróis (m pl) de neblina	дахкарна дуьхьалара фараш	[dahkarn dɥhalar faraʃ]

pisca-pisca (m)	«поворотник»	[pɔvɔrɔtnɪk]
luz (f) de marcha ré	юханехьа дахар	[juhaneh dahar]

176. Carros. Habitáculo

interior (do carro)	салон	[salɔn]
de couro	тӏаьрсиган	[t'ærsɪgan]
de veludo	велюран	[welɥran]
estofamento (m)	тӏетухург	[t'etuhurg]
indicador (m)	прибор	[prɪbɔr]
painel (m)	приборийн у	[prɪbɔrɪ:n u]

| velocímetro (m) | спидометр | [spɪdɔmetr] |
| ponteiro (m) | цамза | [tsɑmz] |

hodômetro, odômetro (m)	лолург	[lɔlurg]
indicador (m)	гойтург	[gɔjturg]
nível (m)	барам	[bɑrɑm]
luz (f) de aviso	лампа	[lɑmp]

volante (m)	тӏам, тӏоман чкъург	[t'ɑm], [t'ɔmɑn tʃq?urg]
buzina (f)	сигнал	[sɪgnɑl]
botão (m)	кнопка	[knɔpk]
interruptor (m)	лакъорг	[lɑq?ɔrg]

assento (m)	охьахоийла	[ɔhɑhoɪːl]
costas (f pl) do assento	букъ	[buq?]
cabeceira (f)	гӏовла	[ɣɔvl]
cinto (m) de segurança	доьхка	[døhk]
apertar o cinto	доьхка тӏедолла	[døhk t'edɔll]
ajuste (m)	нисдар	[nɪsdɑr]

| airbag (m) | хӏаваан гӏайба | [h'ɑvɑ'ɑn ɣɑjb] |
| ar (m) condicionado | кондиционер | [kɔndɪtsɪɔner] |

rádio (m)	радио	[rɑdɪɔ]
leitor (m) de CD	CD-проигрыватель	[sɪdɪ prɔɪgrɪvɑtelj]
ligar (vt)	йолаялийта	[jolɑjɑlɪːt]
antena (f)	антенна	[ɑnten]
porta-luvas (m)	бардачок	[bɑrdɑtʃok]
cinzeiro (m)	чимтосург	[tʃɪmtɔsurg]

177. Carros. Motor

motor (m)	двигатель	[dwɪgatelj]
motor (m)	мотор	[mɔtɔr]
a diesel	дизелан	[dɪzelɑn]
a gasolina	бензинан	[benzɪnɑn]

cilindrada (f)	двигателан чухоам	[dwɪgatelɑn tʃuhoɑm]
potência (f)	нуьцкъалла	[nɥtsq?ɑll]
cavalo (m) de potência	говран ницкъ	[gɔvrɑn nɪtsq?]
pistão (m)	поршень	[pɔrʃenj]
cilindro (m)	цилиндр	[tsɪlɪndr]
válvula (f)	клапан	[klɑpɑn]

injetor (m)	инжектор	[ɪnʒektɔr]
gerador (m)	генератор	[generatɔr]
carburador (m)	карбюратор	[kɑrbɨratɔr]
óleo (m) de motor	моторан даьтта	[mɔtɔrɑn dætt]

radiador (m)	радиатор	[rɑdɪatɔr]
líquido (m) de arrefecimento	шело туху кочалла	[ʃelɔ tuhu kɔtʃɑll]
ventilador (m)	мохтухург	[mɔhtuhurg]
bateria (f)	аккумулятор	[akkumuljatɔr]
dispositivo (m) de arranque	стартер	[starter]

| ignição (f) | зажигани | [zaʒɪganɪ] |
| vela (f) de ignição | латаен свеча | [latajen swetʃ] |

terminal (m)	клемма	[klemm]
terminal (m) positivo	плюс	[plʉs]
terminal (m) negativo	минус	[mɪnus]
fusível (m)	предохранитель	[predɔhranɪtelj]

filtro (m) de ar	хлавааn фильтр	[h'ava'an fɪljtr]
filtro (m) de óleo	даьттан фильтр	[dættan fɪljtr]
filtro (m) de combustível	ягоран фильтр	[jagɔran fɪljtr]

178. Carros. Batidas. Reparação

acidente (m) de carro	авари	[avarɪ]
acidente (m) rodoviário	некъан хилларг	[neq?an hɪllarg]
bater (~ num muro)	кхета	[qet]
sofrer um acidente	доха	[dɔh]
dano (m)	лазор	[lazɔr]
intato	могуш-маьрша	[mɔguʃ mærʃ]

| avariar (vi) | доха | [dɔh] |
| cabo (m) de reboque | буксиран трос | [buksɪran trɔs] |

furo (m)	чеккхдаккхар	[tʃekqdakqar]
estar furado	дассадала	[dassadal]
encher (vt)	дуса	[dus]
pressão (f)	таlам	[ta'am]
verificar (vt)	хьажа	[haʒ]

reparo (m)	таяр	[tajar]
oficina (f) automotiva	таяран пхьалгla	[tajaran phalɣ]
peça (f) de reposição	запчасть	[zaptʃastʲ]
peça (f)	деталь	[detalj]

parafuso (com porca)	болт	[bɔlt]
parafuso (m)	винт	[wɪnt]
porca (f)	гайка	[gajk]
arruela (f)	шайба	[ʃajb]
rolamento (m)	подшипник	[pɔdʃɪpnɪk]

tubo (m)	турба	[turb]
junta, gaxeta (f)	прокладка	[prɔkladk]
fio, cabo (m)	сара	[sar]

macaco (m)	домкрат	[dɔmkrat]
chave (f) de boca	гайкин доrla	[gajkɪn dɔɣ]
martelo (m)	жlов	[ʒ'ɔv]
bomba (f)	насос	[nasɔs]
chave (f) de fenda	сетал	[setal]

extintor (m)	цlайойург	[ts'ajojurg]
triângulo (m) de emergência	аварии кхосаберг	[avarɪ qɔsaberg]
morrer (motor)	дlайов	[d'ajov]

| paragem, "morte" (f) | сацор | [saʦɔr] |
| estar quebrado | дохо | [dɔho] |

superaquecer-se (vr)	тӀех дохдала	[t'eh dɔhdal]
entupir-se (vr)	дукъадала	[duqʔadal]
congelar-se (vr)	гӀоро	[ɣɔrɔ]
rebentar (vi)	эккха	[ɛkq]

pressão (f)	тӀам	[ta'am]
nível (m)	барам	[baram]
frouxo (adj)	гӀийла	[ɣɪ:l]

batida (f)	ведйина меттиг	[wedjɪn mettɪg]
ruído (m)	тата	[tat]
fissura (f)	датӀар	[dat'ar]
arranhão (m)	мацхар	[maʦhar]

179. Carros. Estrada

estrada (f)	некъ	[neqʔ]
autoestrada (f)	автонекъ	['avtɔneqʔ]
rodovia (f)	силам-некъ	[sɪlam neqʔ]
direção (f)	арло, тӀедерзор	['aɣɔ], [t'ederzɔr]
distância (f)	некъан бохалла	[neqʔan bɔhall]

ponte (f)	тӀай	[t'aj]
parque (m) de estacionamento	паркинг	[parkɪng]
praça (f)	майда	[majd]
nó (m) rodoviário	гӀонжагӀа	[ɣɔnʒaɣ]
túnel (m)	туннель	[tunelj]

posto (m) de gasolina	автозаправка	[avtɔzapravk]
parque (m) de estacionamento	машинаш дӀахӀиттайойла	[maʃɪnaʃ d'ah'ɪttajojl]
bomba (f) de gasolina	бензоколонка	[benzɔkɔlɔnk]
oficina (f) automotiva	гараж	[garaʒ]
abastecer (vt)	дотта	[dott]
combustível (m)	ягорг	[jagɔrg]
galão (m) de gasolina	канистр	[kanɪstr]

asfalto (m)	асфальт	[asfaljt]
marcação (f) de estradas	билгало	[bɪlgalɔ]
meio-fio (m)	дийна дист	[dɪ:n dɪst]
guard-rail (m)	керт	[kert]
valeta (f)	кювет	[kʉwet]
acostamento (m)	некъан йист	[neqʔan jɪst]
poste (m) de luz	боргӀам	[bɔɣam]

dirigir (vt)	лело	[lelɔ]
virar (~ para a direita)	дӀадерза	[d'aderz]
dar retorno	духадерзар	[duhaderzar]
ré (f)	юханехьа дахар	[juhaneh dahar]

| buzinar (vi) | сигнал етта | [sɪgnal ett] |
| buzina (f) | аьзнийн сигнал | [æznɪ:n sɪgnal] |

atolar-se (vr)	диса	[dɪs]
patinar (na lama)	хьийзаш латта	[hɪ:zaʃ latt]
desligar (vt)	дӀадайа	[d'adaj]
velocidade (f)	сихалла	[sɪhall]
exceder a velocidade	сихалла тӀехьа йаккха	[sɪhall t'eh jakq]
multar (vt)	гӀуда тоха	[ɣud tɔh]
semáforo (m)	светофор	[swetɔfɔr]
carteira (f) de motorista	лелорхочун бакъонаш	[lelɔrhɔtʃun baq?ɔnaʃ]
passagem (f) de nível	дехьаволийла	[dehavɔlɪ:l]
cruzamento (m)	галморзе	[galmɔrze]
faixa (f)	гӀашлойн дехьаволийла	[ɣaʃlɔjn dehavɔlɪ:l]
curva (f)	гола	[gɔl]
zona (f) de pedestres	гӀашлойн зона	[ɣaʃlɔjn zɔn]

180. Sinais de trânsito

código (m) de trânsito	некъантӀехула леларан бакъонаш	[neq?ant'ehul lelaran baq?ɔnaʃ]
sinal (m) de trânsito	билгало	[bɪlgalɔ]
ultrapassagem (f)	хьалхадалар	[halhadalar]
curva (f)	го	[gɔ]
retorno (m)	духадерзор	[duhaderzɔr]
rotatória (f)	хьинзаме болам	[hɪnzame bɔlam]
sentido proibido	чувар дихкина ду	[tʃuvar dɪhkɪn du]
trânsito proibido	лелар дихкина ду	[lelar dɪhkɪn du]
proibido de ultrapassar	хьалхадалар дихкина ду	[halhadalar dɪhkɪn du]
estacionamento proibido	дӀахӀуттийла дихкина ду	[d'ah'uttɪ:l dɪhkɪn du]
paragem proibida	социйла дихкина ду	[sɔtsɪ:l dɪhkɪn du]
curva (f) perigosa	цӀехххьашха дӀаверзар	[ts'ehaʃha d'awerzar]
descida (f) perigosa	цӀехххьашха басе	[ts'ehaʃha base]
trânsito de sentido único	цхьана агӀорхьа лелар	[tshan aɣɔrh lelar]
faixa (f)	гӀашлойн дехьаволийла	[ɣaʃlɔjn dehavɔlɪ:l]
pavimento (m) escorregadio	шера некъ	[ʃer neq?]
conceder passagem	некъ бита	[neq? bɪt]

PESSOAS. EVENTOS

Eventos

181. Férias. Evento

festa (f)	дезде	[dezde]
feriado (m) nacional	къаьмнийн дезде	[qʔæmnɪːn dezde]
feriado (m)	деза де	[dez de]
festejar (vt)	даздан	[dazdan]

evento (festa, etc.)	хилларг	[hɪllarg]
evento (banquete, etc.)	мероприяти	[merɔprɪjatɪ]
banquete (m)	той	[tɔj]
recepção (f)	тlезцар	[tʼeɛtsar]
festim (m)	той	[tɔj]

aniversário (m)	шо кхачар	[ʃɔ qatʃar]
jubileu (m)	юбилей	[jubɪlej]
celebrar (vt)	билгалдаккха	[bɪlgaldakq]

Ano (m) Novo	Керла шо	[kerl ʃɔ]
Feliz Ano Novo!	Керлачу шарца декъал дойла шу!	[kerlatʃu ʃarts deqʔal dɔjl ʃu]

Natal (m)	Рождество	[rɔʒdestvɔ]
Feliz Natal!	Рождествоца декъал дойла шу!	[rɔʒdestvɔts deqʔal dɔjl ʃu]
árvore (f) de Natal	керлачу шеран ёлка	[kerlatʃu ʃeran jolk]
fogos (m pl) de artifício	салют	[salʉt]

casamento (m)	ловзар	[lɔvzar]
noivo (m)	зуда ехна стаг	[zud ehn stag]
noiva (f)	нускал	[nuskal]

convidar (vt)	схьакхайкха	[shaqajq]
convite (m)	кхайкхар	[qajqar]

convidado (m)	хьаша	[haʃ]
visitar (vt)	хьошалгlа ваха	[hɔʃalɣ vahʼ]
receber os convidados	хьешашна дуьхьалваха	[heʃaʃn dʉhalvah]

presente (m)	совгlат	[sɔvɣat]
oferecer, dar (vt)	совгlатна дала	[sɔvɣatn dal]
receber presentes	совгlаташ схьаэца	[sɔvɣataʃ shaʼɛts]
buquê (m) de flores	курс	[kurs]

felicitações (f pl)	декъалдар	[deqʔaldar]
felicitar (vt)	декъалдан	[deqʔaldan]

cartão (m) de parabéns	декъалден открытка	[deqʔalden ɔtkrɪtk]
enviar um cartão postal	открытка дӀадахьийта	[ɔtkrɪtk dʼadahɪːt]
receber um cartão postal	открытка схьаэца	[ɔtkrɪtk shaɐts]

brinde (m)	кад	[kad]
oferecer (vt)	дала	[dal]
champanhe (m)	шампански	[ʃampanskɪ]

divertir-se (vr)	сакъера	[saqʔer]
diversão (f)	сакъерар	[saqʔerar]
alegria (f)	хазахетар	[hazahetar]

dança (f)	хелхар	[helhar]
dançar (vi)	хелхадала	[helhadal]

valsa (f)	вальс	[valjs]
tango (m)	танго	[tangɔ]

182. Funerais. Enterro

cemitério (m)	кешнаш	[keʃnaʃ]
sepultura (f), túmulo (m)	каш	[kaʃ]
lápide (f)	чурт	[ʧurt]
cerca (f)	керт	[kert]
capela (f)	килс	[kɪls]

morte (f)	далар	[dalar]
morrer (vi)	дала	[dal]
defunto (m)	велларг	[wellarg]
luto (m)	Ӏаьржа	[ˈærʒ]

enterrar, sepultar (vt)	дӀадолла	[dʼadoll]
funerária (f)	велчан ламаста ден бюро	[welʧan lamast den bʉrɔ]
funeral (m)	тезет	[tezet]

coroa (f) de flores	кочар	[kɔʧar]
caixão (m)	гроб	[grɔb]
carro (m) funerário	катафалк	[katafalk]
mortalha (f)	марчо	[marʧɔ]

urna (f) funerária	урна	[urn]
crematório (m)	крематорий	[krematɔrɪ]

obituário (m), necrologia (f)	некролог	[nekrɔlog]
chorar (vi)	делха	[delh]
soluçar (vi)	делха	[delh]

183. Guerra. Soldados

pelotão (m)	завод	[zavɔd]
companhia (f)	рота	[rɔt]
regimento (m)	полк	[pɔlk]

exército (m)	эскар	[ɛskar]
divisão (f)	дивизи	[dɪwɪzɪ]
esquadrão (m)	тоба	[tɔb]
hoste (f)	эскар	[ɛskar]
soldado (m)	салти	[saltɪ]
oficial (m)	эпсар	[ɛpsar]
soldado (m) raso	моґарера	[mɔɣarer]
sargento (m)	сержант	[serʒant]
tenente (m)	лейтенант	[lejtenant]
capitão (m)	капитан	[kapɪtan]
major (m)	майор	[major]
coronel (m)	полковник	[pɔlkɔvnɪk]
general (m)	инарла	[ɪnarl]
marujo (m)	хӏордахо	[hˈɔrdaho]
capitão (m)	капитан	[kapɪtan]
contramestre (m)	боцман	[bɔtsman]
artilheiro (m)	артиллерист	[artɪllerɪst]
soldado (m) paraquedista	десантхо	[desantho]
piloto (m)	кеманхо	[kemanho]
navegador (m)	штурман	[ʃturman]
mecânico (m)	механик	[mehanɪk]
sapador-mineiro (m)	сапёр	[sapʲor]
paraquedista (m)	парашютхо	[paraʃɵtho]
explorador (m)	талламхо	[tallamho]
atirador (m) de tocaia	иччархо	[ɪtʃarhɔ]
patrulha (f)	патруль	[patrulj]
patrulhar (vt)	ґаролла дан	[ɣarɔll dan]
sentinela (f)	ґарол	[ɣarɔl]
guerreiro (m)	эскархо	[ɛskarhɔ]
patriota (m)	патриот	[patrɪɔt]
herói (m)	турпалхо	[turpalho]
heroína (f)	турпалхо	[turpalho]
traidor (m)	ямартхо	[jamartho]
desertor (m)	деддарг	[deddarg]
desertar (vt)	дада	[dad]
mercenário (m)	ялхо	[jalho]
recruta (m)	керла бӏахо	[kerl bˈaho]
voluntário (m)	лаамерниг	[laˈamernɪg]
morto (m)	дийнарг	[dɪːnarg]
ferido (m)	чов хилла	[tʃov hɪll]
prisioneiro (m) de guerra	йийсархо	[jɪːsarhɔ]

184. Guerra. Ações militares. Parte 1

guerra (f)	тӀом	[t'ɔm]
guerrear (vt)	тӀом бан	[t'ɔm ban]
guerra (f) civil	граждански тӀом	[graʒdanskɪ t'ɔm]
perfidamente	тешнабехкехь	[teʃnabehkeh]
declaração (f) de guerra	дӀахьебан	[d'aheban]
declarar guerra	хьебан	[heban]
agressão (f)	агресси	[agressɪ]
atacar (vt)	тӀелата	[t'elat]
invadir (vt)	дӀалаца	[d'alats]
invasor (m)	дӀалецархо	[d'aletsarhɔ]
conquistador (m)	даккхархо	[dakqarhɔ]
defesa (f)	дуьхьало, лардар	[dʉhalɔ], [lardar]
defender (vt)	дуьхьало ян, лардан	[dʉhalɔ jan], [lardan]
defender-se (vr)	дуьхьало ян	[dʉhalɔ jan]
inimigo, adversário (m)	мостагӀ	[mɔstaɣ]
inimigo (adj)	мостагӀийн	[mɔstaɣɪːn]
estratégia (f)	стратеги	[strategɪ]
tática (f)	тактика	[taktɪk]
ordem (f)	омра	[ɔmr]
comando (m)	буьйр	[bʉjr]
ordenar (vt)	омра дан	[ɔmr dan]
missão (f)	тӀедиллар	[t'edɪllar]
secreto (adj)	къайлаха	[q?ajlah]
batalha (f)	латар	[latar]
combate (m)	тӀом	[t'ɔm]
ataque (m)	атака	[atak]
assalto (m)	штурм	[ʃturm]
assaltar (vt)	штурм ян	[ʃturm jan]
assédio, sítio (m)	лацар	[latsar]
ofensiva (f)	тӀелатар	[t'elatar]
tomar à ofensiva	тӀелета	[t'elet]
retirada (f)	юхадалар	[juhadalar]
retirar-se (vr)	юхадала	[juhadal]
cerco (m)	го бар	[gɔ bar]
cercar (vt)	го бан	[gɔ ban]
bombardeio (m)	бомбанаш еттар	[bɔmbanaʃ ettar]
lançar uma bomba	бомб чуккхосса	[bɔmb tʃukqɔss]
bombardear (vt)	бомбанаш етта	[bɔmbanaʃ ett]
explosão (f)	экккхар	[ɛkqar]
tiro (m)	ялар	[jalar]
dar um tiro	кхосса	[qɔss]

tiroteio (m)	кхийсар	[qɪːsar]
apontar para ...	хьежо	[heʒɔ]
apontar (vt)	тӀехьажо	[t'ehaʒɔ]
acertar (vt)	кхета	[qet]

afundar (~ um navio, etc.)	хи бухадахийта	[hɪ buhadahɪːt]
brecha (f)	Iуьрг	['ʉrg]
afundar-se (vr)	хи буха даха	[hɪ buha dah]

frente (m)	фронт	[frɔnt]
evacuação (f)	эвакуаци	[ɛvakuatsɪ]
evacuar (vt)	эвакуаци ян	[ɛvakuatsɪ jan]

trincheira (f)	окоп, траншей	[ɔkɔp], [tranʃej]
arame (m) enfarpado	кӀохцал-сара	[k'ɔhtsal sar]
barreira (f) anti-tanque	дуьхьало	[dʉhalɔ]
torre (f) de vigia	чардакх	[tʃardaq]

hospital (m) militar	госпиталь	[gɔsprɪtalj]
ferir (vt)	чов ян	[tʃʃov jan]
ferida (f)	чов	[tʃʃov]
ferido (m)	чов хилла	[tʃʃov hɪll]
ficar ferido	чов хила	[tʃʃov hɪl]
grave (ferida ~)	хала	[hal]

185. Guerra. Ações militares. Parte 2

cativeiro (m)	йийсарехь хилар	[jɪːsareh hɪlar]
capturar (vt)	йийсар дан	[jɪːsar dan]
estar em cativeiro	йийсарехь хила	[jɪːsareh hɪl]
ser aprisionado	йийсарехь кхача	[jɪːsareh qatʃ]

campo (m) de concentração	концлагерь	[kɔntslagerj]
prisioneiro (m) de guerra	йийсархо	[jɪːsarhɔ]
escapar (vi)	дада	[dad]

trair (vt)	ямартдала	[jamartdal]
traidor (m)	ямартхо	[jamarthɔ]
traição (f)	ямартло	[jamartlɔ]

fuzilar, executar (vt)	тоьпаш тоха	[tøpaʃ tɔh]
fuzilamento (m)	тоьпаш тохар	[tøpaʃ tɔhar]

equipamento (m)	духар	[duhar]
insígnia (f) de ombro	погон	[pɔgɔn]
máscara (f) de gás	противогаз	[prɔtɪvɔgaz]

rádio (m)	раци	[ratsɪ]
cifra (f), código (m)	шифр	[ʃɪfr]
conspiração (f)	конспираци	[kɔnsprɪratsɪ]
senha (f)	пароль	[parɔlj]

mina (f)	мина	[mɪn]
minar (vt)	минаш яхка	[mɪnaʃ jahk]

campo (m) minado	минийн аре	[mɪnɪːn ɑre]
alarme (m) aéreo	хӏаваан орца	[h'avɑ'ɑn ɔrts]
alarme (m)	орца	[ɔrts]
sinal (m)	сигнал	[sɪgnɑl]
sinalizador (m)	хааман ракета	[ha'amɑn raket]

quartel-general (m)	штаб	[ʃtab]
reconhecimento (m)	разведка	[razwedk]
situação (f)	хьал	[ħal]
relatório (m)	рапорт	[raport]
emboscada (f)	кӏело	[k'elɔ]
reforço (m)	рӏо	[ɣɔ]

alvo (m)	рӏакх	[ɣaq]
campo (m) de tiro	полигон	[polɪgɔn]
manobras (f pl)	манёвраш	[manʲovraʃ]

pânico (m)	дохар	[dɔhar]
devastação (f)	бохор	[bɔhor]
ruínas (f pl)	дохор	[dɔhor]
destruir (vt)	дохо	[dɔho]

sobreviver (vi)	дийна диса	[dɪːn dɪs]
desarmar (vt)	герз схьадакхха	[gerz shadakq]
manusear (vt)	лело	[lelɔ]

| Sentido! | Тийна! | [tɪːn] |
| Descansar! | Парӏат! | [parɣat] |

façanha (f)	хьуьнар	[ħʉnar]
juramento (m)	дуй	[duj]
jurar (vi)	дуй баа	[duj bɑ'a]

condecoração (f)	совгӏат	[sɔvɣat]
condecorar (vt)	совгӏат дала	[sɔvɣat dal]
medalha (f)	мидал	[mɪdal]
ordem (f)	орден	[ɔrden]

vitória (f)	толам	[tɔlam]
derrota (f)	эшар	[ɛʃar]
armistício (m)	маслаӏат	[maslɑ'at]

bandeira (f)	байракх	[bajraq]
glória (f)	гӏардалар	[ɣardalar]
parada (f)	парад	[parad]
marchar (vi)	марш-болар дан	[marʃ bɔlar dan]

186. Armas

arma (f)	герз	[gerz]
arma (f) de fogo	долу герз	[dɔlu gerz]
arma (f) branca	шийла герз	[ʃɪːl gerz]
arma (f) química	химически герз	[hɪmɪtʃeskɪ gerz]
nuclear (adj)	ядеран	[jaderan]

arma (f) nuclear	ядеран герз	[jaderan gerz]
bomba (f)	бомба	[bɔmb]
bomba (f) atômica	атоман бомба	[atɔman bɔmb]
pistola (f)	тапча	[taptʃ]
rifle (m)	топ	[tɔp]
semi-automática (f)	автомат	[avtɔmat]
metralhadora (f)	пулемёт	[pulemʲot]
boca (f)	Iуьрг	[ˈɵrg]
cano (m)	чIижаргIа	[tʃʼɪʒarɣ]
calibre (m)	калибр	[kalɪbr]
gatilho (m)	лаг	[lag]
mira (f)	Iалашо	[ˈalaʃɔ]
carregador (m)	гIутакх	[ɣutaq]
coronha (f)	хен	[hen]
granada (f) de mão	гранат	[granat]
explosivo (m)	оьккхург	[økqurg]
bala (f)	даьндарг	[dændarg]
cartucho (m)	патарма	[patarm]
carga (f)	бустам	[bustam]
munições (f pl)	тIеман гIирс	[tʼeman ɣɪrs]
bombardeiro (m)	бомбардировщик	[bɔmbardɪrɔvɕɪk]
avião (m) de caça	истребитель	[ɪstrebɪtelj]
helicóptero (m)	вертолёт	[wertɔlʲot]
canhão (m) antiaéreo	зенитка	[zenɪtk]
tanque (m)	танк	[tank]
canhão (de um tanque)	йоккха топ	[jokq tɔp]
artilharia (f)	артиллери	[artɪllerɪ]
fazer a pontaria	тIехьажо	[tʼehaʒɔ]
projétil (m)	снаряд	[snarʲad]
granada (f) de morteiro	мина	[mɪn]
morteiro (m)	миномёт	[mɪnɔmʲot]
estilhaço (m)	гериг	[gerɪg]
submarino (m)	хи буха лела кема	[hɪ buha lel kem]
torpedo (m)	торпеда	[tɔrped]
míssil (m)	ракета	[raket]
carregar (uma arma)	дуза	[duz]
disparar, atirar (vi)	кхийса	[qɪːs]
apontar para ...	хьежо	[heʒɔ]
baioneta (f)	цхьамза	[tshamz]
espada (f)	шпага	[ʃpag]
sabre (m)	тур	[tur]
lança (f)	гоьмукъ	[gømuqʔ]
arco (m)	секха Iад	[seq ˈad]
flecha (f)	пха	[ph]

mosquete (m)	мушкет	[muʃket]
besta (f)	арбалет	[arbalet]

187. Povos da antiguidade

primitivo (adj)	духхьарлера	[duharler]
pré-histórico (adj)	историл хьалхара	[ɪstɔrɪl halhar]
antigo (adj)	мацахлера	[matsahler]
Idade (f) da Pedra	Тӏулган оьмар	[t'ulgan ømar]
Idade (f) do Bronze	бронзанан оьмар	[brɔnzanan ømar]
Era (f) do Gelo	шен зама	[ʃɘn zam]
tribo (f)	тукхам	[tuqam]
canibal (m)	нахбуург	[nahbu'urg]
caçador (m)	таллархо	[tallarhɔ]
caçar (vi)	талла эха	[tall ɛh]
mamute (m)	мамонт	[mamɔnt]
caverna (f)	хьех	[heh]
fogo (m)	цӏе	[ts'e]
fogueira (f)	цӏе	[ts'e]
pintura (f) rupestre	тархаш тӏера суьрташ	[tarhaʃ t'er surtaʃ]
ferramenta (f)	къинхьегаман гӏирс	[q?ɪnhegaman ɣɪrs]
lança (f)	гоьмукъ	[gømuq?]
machado (m) de pedra	тӏулгийн диг	[t'ulgɪːn dɪg]
guerrear (vt)	тӏом бан	[t'ɔm ban]
domesticar (vt)	караламо	[kara'amɔ]
ídolo (m)	цӏу	[ts'u]
adorar, venerar (vt)	текъа	[teq?]
superstição (f)	доьгӏначух тешар	[døɣnatʃuh teʃar]
ritual (m)	ӏадат	['adat]
evolução (f)	эволюци	[ɛvɔlutsɪ]
desenvolvimento (m)	кхиам	[qɪam]
extinção (f)	дӏадалар	[d'adalar]
adaptar-se (vr)	дӏадола	[d'adɔl]
arqueologia (f)	археологи	[arheolɔgɪ]
arqueólogo (m)	археолог	[arheolɔg]
arqueológico (adj)	археологин	[arheolɔgɪn]
escavação (sítio)	ахкар	[ahkar]
escavações (f pl)	ахкар	[ahkar]
achado (m)	карийнарг	[karɪːnarg]
fragmento (m)	дакъа	[daq?]

188. Idade média

povo (m)	халкъ	[halq?]
povos (m pl)	адамаш	[adamaʃ]

| tribo (f) | тукхам | [tuqam] |
| tribos (f pl) | тукхамаш | [tuqamaʃ] |

bárbaros (pl)	варварш	[varvarʃ]
galeses (pl)	галлаш	[gallaʃ]
godos (pl)	готаш	[gotaʃ]
eslavos (pl)	славянаш	[slavʲanaʃ]
viquingues (pl)	викинг	[wɪkɪng]

| romanos (pl) | римлянаш | [rɪmljanaʃ] |
| romano (adj) | римски | [rɪmskɪ] |

bizantinos (pl)	византийцаш	[wɪzantɪːtsaʃ]
Bizâncio	Византи	[wɪzantɪ]
bizantino (adj)	византийн	[wɪzantɪːn]

imperador (m)	император	[ɪmperatɔr]
líder (m)	баьчча	[bætʃ]
poderoso (adj)	нуьцкъала	[nʉtsqʔal]
rei (m)	паччахь	[patʃah]
governante (m)	урхалча	[urhaltʃ]

cavaleiro (m)	къонах	[qʔɔnah]
senhor feudal (m)	феодал	[feɔdal]
feudal (adj)	феодалийн	[feɔdalɪːn]
vassalo (m)	вассал	[vassal]

duque (m)	герцог	[gertsɔg]
conde (m)	граф	[graf]
barão (m)	барон	[barɔn]
bispo (m)	епископ	[epɪskɔp]

armadura (f)	гӀарӀ	[ɣaɣ]
escudo (m)	турс	[turs]
espada (f)	гӀалакх	[ɣalaq]
viseira (f)	цхар	[tshar]
cota (f) de malha	гӀарӀ	[ɣaɣ]

| cruzada (f) | жӀаран тӀом | [ʒ'aran t'ɔm] |
| cruzado (m) | жӀархо | [ʒ'arhɔ] |

território (m)	латта	[latt]
atacar (vt)	тӀелата	[t'elat]
conquistar (vt)	даккха	[dakq]
ocupar, invadir (vt)	дӀалаца	[d'alats]

assédio, sítio (m)	лацар	[latsar]
sitiado (adj)	лаьцна	[lætsn]
assediar, sitiar (vt)	лаца	[lats]

inquisição (f)	Ӏазап латтор	['azap lattɔr]
inquisidor (m)	Ӏазап латторхо	['azap lattɔrhɔ]
tortura (f)	Ӏазап	['azap]
cruel (adj)	къиза	[qʔɪz]
herege (m)	мунепакъ	[munepaqʔ]
heresia (f)	мунепакъ-Ӏилма	[munepaqʔ 'ɪlm]

navegação (f) marítima	хикема лелор	[hɪkem lelɔr]
pirata (m)	пират	[pɪrat]
pirataria (f)	пираталла	[pɪratall]
abordagem (f)	абордаж	[abɔrdaʒ]
presa (f), butim (m)	хӏонц	[h'ɔnʦ]
tesouros (m pl)	хазна	[hazn]

descobrimento (m)	гучудаккхар	[guʧudakqar]
descobrir (novas terras)	гучудаккха	[guʧudakq]
expedição (f)	экспедици	[ɛkspedɪʦɪ]

mosqueteiro (m)	мушкетёр	[muʃketʲor]
cardeal (m)	кардинал	[kardɪnal]
heráldica (f)	геральдика	[geraljdɪk]
heráldico (adj)	геральдически	[geraljdɪʧeskɪ]

189. Líder. Chefe. Autoridades

rei (m)	паччахь	[paʧah]
rainha (f)	зуда-паччахь	[zud paʧah]
real (adj)	паччахьан	[paʧahan]
reino (m)	паччахьалла	[paʧahall]

príncipe (m)	принц	[prɪnʦ]
princesa (f)	принцесса	[prɪnʦess]

presidente (m)	президент	[paʧah]
vice-presidente (m)	вице-президент	[wɪʦe prezɪdent]
senador (m)	сенатхо	[senathɔ]

monarca (m)	монарх	[mɔnarh]
governante (m)	урхалча	[urhalʧ]
ditador (m)	диктатор	[dɪktatɔr]
tirano (m)	Iазапхо	['azaphɔ]
magnata (m)	магнат	[magnat]

diretor (m)	директор	[dɪrektɔr]
chefe (m)	куьйгалхо	[kɥjgalhɔ]
gerente (m)	урхалхо	[urhalhɔ]
patrão (m)	хьаькам	[hæfkam]
dono (m)	да	[d]

chefe (m)	куьйгалхо	[kɥjgalhɔ]
autoridades (f pl)	хьаькамаш	[hæfkamaʃ]
superiores (m pl)	хьаькамаш	[hæfkamaʃ]

governador (m)	губернатор	[gubernatɔr]
cônsul (m)	консул	[kɔnsul]
diplomata (m)	дипломат	[dɪplomat]
Presidente (m) da Câmara	мэр	[mɛr]
xerife (m)	шериф	[ʃərɪf]

imperador (m)	император	[ɪmperatɔr]
czar (m)	паччахь	[paʧah]

| faraó (m) | пирӀон | [pɪr'ɔn] |
| cã, khan (m) | хан | [han] |

190. Estrada. Caminho. Direções

| estrada (f) | некъ | [neq?] |
| via (f) | некъ | [neq?] |

rodovia (f)	силам-некъ	[sɪlɑm neq?]
autoestrada (f)	автонекъ	['ɑvtɔneq?]
estrada (f) nacional	къаьмнийн некъ	[q?æmnɪ:n neq?]

| estrada (f) principal | коьрта некъ | [kørt neq?] |
| estrada (f) de terra | ворданан некъ | [vɔrdɑnɑn neq?] |

| trilha (f) | тача | [tɑtʃ] |
| pequena trilha (f) | тача | [tɑtʃ] |

Onde?	Мичахь?	[mɪtʃɑh]
Para onde?	Мича?	[mɪtʃ]
De onde?	Мичара?	[mɪtʃɑr]

| direção (f) | арӀо, тӀедерзор | ['ɑɣɔ], [t'ederzɔr] |
| indicar (~ o caminho) | гайта | [gɑjt] |

para a esquerda	аьрру арӀоп	[ærru ɑɣɔr]
para a direita	аьтту арӀоп	[ættu ɑɣɔr]
em frente	дуьххьал дӀа	[dʉhɑl d'ɑ]
para trás	юха	[juh]

curva (f)	гола	[gɔl]
virar (~ para a direita)	дӀадерза	[d'ɑderz]
dar retorno	духадерзар	[duhaderzɑr]

| estar visível | гуш хила | [guʃ hɪl] |
| aparecer (vi) | гучудала | [gutʃudɑl] |

paragem (pausa)	сацор	[sɑtsɔr]
descansar (vi)	садала	[sɑdɑ']
descanso, repouso (m)	садалар	[sɑdɑ'ɑr]

perder-se (vr)	тила	[tɪl]
conduzir a ... (caminho)	дига	[dɪg]
chegar a ...	арадала	[ɑrɑdɑl]
trecho (m)	дакъа	[dɑq?]

asfalto (m)	асфальт	[ɑsfɑljt]
meio-fio (m)	дийна дист	[dɪ:n dɪst]
valeta (f)	саьнгар	[sæŋgɑr]
tampa (f) de esgoto	люк	[lʉk]
acostamento (m)	некъан йист	[neq?ɑn jɪst]
buraco (m)	ор	[ɔr]
ir (a pé)	даха	[dɑh]
ultrapassar (vt)	хьалхадала	[hɑlhadɑl]

| passo (m) | гӀулч | [ɣultʃ] |
| a pé | гӀаш | [ɣaʃ] |

bloquear (vt)	юкъарло ян	[juqʔarlɔ jan]
cancela (f)	шлагбаум	[ʃlagbaum]
beco (m) sem saída	кӀажбухе	[kʼaʒbuhe]

191. Violação da lei. Criminosos. Parte 1

bandido (m)	талорхо	[talɔrhɔ]
crime (m)	зулам	[zulam]
criminoso (m)	зуламхо	[zulamhɔ]

| ladrão (m) | къу | [qʔu] |
| furto, roubo (m) | къола | [qʔɔl] |

raptar, sequestrar (vt)	лачкъо	[latʃqʔɔ]
sequestro (m)	лачкъор	[latʃqʔɔr]
sequestrador (m)	лачкъуийнарг	[latʃqʔɪːnarg]

| resgate (m) | мах | [mah] |
| pedir resgate | мехах схьаэцар | [mehah shaətsar] |

roubar (vt)	талор дан	[talɔr dan]
assalto, roubo (m)	талор, талор дар	[talɔr], [talɔr dar]
assaltante (m)	талорхо	[talɔrhɔ]

extorquir (vt)	нуьцкъала даккха	[nɥtsqʔal dakq]
extorsionário (m)	даккха гӀертарг	[dakq ɣertarg]
extorsão (f)	нуьцкъала даккхар	[nɥtsqʔal dakqar]

matar, assassinar (vt)	ден	[den]
homicídio (m)	дер	[der]
homicida, assassino (m)	дийнарг	[dɪːnarg]

tiro (m)	ялар	[jalar]
dar um tiro	кхосса	[qɔss]
matar a tiro	тоьпаца ден	[tøpats den]
disparar, atirar (vi)	кхийса	[qɪːs]
tiroteio (m)	кхийсар	[qɪːsar]

incidente (m)	хилларг	[hɪllarg]
briga (~ de rua)	вовшахлатар	[vɔvʃahlatar]
Socorro!	Гӏо дан кхайкха!	[ɣɔ dan qajqa!],
	Орца дала!	[ɔrts dal]
vítima (f)	хӀаллакъхилларг	[hʼallaqʔɪllarg]

danificar (vt)	зен дан	[zen dan]
dano (m)	зен	[zen]
cadáver (m)	дакъа	[daqʔ]
grave (adj)	доккха	[dɔkq]

| atacar (vt) | тӀелата | [tʼelat] |
| bater (espancar) | етта | [ett] |

espancar (vt)	етта	[ett]
tirar, roubar (dinheiro)	дӀадаккха	[d'adakq]
esfaquear (vt)	урс хьакха	[urs haq]
mutilar (vt)	заьлап дан	[zæ'ap dan]
ferir (vt)	чов ян	[ʧ͡ov jan]

chantagem (f)	шантаж	[ʃantaʒ]
chantagear (vt)	шантаж ян	[ʃantaʒ jan]
chantagista (m)	шантажхо	[ʃantaʒho]

extorsão (f)	рэкет	[rɛket]
extorsionário (m)	рэкитхо	[rɛkɪtho]
gângster (m)	гангстер	[gangster]
máfia (f)	мафи	[mafɪ]

punguista (m)	кисанан курхалча	[kɪsanan kurhalʧ͡]
assaltante, ladrão (m)	къу	[q?u]
contrabando (m)	контрабанда	[kɔntraband]
contrabandista (m)	контрабандхо	[kɔntrabandho]

falsificação (f)	харц хӀума дар	[harts h'um dar]
falsificar (vt)	тардан	[tardan]
falsificado (adj)	харц	[harts]

192. Violação da lei. Criminosos. Parte 2

estupro (m)	хьийзор	[hɪːzɔr]
estuprar (vt)	хьийзо	[hɪːzɔ]
estuprador (m)	ницкъбархо	[nɪtsq?barhɔ]
maníaco (m)	маньяк	[manjak]

prostituta (f)	кхахьпа	[qahp]
prostituição (f)	кхахьпалла	[qahpall]
cafetão (m)	сутенёр	[sutenʲor]

drogado (m)	наркоман	[narkɔman]
traficante (m)	наркотикаш йохкархо	[narkɔtɪkaʃ johkarhɔ]

explodir (vt)	экхийта	[ɛkqɪːt]
explosão (f)	экхар	[ɛkqar]
incendiar (vt)	лато	[latɔ]
incendiário (m)	цӀетасархо	[ts'etasarhɔ]

terrorismo (m)	терроризм	[terrɔrɪzm]
terrorista (m)	террорхо	[terrɔrhɔ]
refém (m)	закъалт	[zaq?alt]

enganar (vt)	Ӏехо	['eho]
engano (m)	Ӏехор	['ehor]
vigarista (m)	хӀилланча	[h'ɪllanʧ͡]

subornar (vt)	эца	[ɛts]
suborno (atividade)	эцар	[ɛtsar]
suborno (dinheiro)	кхаъ	[qa?]

veneno (m)	дӀовш	[dʼɔvʃ]
envenenar (vt)	дӀовш мало	[dʼɔvʃ malɔ]
envenenar-se (vr)	дӀовш мала	[dʼɔvʃ mal]

suicídio (m)	ша-шен дар	[ʃa ʃən dar]
suicida (m)	ша-шен дийнарг	[ʃa ʃən dɪːnarg]

ameaçar (vt)	кхерам тийса	[qeram tɪːs]
ameaça (f)	кхерор	[qerɔr]
atentar contra a vida de …	гӀерта	[ɣert]
atentado (m)	гӀортап	[ɣɔrtar]

roubar (um carro)	дӀадига	[dʼadɪg]
sequestrar (um avião)	дӀадига	[dʼadɪg]

vingança (f)	чӀир	[tʃʼɪr]
vingar (vt)	бекхам бан	[beqam ban]

torturar (vt)	Ӏазап дан	[ʼazap dan]
tortura (f)	Ӏазап	[ʼazap]
atormentar (vt)	Ӏазап далло	[ʼazap dallɔ]

pirata (m)	пират	[pɪrat]
desordeiro (m)	хулиган	[hulɪgan]
armado (adj)	герзан	[gerzan]
violência (f)	ницкъ бар	[nɪtsqʔ bar]

espionagem (f)	шпионаж	[ʃpɪɔnaʒ]
espionar (vi)	зен	[zen]

193. Polícia. Lei. Parte 1

justiça (sistema de ~)	дов хаттар	[dɔv hattar]
tribunal (m)	суд	[sud]

juiz (m)	суьдхо	[sʉdhɔ]
jurados (m pl)	векалш	[wekalʃ]
tribunal (m) do júri	векалашан суьд	[wekalaʃan sʉd]
julgar (vt)	суд ян	[sud jan]

advogado (m)	хьехамча	[hehamtʃ]
réu (m)	суьдерниг	[sʉdernɪg]
banco (m) dos réus	суьдерниган гӀант	[sʉdernɪgan ɣant]

acusação (f)	бехкедар	[behkedar]
acusado (m)	бехкевийриг	[behkevɪːrɪg]

sentença (f)	кхел	[qel]
sentenciar (vt)	кхел ян	[qel jan]

culpado (m)	бехкениг	[behkenɪg]
punir (vt)	тӀазар дан	[taʼzar dan]
punição (f)	тӀазар	[taʼzar]
multa (f)	гӀуда	[ɣud]

prisão (f) perpétua	валлалц чуволлар	[vallalts tʃuvɔllar]
pena (f) de morte	ден суд ян	[den sud jan]
cadeira (f) elétrica	электрически гlант	[ɛlektrɪtʃeskɪ ɣant]
forca (f)	тангlалкх	[tanɣalq]
executar (vt)	ден	[den]
execução (f)	ден суд яр	[den sud jar]
prisão (f)	набахте	[nabahte]
cela (f) de prisão	камера	[kamer]
escolta (f)	кано	[kanɔ]
guarda (m) prisional	тlехьожург	[t'ehɔʒurg]
preso, prisioneiro (m)	лаьцна стаг	[lætsn stag]
algemas (f pl)	гlоьмаш	[ɣømaʃ]
algemar (vt)	гlоьмаш йохка	[ɣømaʃ johk]
fuga, evasão (f)	дадар	[dadar]
fugir (vi)	дада	[dad]
desaparecer (vi)	къайладала	[q?ajladal]
soltar, libertar (vt)	мукъадаккха	[muq?adakq]
anistia (f)	амнисти	[amnɪstɪ]
polícia (instituição)	полици	[pɔlɪtsɪ]
polícia (m)	полици	[pɔlɪtsɪ]
delegacia (f) de polícia	полицин дакъа	[pɔlɪtsɪn daq?]
cassetete (m)	резинин чхьонкар	[rezɪnɪn tʃhonkar]
megafone (m)	рупор	[rupɔr]
carro (m) de patrulha	патрулан машина	[patrulan maʃɪn]
sirene (f)	сирена	[sɪren]
ligar a sirene	сирена лато	[sɪren latɔ]
toque (m) da sirene	уrlап	[uɣar]
cena (f) do crime	хилла меттиг	[hɪll mettɪg]
testemunha (f)	теш	[teʃ]
liberdade (f)	паргlато	[parɣatɔ]
cúmplice (m)	декъахо	[deq?aho]
escapar (vi)	къайладала	[q?ajladal]
traço (não deixar ~s)	лар	[lar]

194. Polícia. Lei. Parte 2

procura (f)	лахар	[lahar]
procurar (vt)	леха	[leh]
suspeita (f)	шекьхилар	[ʃekʲhɪlar]
suspeito (adj)	шеконан	[ʃekɔnan]
parar (veículo, etc.)	сацо	[satsɔ]
deter (fazer parar)	сацо	[satsɔ]
caso (~ criminal)	дов	[dɔv]
investigação (f)	таллам	[tallam]
detetive (m)	детектив, лахарча	[detektɪv], [lahartʃ]

investigador (m)	талламхо	[tallamho]
versão (f)	верси	[wersɪ]
motivo (m)	бахьана	[bahan]
interrogatório (m)	ледар	[ledar]
interrogar (vt)	ледан	[ledan]
questionar (vt)	ледан	[ledan]
verificação (f)	хьажар	[haʒar]
batida (f) policial	го бар	[gɔ bar]
busca (f)	хьажар	[haʒar]
perseguição (f)	тӏаьхьадалар	[t'æhadalar]
perseguir (vt)	тӏаьхьадаьлла лела	[t'æhadæll lel]
seguir, rastrear (vt)	хьежа	[heʒ]
prisão (f)	лацар	[latsar]
prender (vt)	лаца	[lats]
pegar, capturar (vt)	схьалаца	[shalats]
documento (m)	документ	[dɔkument]
prova (f)	тешам	[teʃam]
provar (vt)	тешо	[teʃɔ]
pegada (f)	лар	[lar]
impressões (f pl) digitais	тӏелгийн таммаӏанаш	[t'elgɪːn tammaɣanaʃ]
prova (f)	бахьана	[bahan]
álibi (m)	алиби	[alɪbɪ]
inocente (adj)	бехке доцу	[behke dɔtsu]
injustiça (f)	нийсо цахилар	[nɪːsɔ tsahɪlar]
injusto (adj)	нийса доцу	[nɪːs dɔtsu]
criminal (adj)	криминалан	[krɪmɪnalan]
confiscar (vt)	пачхьалкхдаккха	[patʃhalqdakq]
droga (f)	наркотик	[narkɔtɪk]
arma (f)	герз	[gerz]
desarmar (vt)	герз схьадаккха	[gerz shadakq]
ordenar (vt)	омра дан	[ɔmr dan]
desaparecer (vi)	къайладала	[q?ajladal]
lei (f)	закон	[zakɔn]
legal (adj)	законехь	[zakɔneh]
ilegal (adj)	законехь доцу	[zakɔneh dɔtsu]
responsabilidade (f)	жоьпалла	[ʒøpall]
responsável (adj)	жоьпаллин	[ʒøpallɪn]

NATUREZA

A Terra. Parte 1

195. Espaço sideral

espaço, cosmo (m)	космос	[kɔsmɔs]
espacial, cósmico (adj)	космосан	[kɔsmɔsan]
espaço (m) cósmico	космосан меттиг	[kɔsmɔsan mettɪg]
mundo (m)	дуьне	[dʉne]
universo (m)	Іалам	['alam]
galáxia (f)	галактика	[galaktɪk]
estrela (f)	седа	[sed]
constelação (f)	седарчий гулам	[sedartʃɪː gulam]
planeta (m)	дуьне	[dʉne]
satélite (m)	спутник	[sputnɪk]
meteorito (m)	метеорит	[meteɔrɪt]
cometa (m)	комета	[kɔmet]
asteroide (m)	астероид	[asterɔɪd]
órbita (f)	орбита	[ɔrbɪt]
girar (vi)	хьийза	[hɪːz]
atmosfera (f)	хІаваъ	[h'avaʔ]
Sol (m)	Малх	[malh]
Sistema (m) Solar	Маьлхан система	[mælhan sɪstem]
eclipse (m) solar	малх лацар	[malh latsar]
Terra (f)	Латта	[latt]
Lua (f)	Бутт	[butt]
Marte (m)	Марс	[mars]
Vênus (f)	Венера	[wener]
Júpiter (m)	Юпитер	[jupɪter]
Saturno (m)	Сатурн	[saturn]
Mercúrio (m)	Меркурий	[merkurɪː]
Urano (m)	Уран	[uran]
Netuno (m)	Нептун	[neptun]
Plutão (m)	Плутон	[plutɔn]
Via Láctea (f)	Ча такхийна Тача	[tʃa taqɪːn tatʃ]
Ursa Maior (f)	Ворх1 вешин ворх1 седа	[vɔrh weʃɪn vɔrh sed]
Estrela Polar (f)	Къилбаседа	[q'ɪlbased]
marciano (m)	марсианин	[marsɪanɪn]
extraterrestre (m)	инопланетянин	[ɪnɔplanet'anɪn]

alienígena (m)	пришелец	[prɪʃelets]
disco (m) voador	хӏаваэхула лела тарелка	[h'avaɛhul lel tarelk]
espaçonave (f)	космосан кема	[kɔsmɔsan kem]
estação (f) orbital	орбитин станци	[ɔrbɪtɪn stantsɪ]
lançamento (m)	старт	[start]
motor (m)	двигатель	[dwɪgatelj]
bocal (m)	сопло	[sɔplɔ]
combustível (m)	ягорг	[jagɔrg]
cabine (f)	кабина	[kabɪn]
antena (f)	антенна	[anten]
vigia (f)	иллюминатор	[ɪllumɪnatɔr]
bateria (f) solar	маьлхан батарей	[mælhan batarej]
traje (m) espacial	скафандр	[skafandr]
imponderabilidade (f)	йозалла яр	[jozall jar]
oxigênio (m)	кислород	[kɪslɔrɔd]
acoplagem (f)	вовшахтасар	[vɔvʃahtasar]
fazer uma acoplagem	вовшахтасса	[vɔvʃahtass]
observatório (m)	обсерватори	[ɔbservatɔrɪ]
telescópio (m)	телескоп	[teleskɔp]
observar (vt)	тергам бан	[tergam ban]
explorar (vt)	талла	[tall]

196. A Terra

Terra (f)	Латта	[latt]
globo terrestre (Terra)	дуьне	[dune]
planeta (m)	дуьне, планета	[dune], [planet]
atmosfera (f)	атмосфера	[atmɔsfer]
geografia (f)	географи	[geɔgrafɪ]
natureza (f)	ӏалам	['alam]
globo (mapa esférico)	глобус	[glɔbus]
mapa (m)	карта	[kart]
atlas (m)	атлас	[atlas]
Europa (f)	Европа	[evrɔp]
Ásia (f)	Ази	[azɪ]
África (f)	Африка	[afrɪk]
Austrália (f)	Австрали	[avstralɪ]
América (f)	Америка	[amerɪk]
América (f) do Norte	Къилбаседан Америка	[q?ɪlbasedan amerɪk]
América (f) do Sul	Къилбера Америка	[q?ɪlber amerɪk]
Antártida (f)	Антарктида	[antarktɪd]
Ártico (m)	Арктика	[arktɪk]

197. Pontos cardeais

norte (m)	къилбаседа	[qʔɪlbased]
para norte	къилбаседехьа	[qʔɪlbasedeh]
no norte	къилбаседехь	[qʔɪlbasedeh]
do norte (adj)	къилбаседан	[qʔɪlbasedan]
sul (m)	къилбе	[qʔɪlbe]
para sul	къилбехьа	[qʔɪlbeh]
no sul	къилбехь	[qʔɪlbeh]
do sul (adj)	къилбера	[qʔɪlber]
oeste, ocidente (m)	малхбузе	[malhbuze]
para oeste	малхбузехьа	[malhbuzeh]
no oeste	малхбузехь	[malhbuzeh]
ocidental (adj)	малхбузера	[malhbuzer]
leste, oriente (m)	малхбале	[malhbale]
para leste	малхбалехьа	[malhbaleh]
no leste	малхбалехь	[malhbaleh]
oriental (adj)	малхбалехьара	[malhbalehar]

198. Mar. Oceano

mar (m)	хӏорд	[hʼɔrd]
oceano (m)	хӏорд, океан	[hʼɔrd], [ɔkean]
golfo (m)	айма	[ajm]
estreito (m)	хидоькъе	[hɪdøqʔe]
terra (f) firme	латта	[latt]
continente (m)	материк	[materɪk]
ilha (f)	гӏайре	[ɣajre]
península (f)	ахгӏайре	[ʼahɣajre]
arquipélago (m)	архипелаг	[arhɪpelag]
baía (f)	бухта	[buht]
porto (m)	гавань	[gavanj]
lagoa (f)	лагуна	[lagun]
cabo (m)	мара	[mar]
atol (m)	атолл	[atɔll]
recife (m)	риф	[rɪf]
coral (m)	маржак	[marʒak]
recife (m) de coral	маржанийн риф	[marʒanɪːn rɪf]
profundo (adj)	кӏоарга	[kʼɔarg]
profundidade (f)	кӏоргалла	[kʼɔrgall]
abismo (m)	бух боцу Ӏин	[buh bɔt͡su ʼɪn]
fossa (f) oceânica	кӏаг	[kʼag]
corrente (f)	дӏаэхар	[dʼaehar]
banhar (vt)	го баькхина хи хила	[gɔ bækqɪn hɪ hɪl]
litoral (m)	хийист	[hɪːɪst]

costa (f)	йист	[jɪst]
maré (f) alta	хӏорд тӏекхетар	[hʼɔrd tʼeqetar]
refluxo (m)	хӏорд чубожа боьлла	[hʼɔrd ʧubɔӡ bøll]
restinga (f)	гомхе	[gɔmhe]
fundo (m)	бух	[buh]

onda (f)	тулгӏе	[tulɣe]
crista (f) da onda	тулгӏийн дукъ	[tulɣɪːn duqʔ]
espuma (f)	чопа	[ʧɔp]

tempestade (f)	дарц	[darʦ]
furacão (m)	мох балар	[mɔh balar]
tsunami (m)	цунами	[ʦunamɪ]
calmaria (f)	штиль	[ʃtɪlj]
calmo (adj)	тийна	[tɪːn]

polo (m)	полюс	[pɔlʉs]
polar (adj)	полюсан	[pɔlʉsan]

latitude (f)	шоралла	[ʃɔrall]
longitude (f)	дохалла	[dɔhall]
paralela (f)	параллель	[parallelj]
equador (m)	экватор	[ɛkvatɔr]

céu (m)	дуьне	[dʉne]
horizonte (m)	ана	[an]
ar (m)	хӏаваъ	[hʼavaʔ]

farol (m)	маяк	[majak]
mergulhar (vi)	чулелха	[ʧulelh]
afundar-se (vr)	бухадаха	[buhadah]
tesouros (m pl)	хазна	[hazn]

199. Nomes de Mares e Oceanos

Oceano (m) Atlântico	Атлантически хӏорд	[ˈatlantɪʧeskɪ hʼɔrd]
Oceano (m) Índico	Индихойн хӏорд	[ɪndɪhojn hʼɔrd]
Oceano (m) Pacífico	Тийна хӏорд	[tɪːn hʼɔrd]
Oceano (m) Ártico	Къилбаседанан Шен хӏорд	[qʔɪlbasedanan ʃɛn hʼɔrd]

Mar (m) Negro	Ӏаьржа хӏорд	[ˈærӡ hɔrd]
Mar (m) Vermelho	Цӏен хӏорд	[ʦʼen hʼɔrd]
Mar (m) Amarelo	Можа хӏорд	[mɔӡ hʼɔrd]
Mar (m) Branco	Кӏайн хӏорд	[kʼajn hʼɔrd]

Mar (m) Cáspio	Каспи хӏорд	[kaspɪ hʼɔrd]
Mar (m) Morto	Са доцу хӏорд	[sa dɔʦu hʼɔrd]
Mar (m) Mediterrâneo	Средиземни хӏорд	[sredɪzemnɪ hʼɔrd]

Mar (m) Egeu	Эгейски хӏорд	[ɛgejskɪ hʼɔrd]
Mar (m) Adriático	Адреатически хӏорд	[ˈadreatɪʧeskɪ hɔrd]
Mar (m) Arábico	Аравийски хӏорд	[ˈaravɪːskɪ hʼɔrd]
Mar (m) do Japão	Японийн хӏорд	[japɔnɪːn hʼɔrd]

| Mar (m) de Bering | Берингово хIорд | [berɪngɔvɔ h'ɔrd] |
| Mar (m) da China Meridional | Къилба-Китайн хIорд | [qʔɪlb kɪtajn h'ɔrd] |

Mar (m) de Coral	Маржанийн хIорд	[marʒanɪːn h'ɔrd]
Mar (m) de Tasman	Тасманово хIорд	[tasmanɔvɔ h'ɔrd]
Mar (m) do Caribe	Карибски хIорд	[karɪbskɪ h'ɔrd]

| Mar (m) de Barents | Баренцово хIорд | [barentsɔvɔ h'ɔrd] |
| Mar (m) de Kara | Карски хIорд | [karskɪ h'ɔrd] |

Mar (m) do Norte	Къилбаседан хIорд	[qʔɪlbasedan h'ɔrd]
Mar (m) Báltico	Балтийски хIорд	[baltɪːskɪ h'ɔrd]
Mar (m) da Noruega	Норвержски хIорд	[nɔrwerʒskɪ h'ɔrd]

200. Montanhas

montanha (f)	лам	[lam]
cordilheira (f)	ламнийн моrlа	[lamnɪːn mɔɣ]
serra (f)	ламанан дукъ	[lamanan duqʔ]

cume (m)	бохь	[bɔh]
pico (m)	бохь	[bɔh]
pé (m)	кIажа	[k'aʒ]
declive (m)	басе	[base]

vulcão (m)	тIаплам	[t'aplam]
vulcão (m) ativo	тIепинг	[t'epɪng]
vulcão (m) extinto	байна тIаплам	[bajn t'aplam]

erupção (f)	хьалатохар	[halatɔhar]
cratera (f)	кратер	[krater]
magma (m)	магма	[magm]
lava (f)	лава	[lav]
fundido (lava ~a)	цIийдина	[ts'ɪːdɪn]

cânion, desfiladeiro (m)	Iин	['ɪn]
garganta (f)	чIож	[tʃ'ɔʒ]
fenda (f)	чIаж	[tʃ'aʒ]

passo, colo (m)	ламанан дукъ	[lamanan duqʔ]
planalto (m)	акъари	['aqʔarɪ]
falésia (f)	тарх	[tarh]
colina (f)	гу	[gu]

geleira (f)	ша-ор	[ʃa ɔr]
cachoeira (f)	чухчари	[tʃuhtʃarɪ]
gêiser (m)	гейзер	[gejzer]
lago (m)	Iам	['am]

planície (f)	аре	[are]
paisagem (f)	пейзаж	[pejzaʒ]
eco (m)	йилбазмохь	[jɪlbazmɔh]
alpinista (m)	алтпинист	[altpɪnɪst]
escalador (m)	тархашхо	[tarhaʃhɔ]

| conquistar (vt) | карадало | [karadalɔ] |
| subida, escalada (f) | тӀедалар | [t'edalar] |

201. Nomes de montanhas

Alpes (m pl)	Альпаш	[aljpaʃ]
Monte Branco (m)	Монблан	[mɔnblan]
Pirineus (m pl)	Пиренеи	[pɪreneɪ]

Cárpatos (m pl)	Карпаташ	[karpataʃ]
Urais (m pl)	Уралан лаьмнаш	[uralan læmnaʃ]
Cáucaso (m)	Кавказ	[kavkaz]
Elbrus (m)	Эльбрус	[ɛljbrus]

Altai (m)	Алтай	[altaj]
Tian Shan (m)	Тянь-Шань	[t'anj ʃanj]
Pamir (m)	Памир	[pamɪr]
Himalaia (m)	Гималаи	[gɪmalaɪ]
monte Everest (m)	Эверест	[ɛwerest]

| Cordilheira (f) dos Andes | Анднаш | [andnaʃ] |
| Kilimanjaro (m) | Килиманджаро | [kɪlɪmandʒarɔ] |

202. Rios

rio (m)	доьду хи	[dødu hɪ]
fonte, nascente (f)	хьост, шовда	[hɔst], [ʃɔvd]
leito (m) de rio	харш	[harʃ]
bacia (f)	бассейн	[bassejn]
desaguar no ...	кхета	[qet]

| afluente (m) | га | [g] |
| margem (do rio) | хийист | [hɪːɪst] |

corrente (f)	дӀаэхар	[d'aəhar]
rio abaixo	хица охьа	[hɪts ɔh]
rio acima	хица хьала	[hɪts hal]

inundação (f)	хи тӀедалар	[hɪ t'edalar]
cheia (f)	дестар	[destar]
transbordar (vi)	деста	[dest]
inundar (vt)	дӀахьулдан	[d'ahuldan]

| banco (m) de areia | гомхалла | [gɔmhall] |
| corredeira (f) | тарх | [tarh] |

barragem (f)	сунт	[sunt]
canal (m)	татол	[tatɔl]
reservatório (m) de água	латтийла	[lattːl]
eclusa (f)	шлюз	[ʃʉz]
corpo (m) de água	Ӏам	['am]
pântano (m)	уьшал	[ʉʃal]

lamaçal (m)	уьшал	[ʉʃɑl]
redemoinho (m)	айма	[ɑjm]
riacho (m)	татол	[tɑtɔl]
potável (adj)	молу	[mɔlu]
doce (água)	теза	[tez]
gelo (m)	ша	[ʃ]
congelar-se (vr)	ша бан	[ʃɑ bɑn]

203. Nomes de rios

rio Sena (m)	Сена	[sen]
rio Loire (m)	Луара	[luɑr]
rio Tâmisa (m)	Темза	[temz]
rio Reno (m)	Рейн	[rejn]
rio Danúbio (m)	Дунай	[dunɑj]
rio Volga (m)	Волга	[vɔlg]
rio Don (m)	Дон	[dɔn]
rio Lena (m)	Лена	[len]
rio Amarelo (m)	Хуанхэ	[huɑnhɛ]
rio Yangtzé (m)	Янцзы	[jɑntszɪ]
rio Mekong (m)	Меконг	[mekɔng]
rio Ganges (m)	Ганг	[gɑng]
rio Nilo (m)	Нил	[nɪl]
rio Congo (m)	Конго	[kɔngɔ]
rio Cubango (m)	Окаванго	[ɔkɑvɑngɔ]
rio Zambeze (m)	Замбези	[zɑmbezɪ]
rio Limpopo (m)	Лимпопо	[lɪmpɔpɔ]
rio Mississippi (m)	Миссисипи	[mɪssɪsɪpɪ]

204. Floresta

floresta (f), bosque (m)	хьун	[hun]
florestal (adj)	хьунан	[hunɑn]
mata (f) fechada	варш	[vɑrʃ]
arvoredo (m)	боьлак	[bølɑk]
clareira (f)	ирзу	[ɪrzu]
matagal (m)	коьллаш	[køllɑʃ]
mato (m), caatinga (f)	колл	[kɔll]
pequena trilha (f)	тача	[tɑtʃ]
ravina (f)	боьра	[bør]
árvore (f)	дитт	[dɪtt]
folha (f)	rɪa	[ɣɑ]

folhagem (f)	гӀаш	[ɣaʃ]
queda (f) das folhas	гӀа дожар	[ɣa doʒar]
cair (vi)	охьа дожа	[ɔh doʒ]
topo (m)	бохь	[bɔh]

ramo (m)	га	[g]
galho (m)	га	[g]
botão (m)	патар	[patar]
agulha (f)	кӀохцалг	[k'ɔhtsalg]
pinha (f)	бӀар	[b'ar]

buraco (m) de árvore	хара	[har]
ninho (m)	бен	[ben]
toca (f)	Ӏуьрг	['ʉrg]

tronco (m)	гӀад	[ɣad]
raiz (f)	орам	[ɔram]
casca (f) de árvore	кевстиг	[kevstɪg]
musgo (m)	корсам	[kɔrsam]

arrancar pela raiz	бухдаккха	[buhdakq]
cortar (vt)	хьакха	[haq]
desflorestar (vt)	хьакха	[haq]
toco, cepo (m)	юьхк	[juhk]

fogueira (f)	цӀе	[ts'e]
incêndio (m) florestal	цӀе	[ts'e]
apagar (vt)	дӀадайа	[d'adaj]

guarda-parque (m)	хьуьнхо	[hʉnho]
proteção (f)	лардар	[lardar]
proteger (a natureza)	лардан	[lardan]
caçador (m) furtivo	браконьер	[brakɔnjer]
armadilha (f)	гура	[gur]

| colher (cogumelos, bagas) | лахьо | [lahɔ] |
| perder-se (vr) | тила | [tɪl] |

205. Recursos naturais

recursos (m pl) naturais	Ӏаламан тӀаьхьалонаш	['alaman t'æhalɔnaʃ]
minerais (m pl)	пайде маьлданаш	[pajde mæ'danaʃ]
depósitos (m pl)	маьлданаш	[mæ'danaʃ]
jazida (f)	маьлданаш дохку	[mæ'danaʃ dɔhku]

extrair (vt)	даккха	[dakq]
extração (f)	даккхар	[dakqar]
minério (m)	маьлда	[mæ'd]
mina (f)	маьлда доккхийла, шахта	[mæ'd dɔkqɪːl], [ʃaht]
poço (m) de mina	шахта	[ʃaht]
mineiro (m)	кӀорабаккхархо	[k'ɔrabakqarhɔ]

| gás (m) | газ | [gaz] |
| gasoduto (m) | газъюьргург | [gaz?ʉgurg] |

petróleo (m)	нефть	[neftʲ]
oleoduto (m)	нефтьузург	[neftʲuzurg]
poço (m) de petróleo	нефтан чардакх	[neftan ʈardaq]
torre (f) petrolífera	буру туху вышка	[buru tuhu vɪʃk]
petroleiro (m)	танкер	[tanker]

areia (f)	гӀум	[ɣum]
calcário (m)	кир-маьлда	[kɪr mæ'd]
cascalho (m)	жаргӀа	[ʒaɣ]
turfa (f)	Іеха	['eh]
argila (f)	поппар	[pɔppar]
carvão (m)	кӀопа	[k'ɔr]

ferro (m)	эчиг	[ɛʈɪg]
ouro (m)	деши	[deʃɪ]
prata (f)	дети	[detɪ]
níquel (m)	никель	[nɪkelj]
cobre (m)	цӀаста	[ts'ast]

zinco (m)	цинк	[tsɪnk]
manganês (m)	марганец	[marganets]
mercúrio (m)	гинсу	[gɪnsu]
chumbo (m)	даш	[daʃ]

mineral (m)	минерал	[mɪneral]
cristal (m)	кристалл	[krɪstall]
mármore (m)	шагатӀулг	[ʃagat'ulg]
urânio (m)	уран	[uran]

A Terra. Parte 2

206. Tempo

tempo (m)	хенан хІоттам	[henan h'ɔttam]
previsão (f) do tempo	хенан хІоттаман прогноз	[henan h'ɔttaman prɔgnɔz]
temperatura (f)	температура	[temperatur]
termômetro (m)	термометр	[termɔmetr]
barômetro (m)	барометр	[barɔmetr]
umidade (f)	тІуьнан	[t'ʉnan]
calor (m)	йовхо	[jovho]
tórrido (adj)	довха	[dɔvh]
está muito calor	йовха	[jovh]
está calor	йовха	[jovh]
quente (morno)	довха	[dɔvh]
está frio	шийла	[ʃɪːl]
frio (adj)	шийла	[ʃɪːl]
sol (m)	малх	[malh]
brilhar (vi)	кхета	[qet]
de sol, ensolarado	маьлхан	[mælhan]
nascer (vi)	схьакхета	[shaqet]
pôr-se (vr)	чубуза	[ʧubuz]
nuvem (f)	марха	[marh]
nublado (adj)	мархаш йолу	[marhaʃ jolu]
nuvem (f) preta	марха	[marh]
escuro, cinzento (adj)	кхоьлина	[qølɪn]
chuva (f)	догІа	[dɔɣ]
está a chover	догІа догІу	[dɔɣ dɔɣu]
chuvoso (adj)	догІане	[dɔɣane]
chuviscar (vi)	серса	[sers]
chuva (f) torrencial	кхевсина догІа	[qevsɪn dɔɣ]
aguaceiro (m)	догІа	[dɔɣ]
forte (chuva, etc.)	чІогІа	[ʧ'ɔɣ]
poça (f)	Іам	['am]
molhar-se (vr)	тІадо	[t'adɔ]
nevoeiro (m)	дохк	[dohk]
de nevoeiro	дохк долу	[dohk dɔlu]
neve (f)	ло	[lɔ]
está nevando	ло догІу	[lɔ dɔɣu]

207. Tempo extremo. Catástrofes naturais

trovoada (f)	йочана	[jotʃan]
relâmpago (m)	ткъес	[tqʔes]
relampejar (vi)	стега	[steg]
trovão (m)	стигал къовкъар	[stɪgal qʔɔvqʔar]
trovejar (vi)	къекъа	[qʔeqʔ]
está trovejando	стигал къекъа	[stɪgal qʔeqʔ]
granizo (m)	къора	[qʔɔr]
está caindo granizo	къора йогⅼy	[qʔɔr joɣu]
inundar (vt)	дⅼахьулдан	[dʼahuldan]
inundação (f)	хи тⅼедалар	[hɪ tʼedalar]
terremoto (m)	мохк бегор	[mɔhk begɔr]
abalo, tremor (m)	дегар	[degar]
epicentro (m)	эпицентр	[ɛprʦentr]
erupção (f)	хьалатохар	[halatɔhar]
lava (f)	лава	[lav]
tornado (m)	йилбазмох	[jɪlbazmɔh]
tornado (m)	торнадо	[tɔrnadɔ]
tufão (m)	тайфун	[tajfun]
furacão (m)	мох балар	[mɔh balar]
tempestade (f)	дарц	[darʦ]
tsunami (m)	цунами	[ʦunamɪ]
ciclone (m)	дарц	[darʦ]
mau tempo (m)	йочана	[jotʃan]
incêndio (m)	цⅼе	[ʦʼe]
catástrofe (f)	катастрофа	[katastrɔf]
meteorito (m)	метеорит	[meteɔrɪt]
avalanche (f)	хьаьтт	[hætt]
deslizamento (m) de neve	чухарцар	[tʃuharʦar]
nevasca (f)	дарц	[darʦ]
tempestade (f) de neve	дарц	[darʦ]

208. Ruídos. Sons

silêncio (m)	тийналла	[tajnall]
som (m)	аз	[az]
ruído, barulho (m)	rⅼовrⅼа	[ɣɔvɣ]
fazer barulho	rⅼовrⅼа ян	[ɣɔvɣ jan]
ruidoso, barulhento (adj)	rⅼовrⅼа йолу	[ɣɔvɣ jolu]
alto	чⅼорⅼа	[tʃʼɔɣ]
alto (ex. voz ~a)	чⅼорⅼа	[tʃʼɔɣ]
constante (ruído, etc.)	хаддаза	[haddaz]

grito (m)	мохь	[mɔh]
gritar (vi)	мохь бетта	[mɔh bett]
sussurro (m)	шабар-шибар	[ʃabar ʃɪbar]
sussurrar (vi, vt)	шабар-шибар дан	[ʃabar ʃɪbar dan]

| latido (m) | гlалх | [ɣalh] |
| latir (vi) | гlалх дан | [ɣalh dan] |

gemido (m)	узар	[uzar]
gemer (vi)	узарш дан	[uzarʃ dan]
tosse (f)	йовхарш	[jovharʃ]
tossir (vi)	йовхарш етта	[jovharʃ ett]

assobio (m)	шок	[ʃɔk]
assobiar (vi)	шок етта	[ʃɔk ett]
batida (f)	тlак	[t'ak]
bater (à porta)	детта	[dett]

| estalar (vi) | лелха | [lelh] |
| estalido (m) | къарс | [q?ars] |

sirene (f)	сирена	[sɪren]
apito (m)	мохь	[mɔh]
apitar (vi)	дека	[dek]
buzina (f)	сигнал	[sɪgnal]
buzinar (vi)	сигнал етта	[sɪgnal ett]

209. Inverno

inverno (m)	la	['a]
de inverno	lаьнан	['ænan]
no inverno	lай	['aj]

neve (f)	ло	[lɔ]
está nevando	ло дорлу	[lɔ dɔɣu]
queda (f) de neve	ло диллар	[lɔ dɪllar]
amontoado (m) de neve	оьла	[øl]

floco (m) de neve	лайн чим	[lajn tʃɪm]
bola (f) de neve	ло	[lɔ]
boneco (m) de neve	снеговик	[snegɔwɪk]
sincelo (m)	кхазарг	[qazarg]

dezembro (m)	декабрь	[dekabrʲ]
janeiro (m)	январь	[janvarʲ]
fevereiro (m)	февраль	[fevralj]

| gelo (m) | шело | [ʃəlɔ] |
| gelado (tempo ~) | шийла | [ʃiːl] |

abaixo de zero	нолал лохаха	[nɔlal lɔhah]
primeira geada (f)	йис	[jɪs]
geada (f) branca	йис	[jɪs]
frio (m)	шело	[ʃəlɔ]

está frio	шийла	[ʃɪ:l]
casaco (m) de pele	кетар	[ketɑr]
mitenes (f pl)	каранаш	[kɑrɑnɑʃ]
adoecer (vi)	цамгар кхета	[ʦɑmgɑr qet]
resfriado (m)	шелдалар	[ʃəldɑlɑr]
ficar resfriado	шелдала	[ʃəldɑl]
gelo (m)	ша	[ʃ]
gelo (m) na estrada	ша	[ʃ]
congelar-se (vr)	ша бан	[ʃɑ bɑn]
bloco (m) de gelo	окъам	[ɔqʔɑm]
esqui (m)	когсалазаш	[kɔgsɑlɑzɑʃ]
esquiador (m)	лыжашхо	[lɪʒɑʃho]
esquiar (vi)	когсалазаш хехка	[kɔgsɑlɑzɑʃ hehk]
patinar (vi)	конькаш хехка	[kɔnjkɑʃ hehk]

Fauna

210. Mamíferos. Predadores

predador (m)	гӏира экха	[ɣɪr ɛq]
tigre (m)	цӏоькъалом	[ts'øq?alɔm]
leão (m)	лом	[lɔm]
lobo (m)	борз	[bɔrz]
raposa (f)	цхьогал	[tshɔgal]

jaguar (m)	ягуар	[jaguar]
leopardo (m)	леопард	[leɔpard]
chita (f)	гепард	[gepard]

pantera (f)	пантера	[panter]
puma (m)	пума	[pum]
leopardo-das-neves (m)	лайн цӏокъ	[lajn ts'ɔq?]
lince (m)	акха цициг	[aq tsɪtsɪg]

coiote (m)	койот	[kɔjot]
chacal (m)	чагӏалкх	[ʧaɣalq]
hiena (f)	чагӏалкх	[ʧaɣalq]

211. Animais selvagens

animal (m)	дийнат	[dɪːnat]
besta (f)	экха	[ɛq]

esquilo (m)	тарсал	[tarsal]
ouriço (m)	зу	[zu]
lebre (f)	пхьагал	[phagal]
coelho (m)	кролик	[krɔlɪk]

texugo (m)	даӏам	[da'am]
guaxinim (m)	акха жӏаьла	['aq ʒ'æl]
hamster (m)	оьпа	[øp]
marmota (f)	дӏам	[d'am]

toupeira (f)	боьлкъазар	[bølq?azar]
rato (m)	дахка	[dahk]
ratazana (f)	мукадахка	[mukadahk]
morcego (m)	бирдолаг	[bɪrdɔlag]

arminho (m)	горностай	[gɔrnɔstaj]
zibelina (f)	салор	[salɔr]
marta (f)	салор	[salɔr]
doninha (f)	дингад	[dɪngad]
visom (m)	норка	[nɔrk]

| castor (m) | бобр | [bɔbr] |
| lontra (f) | хешт | [heʃt] |

cavalo (m)	говр	[gɔvr]
alce (m)	боккха сай	[bɔkq saj]
veado (m)	сай	[saj]
camelo (m)	эмкал	[ɛmkal]

bisão (m)	бизон	[bɪzɔn]
auroque (m)	була	[bul]
búfalo (m)	гомаш-буга	[gɔmaʃ bug]

zebra (f)	зебр	[zebr]
antílope (m)	антилопа	[antɪlɔp]
corça (f)	лу	[lu]
gamo (m)	шоьккари	[ʃøkkarɪ]
camurça (f)	масар	[masar]
javali (m)	нал	[nal]

baleia (f)	кит	[kɪt]
foca (f)	тюлень	[tʉlenj]
morsa (f)	морж	[mɔrʒ]
urso-marinho (m)	котик	[kɔtɪk]
golfinho (m)	дельфин	[deljfɪn]

urso (m)	ча	[ʧ]
urso (m) polar	кӏайн ча	[k'ajn ʧa]
panda (m)	панда	[pand]

macaco (m)	маймал	[majmal]
chimpanzé (m)	шимпанзе	[ʃɪmpanze]
orangotango (m)	орангутанг	[ɔrangutang]
gorila (m)	горилла	[gɔrɪll]
macaco (m)	макака	[makak]
gibão (m)	гиббон	[gɪbbɔn]

elefante (m)	пийл	[pɪːl]
rinoceronte (m)	мермала	[merma']
girafa (f)	жираф	[ʒɪraf]
hipopótamo (m)	бегемот	[begemɔt]

| canguru (m) | кенгуру | [kenguru] |
| coala (m) | коала | [kɔal] |

mangusto (m)	мангуст	[mangust]
chinchila (f)	шиншилла	[ʃɪnʃɪll]
cangambá (f)	скунс	[skuns]
porco-espinho (m)	дикобраз	[dɪkɔbraz]

212. Animais domésticos

gata (f)	цициг	[ʦɪʦɪg]
gato (m) macho	цициг	[ʦɪʦɪg]
cavalo (m)	говр	[gɔvr]

| garanhão (m) | айгӀап | [ˈajɣar] |
| égua (f) | кхела | [qel] |

vaca (f)	етта	[ett]
touro (m)	сту	[stu]
boi (m)	сту	[stu]

ovelha (f)	жий	[ʒɪ:]
carneiro (m)	уьстагӀ	[ʉstaɣ]
cabra (f)	газа	[gaz]
bode (m)	бож	[bɔʒ]

| burro (m) | вир | [wɪr] |
| mula (f) | бӀарза | [bˈarz] |

porco (m)	хьакха	[haq]
leitão (m)	хуьрсик	[hʉrsɪk]
coelho (m)	кролик	[krɔlɪk]

| galinha (f) | котам | [kɔtam] |
| galo (m) | боргӀал | [bɔrɣal] |

pata (f), pato (m)	бад	[bad]
pato (m)	нӀаьна-бад	[nˈæn bad]
ganso (m)	гӀаз	[ɣaz]

| peru (m) | москал-нӀаьна | [mɔskal nˈæn] |
| perua (f) | москал-котам | [mɔskal kɔtam] |

animais (m pl) domésticos	цӀера дийнаташ	[ʦˈer dɪ:nataʃ]
domesticado (adj)	караламийна	[karaˈamɪ:n]
domesticar (vt)	караламо	[karaˈamɔ]
criar (vt)	лело	[lelɔ]

fazenda (f)	ферма	[ferm]
aves (f pl) domésticas	зӀакардаьхний	[zˈakardæhnɪ:]
gado (m)	хьайбанаш	[hajbanaʃ]
rebanho (m), manada (f)	бажа	[baʒ]

estábulo (m)	божал	[bɔʒal]
chiqueiro (m)	хьакхарчийн божал	[haqarʧɪ:n bɔʒal]
estábulo (m)	божал	[bɔʒal]
coelheira (f)	кроликийн бун	[krɔlɪkɪ:n bun]
galinheiro (m)	котаман бун	[kɔtaman bun]

213. Cães. Raças de cães

cão (m)	жӀаьла	[ʒˈæl]
cão pastor (m)	жен жӀаьла	[ʒen ʒˈæl]
poodle (m)	пудель	[pudelj]
linguicinha (m)	такса	[taks]

| buldogue (m) | бульдог | [buljdɔg] |
| boxer (m) | боксёр | [bɔksjor] |

mastim (m)	мастиф	[mɑstɪf]
rottweiler (m)	ротвейлер	[rɔtwejler]
dóberman (m)	доберман	[dɔbermɑn]

basset (m)	бассет	[bɑsset]
pastor inglês (m)	бобтейл	[bɔbtejl]
dálmata (m)	далматинец	[dɑlmɑtɪnets]
cocker spaniel (m)	кокер-спаниель	[kɔker spɑnɪelj]

terra-nova (m)	ньюфаундленд	[njʉfɑundlend]
são-bernardo (m)	сенбернар	[senbernɑr]

husky (m) siberiano	хаски	[hɑskɪ]
Chow-chow (m)	чау-чау	[ʧɑu ʧɑu]
spitz alemão (m)	кӏезалг	[kʼezɑlg]
pug (m)	мопс	[mɔps]

214. Sons produzidos pelos animais

latido (m)	гӏалх	[ɣɑlh]
latir (vi)	гӏалх дан	[ɣɑlh dɑn]
miar (vi)	Iaxa	[ʼɑh]
ronronar (vi)	мур дан	[mur dɑn]

mugir (vaca)	Iexa	[ʼeh]
bramir (touro)	Iexa	[ʼeh]
rosnar (vi)	гӏиргӏ дан	[ɣɪɣ dɑn]

uivo (m)	үргӏар	[uɣɑr]
uivar (vi)	үргӏа	[uɣ]
ganir (vi)	цӏовза	[tsʼɔvz]

balir (vi)	Iexa	[ʼeh]
grunhir (vi)	хур-хур дан	[hur hur dɑn]
guinchar (vi)	цӏовза	[tsʼɔvz]

coaxar (sapo)	вакъ-вакъ баха	[vɑqʔ vɑqʔ bɑh]
zumbir (inseto)	зуз дан	[zuz dɑn]
ziziar (vi)	чӏа-чӏа дан	[ʧʼɑ ʧʼɑ dɑn]

215. Animais jovens

cria (f), filhote (m)	кӏорни	[kʼɔrnɪ]
gatinho (m)	цицига кӏорни	[tsɪtsɪgɑn kʼɔrnɪ]
ratinho (m)	дехкан кӏорни	[dehkɑn kʼɔrnɪ]
cachorro (m)	кӏеза	[kʼez]

filhote (m) de lebre	пхьагалан кӏорни	[phagɑlɑn kʼɔrnɪ]
coelhinho (m)	кроликан кӏорни	[krɔlɪkɑn kʼɔrnɪ]
lobinho (m)	берзан кӏеза	[berzɑn kʼez]
filhote (m) de raposa	цхьогалан кӏорни	[tshɔgɑlɑn kʼɔrnɪ]
filhote (m) de urso	чайтаӏ	[ʧɑjtɑʔ]

filhote (m) de leão	лоьман кӀорни	[løman k'ɔrnɪ]
filhote (m) de tigre	цӀоькъалоьман кӀорни	[ts'øqʔaløman k'ɔrnɪ]
filhote (m) de elefante	пийлан кӀорни	[pɪːlan k'ɔrnɪ]

leitão (m)	хуьрсик	[hʉrsɪk]
bezerro (m)	эса	[ɛs]
cabrito (m)	буьхьиг	[bʉhɪg]
cordeiro (m)	Ӏахар	['ahar]
filhote (m) de veado	сен бекъа	[sen beqʔ]
cria (f) de camelo	эмкалан бекъа	[ɛmkalan beqʔ]

filhote (m) de serpente	лаьхьанан кӀорни	[læhanan k'ɔrnɪ]
filhote (m) de rã	пхьидан кӀорни	[phɪdan k'ɔrnɪ]

cria (f) de ave	чантал	[tʃantal]
pinto (m)	кӀорни	[k'ɔrnɪ]
patinho (m)	бедан кӀорни	[bedan k'ɔrnɪ]

216. Pássaros

pássaro (m), ave (f)	олхазар	[ɔlhazar]
pombo (m)	кхокха	[qɔq]
pardal (m)	хьоза	[hɔz]
chapim-real (m)	цӀирцӀирхьоза	[ts'ɪrts'ɪrhɔz]
pega-rabuda (f)	къорза къиг	[qʔɔrz qʔɪg]

corvo (m)	хьаргӀа	[harɣ]
gralha-cinzenta (f)	къиг	[qʔɪg]
gralha-de-nuca-cinzenta (f)	жагӀжагӀа	[ʒaɣʒaɣ]
gralha-calva (f)	човка	[tʃɔvk]

pato (m)	бад	[bad]
ganso (m)	гӀаз	[ɣaz]
faisão (m)	акха котам	[aq kɔtam]

águia (f)	аьрзу	[ærzu]
açor (m)	куьйра	[kʉjr]
falcão (m)	леча	[letʃ]
abutre (m)	ломъаьрзу	[lɔmʔærzu]
condor (m)	кондор	[kɔndɔr]

cisne (m)	гӀургӀаз	[ɣurɣaz]
grou (m)	гӀаргӀули	[ɣarɣulɪ]
cegonha (f)	чӀерийдохург	[tʃ'erɪːdɔhurg]

papagaio (m)	тоти	[tɔtɪ]
beija-flor (m)	колибри	[kɔlɪbrɪ]
pavão (m)	тӀаус	[t'aus]

avestruz (m)	страус	[straus]
garça (f)	чӀерийлоьцург	[tʃ'erɪːløtsurg]
flamingo (m)	фламинго	[flamɪngɔ]
pelicano (m)	пеликан	[pelɪkan]
rouxinol (m)	зарзар	[zarzar]

andorinha (f)	чІерІардиг	[tʃʼeɣardɪg]
tordo-zornal (m)	шоршал	[ʃɔrʃal]
tordo-músico (m)	дека шоршал	[dek ʃɔrʃal]
melro-preto (m)	Іаьржа шоршал	[ˈærʒ ʃɔrʃal]

andorinhão (m)	мерцхалдиг	[mertshaldɪg]
cotovia (f)	нІаьвла	[nʼævl]
codorna (f)	лекъ	[leqʔ]

pica-pau (m)	хенакІур	[henakʼur]
cuco (m)	хІуттут	[hʼuttut]
coruja (f)	бухІа	[buhʼ]
bufo-real (m)	соька	[søk]
tetraz-grande (m)	къоракуота	[qʔɔrakuɔt]
tetraz-lira (m)	акха котам	[aq kɔtam]
perdiz-cinzenta (f)	моша	[mɔʃ]

estorninho (m)	алкханч	[alqantʃ]
canário (m)	можа хьоза	[mɔʒ hɔz]
galinha-do-mato (f)	акха котам	[aq kɔtam]
tentilhão (m)	хьуьнан хьоза	[huʉnan hɔz]
dom-fafe (m)	лайн хьоза	[lajn hɔz]

gaivota (f)	чайка	[tʃajk]
albatroz (m)	альбатрос	[aljbatrɔs]
pinguim (m)	пингвин	[pɪngwɪn]

217. Pássaros. Canto e sons

cantar (vi)	дека	[dek]
gritar, chamar (vi)	мохь бетта	[mɔh bett]
cantar (o galo)	кхайкха	[qajq]
cocorocó (m)	Іуьl Іаре-Іуь	[ˈʉʃ ˈare ˈʉ]

cacarejar (vi)	кІа-кІа дан	[kʼa kʼa dan]
crocitar (vi)	къа-къа дан	[qʔa qʔa dan]
grasnar (vi)	вакъ-вакъ баха	[vaqʔ vaqʔ bah]
piar (vi)	цІийза	[tsʼɪːz]
chilrear, gorjear (vi)	гІир-гІир дан	[ɣɪr ɣɪr dan]

218. Peixes. Animais marinhos

brema (f)	чабакх-чІара	[tʃabaq tʃʼar]
carpa (f)	карп	[karp]
perca (f)	окунь	[ɔkunj]
siluro (m)	яй	[jaj]
lúcio (m)	гІазкхийн чІара	[ɣazqɪːn tʃʼar]

salmão (m)	лосось	[lɔsɔsʲ]
esturjão (m)	цІен чІара	[tsʼen tʃʼar]
arenque (m)	сельдь	[seljdʲ]
salmão (m) do Atlântico	сёмга	[sʲomg]

| cavala, sarda (f) | скумбри | [skumbrɪ] |
| solha (f), linguado (m) | камбала | [kambal] |

lúcio perca (m)	судак	[sudak]
bacalhau (m)	треска	[tresk]
atum (m)	тунец	[tunets]
truta (f)	бакъ чӀара	[baqʔ ʧʼar]

enguia (f)	жӀаьлин чӀара	[ʒ'ælɪn ʧʼar]
raia (f) elétrica	электрически скат	[ɛlektrɪʧeskɪ skat]
moreia (f)	мурена	[muren]
piranha (f)	пиранья	[pɪranj]

tubarão (m)	гӀоркхма	[ɣɔrqm]
golfinho (m)	дельфин	[deljfɪn]
baleia (f)	кит	[kɪt]

caranguejo (m)	краб	[krab]
água-viva (f)	медуза	[meduz]
polvo (m)	бархӀкогберг	[barh'kɔgberg]

estrela-do-mar (f)	хӀордан седа	[h'ɔrdan sed]
ouriço-do-mar (m)	хӀордан зу	[h'ɔrdan zu]
cavalo-marinho (m)	хӀордан говр	[h'ɔrdan gɔvr]

ostra (f)	устрица	[ustrɪts]
camarão (m)	креветка	[krewetk]
lagosta (f)	омар	[ɔmar]
lagosta (f)	лангуст	[langust]

219. Anfíbios. Répteis

| cobra (f) | лаьхьа | [læh] |
| venenoso (adj) | дӀаьвше | [d'ævʃ] |

víbora (f)	лаьхьа	[læh]
naja (f)	кобра	[kɔbr]
píton (m)	питон	[pɪtɔn]
jiboia (f)	саьрмикъ	[særmɪqʔ]
cobra-de-água (f)	вотангар	[vɔtangar]
cascavel (f)	шов ден лаьхьа	[ʃɔv den læh]
anaconda (f)	анаконда	[anakɔnd]

lagarto (m)	моьлкъа	[mølqʔ]
iguana (f)	игуана	[ɪguan]
varano (m)	варан	[varan]
salamandra (f)	саламандра	[salamandr]
camaleão (m)	хамелион	[hamelɪɔn]
escorpião (m)	скорпион	[skɔrpɪɔn]

tartaruga (f)	уьнтӀапхьид	[ʉnt'aphɪd]
rã (f)	пхьид	[phɪd]
sapo (m)	бецан пхьид	[betsan phɪd]
crocodilo (m)	саьрмикъ	[særmɪqʔ]

220. Insetos

inseto (m)	сагалмат	[sagalmat]
borboleta (f)	полла	[pɔll]
formiga (f)	зингат	[zɪngat]
mosca (f)	моза	[mɔz]
mosquito (m)	чуьрк	[tʃʉrk]
escaravelho (m)	чхьаьвриг	[tʃhævrɪg]

vespa (f)	зӀуга	[z'ug]
abelha (f)	накхармоза	[naqarmɔz]
mamangaba (f)	бумбари	[bumbarɪ]
moscardo (m)	тӀод	[t'ɔd]

aranha (f)	гезг	[gezg]
teia (f) de aranha	гезгмаша	[gezgmaʃ]

libélula (f)	шайтӀанан дин	[ʃajt'anan dɪn]
gafanhoto (m)	цӀаьпцалг	[ts'æptsalg]
traça (f)	полла	[pɔll]

barata (f)	чхьаьвриг	[tʃhævrɪg]
carrapato (m)	веччалг	[wetʃalg]
pulga (f)	сагал	[sagal]
borrachudo (m)	пхьажбуург	[phaʒbu'urg]

gafanhoto (m)	цӀоз	[ts'ɔz]
caracol (m)	этмаьлиг	[ɛtmæ'ɪg]
grilo (m)	цаьпцалг	[tsæptsalg]
pirilampo, vaga-lume (m)	бумбари	[bumbarɪ]
joaninha (f)	дедо	[dedɔ]
besouro (m)	бумбари	[bumbarɪ]

sanguessuga (f)	цӀубдар	[ts'ubdar]
lagarta (f)	нӀаьвцициг	[n'ævtsɪtsɪg]
minhoca (f)	нӀаьна	[n'æn]
larva (f)	нӀаьна	[n'æn]

221. Animais. Partes do corpo

bico (m)	зӀок	[z'ɔk]
asas (f pl)	тӀемаш	[t'emaʃ]
pata (f)	ког	[kɔg]
plumagem (f)	мас ялар	[mas jalar]
pena, pluma (f)	пелаг	[pelag]
crista (f)	жима кӀужал	[ʒɪm k'uʒal]

brânquias, guelras (f pl)	жӀараш	[ʒ'araʃ]
ovas (f pl)	зирх	[zɪrh]
larva (f)	нӀаьвцициг	[n'ævtsɪtsɪg]
barbatana (f)	пелаг	[pelag]
escama (f)	пелаг	[pelag]
presa (f)	пхьарцерг	[phartserg]

pata (f)	тӏод	[t'ɔd]
focinho (m)	муцӏар	[muts'ar]
boca (f)	бага	[bag]
cauda (f), rabo (m)	цӏога	[ts'ɔg]
bigodes (m pl)	мекхаш	[meqaʃ]

| casco (m) | берг | [berg] |
| corno (m) | мала | [ma'] |

carapaça (f)	у	[u]
concha (f)	лахьорч	[lahɔrtʃ]
casca (f) de ovo	чкъуьйриг	[tʃq?ɥjrɪg]

| pelo (m) | тӏапрӏа | [t'arɣ] |
| pele (f), couro (m) | цӏока | [ts'ɔk] |

222. Ações dos animais

voar (vi)	лела	[lel]
dar voltas	хьийза	[hɪːz]
voar (para longe)	дӏадаха	[d'adah]
bater as asas	лесто	[lestɔ]

bicar (vi)	зӏок етта	[z'ɔk ett]
incubar (vt)	тевна даккха	[tevn dakq]
sair do ovo	даха	[dah]
fazer o ninho	дала	[da'a]

rastejar (vi)	текха	[teq]
picar (vt)	ю тоха	[ju tɔh]
morder (cachorro, etc.)	леца	[lets]

cheirar (vt)	хьожа яха	[hɔʒ jah]
latir (vi)	гӏалх дан	[ɣalh dan]
silvar (vi)	хиш-ш дан	[hɪʃʃ dan]
assustar (vt)	кхеро	[qerɔ]
atacar (vt)	тӏелата	[t'elat]

roer (vt)	ӏийша	['ɪːʃ]
arranhar (vt)	сизаш дан	[sɪzaʃ dan]
esconder-se (vr)	дӏалечкъа	[d'aletʃq?]

brincar (vi)	ловза	[lɔvz]
caçar (vi)	талла эха	[tall ɛh]
hibernar (vi)	дӏадижан хила	[d'adɪʒan hɪl]
extinguir-se (vr)	хӏу дан	[h'u dan]

223. Animais. Habitats

hábitat (m)	дахаран хьал	[daharan hal]
migração (f)	миграци	[mɪgratsɪ]
montanha (f)	лам	[lam]

| recife (m) | риф | [rɪf] |
| falésia (f) | тарх | [tɑrh] |

floresta (f)	хьун	[hun]
selva (f)	джунглеш	[dʒungleʃ]
savana (f)	саванна	[savan]
tundra (f)	тундра	[tundr]

estepe (f)	аре	[are]
deserto (m)	гӀум-аре	[ɣum are]
oásis (m)	оазис	[ɔazɪs]

mar (m)	хӀорд	[hʼɔrd]
lago (m)	Іам	[ʼam]
oceano (m)	хӀорд, океан	[hʼɔrd], [ɔkean]

pântano (m)	уьшал	[ʉʃal]
de água doce	тезачу хин	[tezatʃu hɪn]
lagoa (f)	Іам	[ʼam]
rio (m)	доьду хи	[dødu hɪ]

toca (f) do urso	чен бен	[tʃen ben]
ninho (m)	бен	[ben]
buraco (m) de árvore	хара	[har]
toca (f)	Іуьрг	[ʼʉrg]
formigueiro (m)	туьйлиг	[tʉjlɪg]

224. Cuidados com os animais

| jardim (m) zoológico | дийнатийн парк | [dɪːnatiːn park] |
| reserva (f) natural | заповедник | [zapɔwednɪk] |

viveiro (m)	питомник	[pɪtɔmnɪk]
jaula (f) de ar livre	вольер	[vɔljer]
jaula, gaiola (f)	ога	[ɔg]
casinha (f) de cachorro	перги	[pergɪ]

pombal (m)	кхокхийн бун	[qɔqɪːn bun]
aquário (m)	аквариум	[akvarɪum]
delfinário (m)	дельфинари	[deljfɪnarɪ]

criar (vt)	доло	[dɔlɔ]
cria (f)	тӀаьхье	[tʼæhe]
domesticar (vt)	караламо	[karaʼamɔ]
adestrar (vt)	караламо	[karaʼamɔ]

| ração (f) | докъар | [dɔqʔar] |
| alimentar (vt) | хӀума яла | [hʼum jal] |

loja (f) de animais	зоотуька	[zoʼotʉk]
focinheira (m)	бетахъюллург	[betahʔʉllurg]
coleira (f)	кочатосург	[kɔtʃatɔsurg]
nome (do animal)	яхна цӀе	[jahn tsʼe]
pedigree (m)	тайпа	[tajp]

225. Animais. Diversos

alcateia (f)	арданг	[ardang]
bando (pássaros)	жІуга	[ʒ'ug]
cardume (peixes)	жІуга	[ʒ'ug]
manada (cavalos)	рема	[rem]

macho (m)	боьрша хІума	[børʃ h'um]
fêmea (f)	стен хІума	[sten h'um]

faminto (adj)	меца	[mets]
selvagem (adj)	акха	[aq]
perigoso (adj)	кхераме	[qerame]

226. Cavalos

raça (f)	тайпа	[tajp]
potro (m)	бекъа	[beq?]
égua (f)	кхела	[qel]

mustangue (m)	мустанг	[mustang]
pônei (m)	пони	[pɔnɪ]
cavalo (m) de tiro	дезчу киранийн говр	[deztʃu kɪranɪːn gɔvr]

crina (f)	кхес	[qes]
rabo (m)	цІога	[ts'ɔg]

casco (m)	берг	[berg]
ferradura (f)	лан	[lan]
ferrar (vt)	лан тоха	[lan tɔh]
ferreiro (m)	аьчкан пхьар	[æʧkan phar]

sela (f)	нуьйр	[nujr]
estribo (m)	луьйта	[lujt]
brida (f)	дирста	[dɪrst]
rédeas (f pl)	архаш	[arhaʃ]
chicote (m)	шед	[ʃəd]

cavaleiro (m)	бере	[bere]
colocar sela	нуьйр тилла	[nujr tɪll]
montar no cavalo	нуьйра хаа	[nujr ha'a]

galope (m)	юм	[jum]
galopar (vi)	кхийсалуш ядар	[qɪːsaluʃ jadar]
trote (m)	чабол	[ʧabɔl]
a trote	чаболехь	[ʧabɔleh]

cavalo (m) de corrida	хохку говр	[hohku gɔvr]
corridas (f pl)	хахкар	[hahkar]

estábulo (m)	божал	[bɔʒal]
alimentar (vt)	хІума яла	[h'um jal]
feno (m)	йол	[jol]

| dar água | мийло | [mɪːlɔ] |
| limpar (vt) | цӀандан | [tsʼandan] |

carroça (f)	ворда	[vɔrd]
pastar (vi)	дажа	[daʒ]
relinchar (vi)	терса	[ters]
dar um coice	мийра тоха	[mɪːr tɔh]

Flora

227. Árvores

árvore (f)	дитт	[dɪtt]
decídua (adj)	гӀаш долу	[ɣaʃ dɔlu]
conífera (adj)	баганан	[baganan]
perene (adj)	гуттар сийна	[guttar sɪːn]
macieira (f)	Iаж	[ˈaʒ]
pereira (f)	кхор	[qɔr]
cerejeira, ginjeira (f)	балл	[ball]
ameixeira (f)	хьач	[hatʃ]
bétula (f)	дакх	[daq]
carvalho (m)	наж	[naʒ]
tília (f)	хьех	[heh]
choupo-tremedor (m)	мах	[mah]
bordo (m)	къахк	[qʔahk]
espruce (m)	база	[baz]
pinheiro (m)	зез	[zez]
alerce, lariço (m)	бага	[bag]
abeto (m)	пихта	[pɪht]
cedro (m)	кедр	[kedr]
choupo, álamo (m)	талл	[tall]
tramazeira (f)	датта	[datt]
salgueiro (m)	дак	[dak]
amieiro (m)	маъ	[maʔ]
faia (f)	поп	[pɔp]
ulmeiro, olmo (m)	муьшдечиг	[mʉʃdetʃɪg]
freixo (m)	къахьашту	[qʔahaʃtu]
castanheiro (m)	каштан	[kaʃtan]
magnólia (f)	магноли	[magnɔlɪ]
palmeira (f)	пальма	[paljm]
cipreste (m)	кипарис	[kɪparɪs]
mangue (m)	мангрови дитт	[mangrɔwɪ dɪtt]
embondeiro, baobá (m)	баобаб	[baɔbab]
eucalipto (m)	эквалипт	[ɛkvalɪpt]
sequoia (f)	секвойя	[sekvɔj]

228. Arbustos

arbusto (m)	колл	[kɔll]
arbusto (m), moita (f)	колл	[kɔll]

| videira (f) | кемсаш | [kemsaʃ] |
| vinhedo (m) | кемсийн беш | [kemsɪːn beʃ] |

framboeseira (f)	цӏен комар	[ts'en kɔmar]
groselheira-vermelha (f)	цӏен кхезарш	[ts'en qezarʃ]
groselheira (f) espinhosa	кӏудалгаш	[k'udalgaʃ]

acácia (f)	акаци	[akatsɪ]
bérberis (f)	муьстарг	[mʉstarg]
jasmim (m)	жасмин	[ʒasmɪn]

junípero (m)	жӏолам	[ʒ'ɔlam]
roseira (f)	розанийн кол	[rɔzanɪːn kɔl]
roseira (f) brava	хьармак	[harmak]

229. Cogumelos

cogumelo (m)	жӏаьлин нускал	[ʒ'ælɪn nuskal]
cogumelo (m) comestível	даа мегаш долу жӏаьлин нускал	[da'a megaʃ dɔlu ʒ'ælɪn nuskal]
cogumelo (m) venenoso	дӏовше жӏаьлин нускал	[d'ɔvʃ ʒælɪn nuskal]
chapéu (m)	жӏаьлин нускалан корта	[ʒ'ælɪn nuskalan kɔrt]
pé, caule (m)	жӏаьлин нускалан кога	[ʒ'ælɪn nuskalan kɔg]

boleto, porcino (m)	кӏайн жӏаьлин нускал	[k'ajn ʒ'ælɪn nuskal]
boleto (m) alaranjado	подосиновик	[pɔdɔsɪnɔwɪk]
boleto (m) de bétula	подберёзовик	[pɔdber'ozɔwɪk]
cantarelo (m)	лисичка	[lɪsɪtʃk]
rússula (f)	буьйдалг	[bʉjdalg]

morchella (f)	сморчок	[smɔrtʃɔk]
agário-das-moscas (m)	мухомор	[muhomɔr]
cicuta (f) verde	поганка	[pɔgank]

230. Frutos. Bagas

fruta (f)	стом	[stɔm]
frutas (f pl)	стоьмаш	[stømaʃ]
maçã (f)	Ӏаж	['aʒ]
pera (f)	кхор	[qɔr]
ameixa (f)	хьач	[hatʃ]

morango (m)	цӏазам	[ts'azam]
ginja, cereja (f)	балл	[ball]
uva (f)	кемсаш	[kemsaʃ]

framboesa (f)	цӏен комар	[ts'en kɔmar]
groselha (f) negra	Ӏаьржа кхезарш	['ærʒ qezarʃ]
groselha (f) vermelha	цӏен кхезарш	[ts'en qezarʃ]
groselha (f) espinhosa	кӏудалгаш	[k'udalgaʃ]
oxicoco (m)	клюква	[klʉkv]
laranja (f)	апельсин	[apeljsɪn]

tangerina (f)	мандарин	[mandarın]
abacaxi (m)	ананас	[ananas]
banana (f)	банан	[banan]
tâmara (f)	хурма	[hurm]

limão (m)	лимон	[lɪmɔn]
damasco (m)	туьрк	[turk]
pêssego (m)	гlаммарla	[ɣammaɣ]
quiuí (m)	киви	[kɪwɪ]
toranja (f)	грейпфрут	[grejpfrut]

baga (f)	цlазам	[ts'azam]
bagas (f pl)	цlазамаш	[ts'azamaʃ]
arando (m) vermelho	брусника	[brusnɪk]
morango-silvestre (m)	пхьагал-цlазам	[phagal ts'azam]
mirtilo (m)	lаьржа балл	['ærʒ ball]

231. Flores. Plantas

flor (f)	зезеаг	[zezeag]
buquê (m) de flores	курс	[kurs]

rosa (f)	роза	[rɔz]
tulipa (f)	алцlензlам	['alts'enz'am]
cravo (m)	гвоздика	[gvɔzdɪk]
gladíolo (m)	гладиолус	[gladɪɔlus]

centáurea (f)	сендарг	[sendarg]
campainha (f)	тухтати	[tuhtatɪ]
dente-de-leão (m)	баппа	[bapp]
camomila (f)	кlайдарг	[k'ajdarg]

aloé (m)	алоэ	[alɔɛ]
cacto (m)	кактус	[kaktus]
fícus (m)	фикус	[fɪkus]

lírio (m)	лили	[lɪlɪ]
gerânio (m)	герань	[geranj]
jacinto (m)	гиацинт	[gɪatsɪnt]

mimosa (f)	мимоза	[mɪmɔz]
narciso (m)	нарцисс	[nartsɪss]
capuchinha (f)	настурция	[nasturtsɪ]

orquídea (f)	орхидей	[ɔrhɪdej]
peônia (f)	цlен лерг	[ts'en lerg]
violeta (f)	тобалкх	[tɔbalq]

amor-perfeito (m)	анютийн бlаьргаш	['anʉtɪːn b'ærgaʃ]
não-me-esqueças (m)	незабудка	[nezabudk]
margarida (f)	маргаритка	[margarɪtk]

papoula (f)	петlамат	[pet'amat]
cânhamo (m)	кlомал	[k'ɔmal]

hortelã, menta (f)	Iаждарбуц	['aʒdarbuts]
lírio-do-vale (m)	чIерIардиган кIа	[tʃ'eɣardɪgan k'a]
campânula-branca (f)	лайн зезаг	[lajn zezag]

urtiga (f)	нитташ	[nɪttaʃ]
azedinha (f)	муьстарг	[mʉstarg]
nenúfar (m)	кувшинка	[kuvʃɪnk]
samambaia (f)	чураш	[tʃuraʃ]
líquen (m)	корсам	[kɔrsam]

estufa (f)	оранжерей	[ɔranʒerej]
gramado (m)	бешмайда	[beʃmajd]
canteiro (m) de flores	хас	[has]

planta (f)	орамат	[ɔramat]
grama (f)	буц	[buts]
folha (f) de grama	бецан хелиг	[betsan helɪg]

folha (f)	rIа	[ɣa]
pétala (f)	жаз	[ʒaz]
talo (m)	гIодам	[ɣɔdam]
tubérculo (m)	орамстом	[ɔramstɔm]

| broto, rebento (m) | зIийдиг | [z'ɪːdɪg] |
| espinho (m) | кIохцал | [k'ɔhtsal] |

florescer (vi)	заза даккха	[zaz dakq]
murchar (vi)	маргIалдола	[marɣaldɔl]
cheiro (m)	хьожа	[hɔʒ]
cortar (flores)	дIахадо	[d'ahadɔ]
colher (uma flor)	схьадаккха	[shadakq]

232. Cereais, grãos

grão (m)	буьртиг	[bʉrtɪg]
cereais (plantas)	буьртиган ораматаш	[bʉrtɪgan ɔramataʃ]
espiga (f)	кан	[kan]

trigo (m)	кIа	[k'a]
centeio (m)	божан	[bɔʒan]
aveia (f)	сула	[sul]

| painço (m) | борц | [bɔrts] |
| cevada (f) | мукх | [muq] |

milho (m)	хьаьжкIа	[hæʒk']
arroz (m)	дуга	[dug]
trigo-sarraceno (m)	цIен дуга	[ts'en dug]

ervilha (f)	кхоьш	[qøʃ]
feijão (m) roxo	кхоь	[qø]
soja (f)	кхоь	[qø]
lentilha (f)	хьоьзийн кхоьш	[høzɪːn qøʃ]
feijão (m)	кхоьш	[qøʃ]

233. Vegetais. Verduras

vegetais (m pl)	хасстоьмаш	[hasstømaʃ]
verdura (f)	гӏабуц	[ɣabuts]
tomate (m)	помидор	[pɔmɪdɔr]
pepino (m)	наьрс	[nærs]
cenoura (f)	жӏонка	[ʒ'ɔnk]
batata (f)	картол	[kartɔl]
cebola (f)	хох	[hoh]
alho (m)	саьрмасекх	[særmaseq]
couve (f)	копаста	[kɔpast]
couve-flor (f)	къорза копаста	[qʔɔrz kɔpast]
couve-de-bruxelas (f)	брюссельски копаста	[brʉsseljskɪ kɔpast]
beterraba (f)	бурак	[burak]
berinjela (f)	баклажан	[baklaʒan]
abobrinha (f)	кабачок	[kabatʃɔk]
abóbora (f)	гӏабакх	[ɣabaq]
nabo (m)	хорсам	[horsam]
salsa (f)	чам-буц	[tʃam buts]
endro, aneto (m)	оччам	[ɔtʃam]
alface (f)	салат	[salat]
aipo (m)	сельдерей	[seljderej]
aspargo (m)	спаржа	[sparʒ]
espinafre (m)	шпинат	[ʃpɪnat]
ervilha (f)	кхоьш	[qøʃ]
feijão (~ soja, etc.)	кхоьш	[qøʃ]
milho (m)	хьаьжкӏа	[hæʒk']
feijão (m) roxo	кхоь	[qø]
pimentão (m)	бурч	[burtʃ]
rabanete (m)	цӏен хорсам	[ts'en horsam]
alcachofra (f)	артишок	[artɪʃok]

GEOGRAFIA REGIONAL

Países. Nacionalidades

234. Europa Ocidental

Europa (f)	Европа	[evrɔp]
União (f) Europeia	Европин Союз	[evrɔpɪn sɔjuz]
europeu (m)	европахо	[evrɔpaho]
europeu (adj)	европин	[evrɔpɪn]
Áustria (f)	Австри	[avstrɪ]
austríaco (m)	аустрихо	[avstrɪho]
austríaca (f)	аустрихо	[avstrɪho]
austríaco (adj)	аустрихойн	[avstrɪhojn]
Grã-Bretanha (f)	Великобритани	[welɪkɔbrɪtanɪ]
Inglaterra (f)	Ингалс	[ɪngals]
inglês (m)	ингалсхо	[ɪngalsho]
inglesa (f)	ингалсхо	[ɪngalsho]
inglês (adj)	ингалсан	[ɪngalsan]
Bélgica (f)	Бельги	[beljgɪ]
belga (m)	бельгихо	[beljgɪho]
belga (f)	бельгихо	[beljgɪho]
belga (adj)	бельгин	[beljgɪn]
Alemanha (f)	Германи	[germanɪ]
alemão (m)	немцой	[nemtsɔj]
alemã (f)	немцой	[nemtsɔj]
alemão (adj)	немцойн	[nemtsɔjn]
Países Baixos (m pl)	Нидерланды	[nɪderlandɪ]
Holanda (f)	Голланди	[gɔllandɪ]
holandês (m)	голландхо	[gɔllandho]
holandesa (f)	голландхо	[gɔllandho]
holandês (adj)	голландхойн	[gɔllandhojn]
Grécia (f)	Греци	[gretsɪ]
grego (m)	грек	[grek]
grega (f)	грек	[grek]
grego (adj)	грекийн	[grekɪːn]
Dinamarca (f)	Дани	[danɪ]
dinamarquês (m)	датхо	[datho]
dinamarquesa (f)	датхо	[datho]
dinamarquês (adj)	датхойн	[dathojn]
Irlanda (f)	Ирланди	[ɪrlandɪ]
irlandês (m)	ирландхо	[ɪrlandho]

irlandesa (f)	ирландхо	[ɪrlandho]
irlandês (adj)	ирландхойн	[ɪrlandhojn]
Islândia (f)	Исланди	[ɪslandɪ]
islandês (m)	исландхо	[ɪslandho]
islandesa (f)	исландхо	[ɪslandho]
islandês (adj)	исландхойн	[ɪslandhojn]
Espanha (f)	Испани	[ɪspanɪ]
espanhol (m)	испанхо	[ɪspanho]
espanhola (f)	испанхо	[ɪspanho]
espanhol (adj)	испанхойн	[ɪspanhojn]
Itália (f)	Итали	[ɪtalɪ]
italiano (m)	итальян	[ɪtaljan]
italiana (f)	итальян	[ɪtaljan]
italiano (adj)	итальянийн	[ɪtaljanɪːn]
Chipre (m)	Кипр	[kɪpr]
cipriota (m)	кипрхо	[kɪprhɔ]
cipriota (f)	кипрхо	[kɪprhɔ]
cipriota (adj)	кипрхойн	[kɪprhɔjn]
Malta (f)	Мальта	[maljt]
maltês (m)	мальтахо	[maljtaho]
maltesa (f)	мальтахо	[maljtaho]
maltês (adj)	мальтахойн	[maljtahojn]
Noruega (f)	Норвеги	[nɔrwegɪ]
norueguês (m)	норвег	[nɔrweg]
norueguesa (f)	норвег	[nɔrweg]
norueguês (adj)	норвегийн	[nɔrwegɪːn]
Portugal (m)	Португали	[portugalɪ]
português (m)	португалихо	[portugalɪho]
portuguesa (f)	португалихо	[portugalɪho]
português (adj)	португалихойн	[portugalɪhojn]
Finlândia (f)	Финлянди	[fɪnljandɪ]
finlandês (m)	финн	[fɪn]
finlandesa (f)	финн	[fɪn]
finlandês (adj)	финнийн	[fɪnnɪːn]
França (f)	Франци	[frantsɪ]
francês (m)	француз	[frantsuz]
francesa (f)	француз	[frantsuz]
francês (adj)	французийн	[frantsuzɪːn]
Suécia (f)	Швеци	[ʃwetsɪ]
sueco (m)	швед	[ʃwed]
sueca (f)	швед	[ʃwed]
sueco (adj)	шведийн	[ʃwedɪːn]
Suíça (f)	Швейцари	[ʃwejtsarɪ]
suíço (m)	швейцар	[ʃwejtsar]
suíça (f)	швейцар	[ʃwejtsar]

suíço (adj)	швейцарин	[ʃwejtsarɪn]
Escócia (f)	Шотланди	[ʃɔtlandɪ]
escocês (m)	шотланди	[ʃɔtlandɪ]
escocesa (f)	шотланди	[ʃɔtlandɪ]
escocês (adj)	шотландийн	[ʃɔtlandɪːn]

Vaticano (m)	Ватикан	[vatɪkan]
Liechtenstein (m)	Лихтенштейн	[lɪhtenʃtejn]
Luxemburgo (m)	Люксембург	[lʉksemburg]
Mônaco (m)	Монако	[mɔnakɔ]

235. Europa Central e de Leste

Albânia (f)	Албани	[albanɪ]
albanês (m)	албанихо	[albanɪho]
albanesa (f)	албанихо	[albanɪho]
albanês (adj)	албанихойн	[albanɪhojn]

Bulgária (f)	Болгари	[bɔlgarɪ]
búlgaro (m)	болгар	[bɔlgar]
búlgara (f)	болгар	[bɔlgar]
búlgaro (adj)	болгарийн	[bɔlgarɪːn]

Hungria (f)	Венгри	[wengrɪ]
húngaro (m)	венгр	[wengr]
húngara (f)	венгр	[wengr]
húngaro (adj)	венгрийн	[wengrɪːn]

Letônia (f)	Латви	[latwɪ]
letão (m)	латыш	[latɪʃ]
letã (f)	латыш	[latɪʃ]
letão (adj)	латвийн	[latvɪːn]

Lituânia (f)	Литва	[lɪtv]
lituano (m)	литвахо	[lɪtvaho]
lituana (f)	литвахо	[lɪtvaho]
lituano (adj)	литвахойн	[lɪtvahojn]

Polônia (f)	Польша	[pɔljʃ]
polonês (m)	поляк	[pɔljak]
polonesa (f)	поляк	[pɔljak]
polonês (adj)	полякийн	[pɔljakɪːn]

Romênia (f)	Румыни	[rumɪnɪ]
romeno (m)	румын	[rumɪn]
romena (f)	румын	[rumɪn]
romeno (adj)	румынийн	[rumɪnɪːn]

Sérvia (f)	Серби	[serbɪ]
sérvio (m)	серб	[serb]
sérvia (f)	серб	[serb]
sérvio (adj)	сербийн	[serbɪːn]
Eslováquia (f)	Словаки	[slɔvakɪ]
eslovaco (m)	словак	[slɔvak]

| eslovaca (f) | словак | [slɔvak] |
| eslovaco (adj) | словакийн | [slɔvakɪːn] |

Croácia (f)	Хорвати	[horvatɪ]
croata (m)	хорват	[horvat]
croata (f)	хорват	[horvat]
croata (adj)	хорватийн	[horvatɪːn]

República (f) Checa	Чехи	[ʧehɪ]
checo (m)	чех	[ʧeh]
checa (f)	чех	[ʧeh]
checo (adj)	чехийн	[ʧehɪːn]

Estônia (f)	Эстони	[ɛstɔnɪ]
estônio (m)	эстон	[ɛstɔn]
estônia (f)	эстон	[ɛstɔn]
estônio (adj)	эсонийн	[ɛsɔnɪːn]

Bósnia e Herzegovina (f)	Босни е Герцоговина е	[bɔsnɪ e gerʦɔgɔwɪnə 2e]
Macedônia (f)	Македони	[makedɔnɪ]
Eslovênia (f)	Словени	[slɔwenɪ]
Montenegro (m)	Черногори	[ʧernɔgɔrɪ]

236. Países da ex-URSS

Azerbaijão (m)	Азербайджан	[azerbajʤan]
azeri (m)	азербайджанхо	[azerbajʤanho]
azeri (f)	азербайджанхо	[azerbajʤanho]
azeri, azerbaijano (adj)	азербайджанхойн	[azerbajʤanhojn]

Armênia (f)	Армени	[armenɪ]
armênio (m)	эрмало	[ɛrmalɔ]
armênia (f)	эрмало	[ɛrmalɔ]
armênio (adj)	эрмалойн	[ɛrmalɔjn]

Belarus	Беларусь	[belarusʲ]
bielorrusso (m)	белорусхо	[belɔrusho]
bielorrussa (f)	белорусхо	[belɔrusho]
bielorrusso (adj)	белорусхойн	[belɔrushojn]

Geórgia (f)	Грузи	[gruzɪ]
georgiano (m)	гуьржи	[gʉrʒɪ]
georgiana (f)	гуьржи	[gʉrʒɪ]
georgiano (adj)	гуьржийн	[gʉrʒɪːn]

Cazaquistão (m)	Казахстан	[kazahstan]
cazaque (m)	казах	[kazah]
cazaque (f)	казах	[kazah]
cazaque (adj)	казахийн	[kazahɪːn]

Quirguistão (m)	Кыргызстан	[kɪrgɪzstan]
quirguiz (m)	киргиз	[kɪrgɪz]
quirguiz (f)	киргиз	[kɪrgɪz]
quirguiz (adj)	киргизийн	[kɪrgɪzɪːn]

Moldávia (f)	Молдова	[mɔldɔv]
moldavo (m)	молдован	[mɔldɔvɑn]
moldava (f)	молдован	[mɔldɔvɑn]
moldavo (adj)	молдованийн	[mɔldɔvɑnɪːn]

Rússia (f)	Росси	[rɔssɪ]
russo (m)	оьрси	[ørsɪ]
russa (f)	оьрси	[ørsɪ]
russo (adj)	оьрсийн	[ørsɪːn]

Tajiquistão (m)	Таджикистан	[tɑdʒɪkɪstɑn]
tajique (m)	таджик	[tɑdʒɪk]
tajique (f)	таджик	[tɑdʒɪk]
tajique (adj)	таджикийн	[tɑdʒɪkɪːn]

Turquemenistão (m)	Туркменистан	[turkmenɪstɑn]
turcomeno (m)	туркмен	[turkmen]
turcomena (f)	туркмен	[turkmen]
turcomeno (adj)	туркменийн	[turkmenɪːn]

Uzbequistão (f)	Узбекистан	[uzbekɪstɑn]
uzbeque (m)	узбек	[uzbek]
uzbeque (f)	узбек	[uzbek]
uzbeque (adj)	узбекийн	[uzbekɪːn]

Ucrânia (f)	Украина	[ukrɑɪn]
ucraniano (m)	украин	[ukrɑɪn]
ucraniana (f)	украин	[ukrɑɪn]
ucraniano (adj)	украинийн	[ukrɑɪnɪːn]

237. Asia

Ásia (f)	Ази	[ɑzɪ]
asiático (adj)	азиатский	[ɑzɪɑtskɪː]

Vietnã (m)	Вьетнам	[vjetnɑm]
vietnamita (m)	вьетнамхо	[vjetnɑmho]
vietnamita (f)	вьетнамхо	[vjetnɑmho]
vietnamita (adj)	вьетнамхойн	[vjetnɑmhojn]

Índia (f)	Инди	[ɪndɪ]
indiano (m)	индус	[ɪndus]
indiana (f)	индус	[ɪndus]
indiano (adj)	индихойн	[ɪndɪhojn]

Israel (m)	Израиль	[ɪzrɑɪlj]
israelense (m)	израильхо	[ɪzrɑɪljho]
israelita (f)	израильхо	[ɪzrɑɪljho]
israelense (adj)	израильхойн	[ɪzrɑɪljhojn]

judeu (m)	жуьгти	[ʒɥgtɪ]
judia (f)	жуьгти	[ʒɥgtɪ]
judeu (adj)	жуьгтийн	[ʒɥgtɪːn]
China (f)	Китай	[kɪtɑj]

chinês (m)	китай	[kɪtaj]
chinesa (f)	китай	[kɪtaj]
chinês (adj)	китайн	[kɪtajn]
coreano (m)	корей	[kɔrej]
coreana (f)	корей	[kɔrej]
coreano (adj)	корейн	[kɔrejn]
Líbano (m)	Ливан	[lɪvan]
libanês (m)	ливан	[lɪvan]
libanesa (f)	ливан	[lɪvan]
libanês (adj)	ливанийн	[lɪvanɪːn]
Mongólia (f)	Монголи	[mɔŋgɔlɪ]
mongol (m)	монгол	[mɔŋgɔl]
mongol (f)	монгол	[mɔŋgɔl]
mongol (adj)	монголийн	[mɔŋgɔlɪːn]
Malásia (f)	Малази	[malazɪ]
malaio (m)	малаец	[malajeʦ]
malaia (f)	малаец	[malajeʦ]
malaio (adj)	малаецан	[malajeʦan]
Paquistão (m)	Пакистан	[pakɪstan]
paquistanês (m)	пакистанхо	[pakɪstanho]
paquistanesa (f)	пакистанхо	[pakɪstanho]
paquistanês (adj)	пакистанхойн	[pakɪstanhojn]
Arábia (f) Saudita	Саудовски Арави	[saudɔvskɪ arawɪ]
árabe (m)	Iаьрби	['ærbɪ]
árabe (f)	Iаьрби	['ærbɪ]
árabe (adj)	Iаьрбийн	['ærbɪːn]
Tailândia (f)	Таиланд	[taɪland]
tailandês (m)	тайландхо	[tajlandho]
tailandesa (f)	тайландхо	[tajlandho]
tailandês (adj)	тайландхойн	[tajlandhojn]
Taiwan (m)	Тайвань	[tajvanj]
taiwanês (m)	тайваньхо	[tajvanjho]
taiwanesa (f)	тайваньхо	[tajvanjho]
taiwanês (adj)	тайваньхойн	[tajvanjhojn]
Turquia (f)	Турци	[turʦɪ]
turco (m)	турко	[turkɔ]
turca (f)	турко	[turkɔ]
turco (adj)	туркойн	[turkɔjn]
Japão (m)	Япони	[japɔnɪ]
japonês (m)	япон	[japɔn]
japonesa (f)	япон	[japɔn]
japonês (adj)	японийн	[japɔnɪːn]
Afeganistão (m)	Афганистан	[afganɪstan]
Bangladesh (m)	Бангладеш	[bangladeʃ]
Indonésia (f)	Индонези	[ɪndɔnezɪ]

Jordânia (f)	Иордани	[ɪɔrdanɪ]
Iraque (m)	Ирак	[ɪrak]
Irã (m)	Иран	[ɪran]
Camboja (f)	Камбоджа	[kambɔdʒ]
Kuwait (m)	Кувейт	[kuvejt]

Laos (m)	Лаос	[laɔs]
Birmânia (f)	Мьянма	[mjanm]
Nepal (m)	Непал	[nepal]
Emirados Árabes Unidos	Цхьаьнакхеттачу	[tshænaqettatʃu
	Іаьрбийн Эмираташ	'ærbɪːn ɛmɪrataʃ]

Síria (f)	Сири	[sɪrɪ]
Palestina (f)	Палестина	[palestɪn]
Coreia (f) do Sul	Къилбера Корея	[qʔɪlber kɔrej]
Coreia (f) do Norte	Къилбаседера Корея	[qʔɪlbaseder kɔrej]

238. América do Norte

Estados Unidos da América	Америкин	[amerɪkɪn
	Цхьаьнакхетта Штаташ	tshænaqett ʃtataʃ]
americano (m)	америкахо	[amerɪkaho]
americana (f)	америкахо	[amerɪkaho]
americano (adj)	америкин	[amerɪkɪn]

Canadá (m)	Канада	[kanad]
canadense (m)	канадхо	[kanadho]
canadense (f)	канадхо	[kanadho]
canadense (adj)	канадин	[kanadɪn]

México (m)	Мексика	[meksɪk]
mexicano (m)	мексикахо	[meksɪkaho]
mexicana (f)	мексикахо	[meksɪkaho]
mexicano (adj)	мексикахойн	[meksɪkahojn]

239. América Central do Sul

Argentina (f)	Аргентина	[argentɪn]
argentino (m)	аргентинахо	[argentɪnaho]
argentina (f)	аргентинахо	[argentɪnaho]
argentino (adj)	аргентинахойн	[argentɪnahojn]

Brasil (m)	Бразили	[brazɪlɪ]
brasileiro (m)	бразилихо	[brazɪlɪho]
brasileira (f)	бразилихо	[brazɪlɪho]
brasileiro (adj)	бразилихойн	[brazɪlɪhojn]

Colômbia (f)	Колумби	[kɔlumbɪ]
colombiano (m)	колумбихо	[kɔlumbɪho]
colombiana (f)	колумбихо	[kɔlumbɪho]
colombiano (adj)	колумбихойн	[kɔlumbɪhojn]
Cuba (f)	Куба	[kub]

cubano (m)	кубахо	[kubaho]
cubana (f)	кубахо	[kubaho]
cubano (adj)	кубахойн	[kubahojn]

Chile (m)	Чили	[tʃɪlɪ]
chileno (m)	чилихо	[tʃɪlɪho]
chilena (f)	чилихо	[tʃɪlɪho]
chileno (adj)	чилихойн	[tʃɪlɪhojn]

Bolívia (f)	Боливи	[bolɪwɪ]
Venezuela (f)	Венесуэла	[wenesuɛl]
Paraguai (m)	Парагвай	[paragvaj]
Peru (m)	Перу	[peru]
Suriname (m)	Суринам	[surɪnam]
Uruguai (m)	Уругвай	[urugvaj]
Equador (m)	Эквадор	[ɛkvadɔr]

Bahamas (f pl)	Багамахойн гӏайренаш	[bagamahojn ɣajrenaʃ]
Haiti (m)	Гаити	[gaɪtɪ]
República Dominicana	Доминиканхойн республика	[dɔmɪnɪkanhojn respublɪk]
Panamá (m)	Панама	[panam]
Jamaica (f)	Ямайка	[jamajk]

240. Africa

Egito (m)	Мисар	[mɪsar]
egípcio (m)	мисархо	[mɪsarhɔ]
egípcia (f)	мисархо	[mɪsarhɔ]
egípcio (adj)	мисаран	[mɪsaran]

Marrocos	Марокко	[marɔkkɔ]
marroquino (m)	мароккохо	[marɔkkɔho]
marroquina (f)	мароккохо	[marɔkkɔho]
marroquino (adj)	мароккохойн	[marɔkkɔhojn]

Tunísia (f)	Тунис	[tunɪs]
tunisiano (m)	тунисахо	[tunɪsaho]
tunisiana (f)	тунисахо	[tunɪsaho]
tunisiano (adj)	тунисахойн	[tunɪsahojn]

Gana (f)	Гана	[gan]
Zanzibar (m)	Занзибар	[zanzɪbar]
Quênia (f)	Кени	[kenɪ]
Líbia (f)	Ливи	[lɪwɪ]
Madagascar (m)	Мадагаскар	[madagaskar]

Namíbia (f)	Намиби	[namɪbɪ]
Senegal (m)	Сенегал	[senegal]
Tanzânia (f)	Танзани	[tanzanɪ]
África (f) do Sul	ЮАР	[juar]
africano (m)	африкахо	[afrɪkaho]
africana (f)	африкахо	[afrɪkaho]
africano (adj)	африкахойн	[afrɪkahojn]

241. Austrália. Oceania

Austrália (f)	Австрали	[avstralɪ]
australiano (m)	австралихо	[avstralɪho]
australiana (f)	австралихо	[avstralɪho]
australiano (adj)	австралихойн	[avstralɪhojn]
Nova Zelândia (f)	Керла Зеланди	[kerl zelandɪ]
neozelandês (m)	керлазеландихо	[kerlazelandɪho]
neozelandesa (f)	керлазеландихо	[kerlazelandɪho]
neozelandês (adj)	керлазеландихойн	[kerlazelandɪhojn]
Tasmânia (f)	Тасмани	[tasmanɪ]
Polinésia (f) Francesa	Французийн Полинези	[frantsuzɪːn polɪnezɪ]

242. Cidades

Amesterdã, Amsterdã	Амстердам	[amsterdam]
Ancara	Анкара	[ankar]
Atenas	Афинаш	[afɪnaʃ]
Bagdade	Багдад	[bagdad]
Bancoque	Бангкок	[bankɔk]
Barcelona	Барселона	[barselɔn]
Beirute	Бейрут	[bejrut]
Berlim	Берлин	[berlɪn]
Bonn	Бонн	[bɔn]
Bordéus	Бордо	[bɔrdɔ]
Bratislava	Братислава	[bratɪslav]
Bruxelas	Брюссель	[brʉsselj]
Bucareste	Бухарест	[buharest]
Budapeste	Будапешт	[budapeʃt]
Cairo	Каир	[kaɪr]
Calcutá	Калькутта	[kaljkutt]
Chicago	Чикаго	[tʃɪkagɔ]
Cidade do México	Мехико	[mehɪkɔ]
Copenhague	Копенгаген	[kɔpengagen]
Dar es Salaam	Дар-эс-Салам	[dar ɛs salam]
Deli	Дели	[delɪ]
Dubai	Дубай	[dubaj]
Dublim	Дублин	[dublɪn]
Düsseldorf	Дюссельдорф	[dʉsseljdɔrf]
Estocolmo	Стокгольм	[stɔkgɔljm]
Florença	Флоренци	[flɔrentsɪ]
Frankfurt	Франкфурт	[frankfurt]
Genebra	Женева	[ʒenev]
Haia	Гаага	[gaˈag]
Hamburgo	Гамбург	[gamburg]
Hanói	Ханой	[hanɔj]

Havana	Гавана	[gavan]
Helsinque	Хельсинки	[heljsınkı]
Hiroshima	Хиросима	[hırosım]
Hong Kong	Гонконг	[gɔnkɔng]
Istambul	Стамбул	[stambul]

Jerusalém	Иерусалим	[ɪerusalım]
Kiev, Quieve	Киев	[kɪev]
Kuala Lumpur	Куала-Лумпур	[kual lumpur]
Lion	Лион	[lɪɔn]
Lisboa	Лиссабон	[lıssabɔn]

Londres	Лондон	[lɔndɔn]
Los Angeles	Лос-Анджелес	[lɔs andʒeles]
Madrid	Мадрид	[madrıd]
Marselha	Марсель	[marselj]
Miami	Майями	[majamı]

Montreal	Монреаль	[mɔnrealj]
Moscou	Москва	[mɔskv]
Mumbai	Бомбей	[bɔmbej]
Munique	Мюнхен	[mʉnhen]
Nairóbi	Найроби	[najrɔbı]
Nápoles	Неаполь	[neapɔlj]

Nice	Ницца	[nıts]
Nova York	Нью-Йорк	[njʉ jork]
Oslo	Осло	[ɔslɔ]
Ottawa	Оттава	[ottav]
Paris	Париж	[parıʒ]

Pequim	Пекин	[pekın]
Praga	Прага	[prag]
Rio de Janeiro	Рио-де-Жанейро	[rıɔ de ʒanejrɔ]
Roma	Рим	[rım]
São Petersburgo	Санкт-Петербург	[sankt peterburg]
Seul	Сеул	[seul]

Singapura	Сингапур	[sıngapur]
Sydney	Сидней	[sıdnej]
Taipé	Тайпей	[tajpej]
Tóquio	Токио	[tɔkıɔ]
Toronto	Торонто	[tɔrɔntɔ]

Varsóvia	Варшава	[varʃav]
Veneza	Венеция	[wenetsı]
Viena	Вена	[wen]
Washington	Вашингтон	[vaʃıngtɔn]
Xangai	Шанхай	[ʃanhaj]

243. Política. Governo. Parte 1

| política (f) | политика | [pɔlıtık] |
| político (adj) | политически | [pɔlıtıtʃeskı] |

político (m)	политик	[polɪtɪk]
estado (m)	пачхьалкх	[patʃhalq]
cidadão (m)	гражданин	[graӡdanɪn]
cidadania (f)	гражданалла	[graӡdanall]

| brasão (m) de armas | къаьмнийн герб | [qʔæmnɪːn gerb] |
| hino (m) nacional | пачхьалкхан гимн | [patʃhalqan gɪmn] |

governo (m)	правительство	[prawɪteljstvɔ]
Chefe (m) de Estado	мехкан куьйгалхо	[mehkan kʉjgalho]
parlamento (m)	парламент	[parlament]
partido (m)	парти	[partɪ]

| capitalismo (m) | капитализм | [kapɪtalɪzm] |
| capitalista (adj) | капиталистийн | [kapɪtalɪstɪːn] |

| socialismo (m) | социализм | [sɔtsɪalɪzm] |
| socialista (adj) | социалистийн | [sɔtsɪalɪstɪːn] |

comunismo (m)	коммунизм	[kɔmmunɪzm]
comunista (adj)	коммунистически	[kɔmmunɪstɪtʃeskɪ]
comunista (m)	коммунист	[kɔmmunɪst]

democracia (f)	демократи	[demɔkratɪ]
democrata (m)	демократ	[demɔkrat]
democrático (adj)	демократийн	[demɔkratɪːn]
Partido (m) Democrático	демократийн парти	[demɔkratɪːn partɪ]

| liberal (m) | либерал | [lɪberal] |
| liberal (adj) | либералийн | [lɪberalɪːn] |

| conservador (m) | консерватор | [kɔnservatɔr] |
| conservador (adj) | консервативни | [kɔnservatɪvnɪ] |

república (f)	республика	[respublɪk]
republicano (m)	республикахо	[respublɪkaho]
Partido (m) Republicano	республикански парти	[respublɪkanskɪ partɪ]

eleições (f pl)	харжамаш	[harӡamaʃ]
eleger (vt)	харжа	[harӡ]
eleitor (m)	харжамхо	[harӡamho]
campanha (f) eleitoral	харжамийн компани	[harӡamɪːn kɔmpanɪ]

votação (f)	кхаж тасар	[qaӡ tasar]
votar (vi)	кхаж таса	[qaӡ tas]
sufrágio (m)	бакъо	[baqʔɔ]

candidato (m)	кандидат	[kandɪdat]
candidatar-se (vi)	хоржуш хила	[horӡuʃ hɪl]
campanha (f)	компани	[kɔmpanɪ]

| da oposição | оппозиционни | [ɔppɔzɪtsɪɔnɪ] |
| oposição (f) | оппозици | [ɔppɔzɪtsɪ] |

| visita (f) | визит | [wɪzɪt] |
| visita (f) oficial | леррина визит | [lerrɪn wɪzɪt] |

217

internacional (adj)	гӀаланашна юккъера	[ɣalanaʃn jukq?er]
negociações (f pl)	дагадовлар	[dagadɔvlar]
negociar (vi)	дагабовла	[dagabɔvl]

244. Política. Governo. Parte 2

sociedade (f)	юкъаралла	[juq?arall]
constituição (f)	конституци	[kɔnstɪtutsɪ]
poder (ir para o ~)	Ӏедал	['edal]
corrupção (f)	коррупци	[kɔrruptsɪ]

| lei (f) | закон | [zakɔn] |
| legal (adj) | законехь | [zakɔneh] |

| justeza (f) | нийсо | [nɪːsɔ] |
| justo (adj) | нийса | [nɪːs] |

comitê (m)	комитет	[kɔmɪtet]
projeto-lei (m)	законопроект	[zakɔnɔprɔekt]
orçamento (m)	бюджет	[bʉdʒet]
política (f)	политика	[pɔlɪtɪk]
reforma (f)	хийцар	[hɪːtsar]
radical (adj)	кӀоргтера	[k'ɔrgger]

força (f)	ницкъ	[nɪtsq?]
poderoso (adj)	чӀорла	[tʃ'ɔɣ]
partidário (m)	агӀонча	['aɣɔntʃ]
influência (f)	Ӏаткъар	['atq?ar]

regime (m)	дӀахӀоттам	[d'ah'ɔttam]
conflito (m)	конфликт	[kɔnflɪkt]
conspiração (f)	къайлаха барт	[q?ajlaha bart]
provocação (f)	питана	[pɪtan]

derrubar (vt)	дӀадаккха	[d'adakq]
derrube (m), queda (f)	дӀадаккхар	[d'adakqar]
revolução (f)	революци	[revɔlʉtsɪ]

| golpe (m) de Estado | хийцам бар | [hɪːtsam bar] |
| golpe (m) militar | тӀеман хийцам бар | [t'eman hɪːtsam bar] |

crise (f)	кризис	[krɪzɪs]
recessão (f) econômica	экономикин лахдалар	[ɛkɔnɔmɪkɪn lahdalar]
manifestante (m)	демонстрант	[demɔnstrant]
manifestação (f)	демонстраци	[demɔnstratsɪ]
lei (f) marcial	тӀеман хьал	[t'eman hal]
base (f) militar	база	[baz]

| estabilidade (f) | чӀорла хилар | [tʃ'ɔ'aɣ hɪlar] |
| estável (adj) | чӀоагӀделла | [tʃ'ɔ'aɣdell] |

exploração (f)	эксплуатаци	[ɛkspluatatsɪ]
explorar (vt)	дацо	[datsɔ]
racismo (m)	расизм	[rasɪzm]

racista (m)	расизмхо	[rasɪzmho]
fascismo (m)	фашизм	[faʃɪzm]
fascista (m)	фашизмхо	[faʃɪzmho]

245. Países. Diversos

estrangeiro (m)	арахьарниг	[araharnɪg]
estrangeiro (adj)	кхечу мехкан	[qetʃu mehkan]
no estrangeiro	дозанал дехьа	[dɔzanal deh]

emigrante (m)	эмигрант	[ɛmɪgrant]
emigração (f)	эмиграци	[ɛmɪgratsɪ]
emigrar (vi)	эмиграци ян	[ɛmɪgratsɪ jan]

Ocidente (m)	Малхбузе	[malhbuze]
Oriente (m)	Малхбале	[malhbale]
Extremo Oriente (m)	Гена-Малхбале	[gen malhbale]
civilização (f)	цивилизаци	[tsɪwɪlɪzatsɪ]
humanidade (f)	адамалла	[adamall]
mundo (m)	lалам	['alam]
paz (f)	машар	[maʃar]
mundial (adj)	дуьненан	[dunenan]

pátria (f)	даймохк	[dajmɔhk]
povo (população)	халкъ	[halq?]
população (f)	бахархой	[baharhɔj]
gente (f)	нах	[nah]
nação (f)	къам	[q?am]
geração (f)	тlаьхье	[t'æhe]
território (m)	латта	[latt]
região (f)	регион	[regɪɔn]
estado (m)	штат	[ʃtat]

tradição (f)	ламаст	[lamast]
costume (m)	lадат	['adat]
ecologia (f)	экологи	[ɛkɔlɔgɪ]

índio (m)	индей	[ɪndej]
cigano (m)	цигон	[tsɪgɔn]
cigana (f)	цигон	[tsɪgɔn]
cigano (adj)	цигонийн	[tsɪgɔnɪ:n]

império (m)	импери	[ɪmperɪ]
colônia (f)	колони	[kɔlɔnɪ]
escravidão (f)	лолла	[lɔll]
invasão (f)	тlелатар	[t'elatar]
fome (f)	мацалла	[matsall]

246. Grupos religiosos mais importantes. Confissões

religião (f)	дин	[dɪn]
religioso (adj)	динан	[dɪnan]

crença (f)	динах тешар	[dɪnah teʃar]
crer (vt)	теша	[teʃ]
crente (m)	делах тешарг	[delah teʃarg]

| ateísmo (m) | атеизм | [ateɪzm] |
| ateu (m) | атеист | [ateɪst] |

cristianismo (m)	керсталла	[kerstall]
cristão (m)	керста	[kerst]
cristão (adj)	керстанан	[kerstanan]

catolicismo (m)	Католизм	[katɔlɪzm]
católico (m)	католик	[katɔlɪk]
católico (adj)	католикийн	[katɔlɪkiːn]

protestantismo (m)	Протестанство	[prɔtestanstvɔ]
Igreja (f) Protestante	Протестантийн килс	[prɔtestantiːn kɪls]
protestante (m)	протестант	[prɔtestant]

ortodoxia (f)	Керста дин	[kerst dɪn]
Igreja (f) Ortodoxa	Керста килс	[kerst kɪls]
ortodoxo (m)	керстанан	[kerstanan]

presbiterianismo (m)	Пресвитерианство	[preswɪterɪanstvɔ]
Igreja (f) Presbiteriana	Пресвитерианийн килс	[preswɪterɪaniːn kɪls]
presbiteriano (m)	пресвитерианин	[preswɪterɪanɪn]

| luteranismo (m) | Лютерианийн килс | [lɨterɪaniːn kɪls] |
| luterano (m) | лютерианин | [lɨterɪanɪn] |

| Igreja (f) Batista | Баптизм | [baptɪzm] |
| batista (m) | баптист | [baptɪst] |

| Igreja (f) Anglicana | Ингалсан килс | [ɪngalsan kɪls] |
| anglicano (m) | англиканин | [anglɪkanɪn] |

| mormonismo (m) | Мормонство | [mɔrmɔnstvɔ] |
| mórmon (m) | мормон | [mɔrmɔn] |

| Judaísmo (m) | Иудаизм | [ɪudaɪzm] |
| judeu (m) | жугти | [ʒugtɪ] |

| budismo (m) | Буддизм | [buddɪzm] |
| budista (m) | буддист | [buddɪst] |

| hinduísmo (m) | Индуизм | [ɪnduɪzm] |
| hindu (m) | индуист | [ɪnduɪst] |

Islã (m)	Ислам	[ɪslam]
muçulmano (m)	бусалба	[busalb]
muçulmano (adj)	бусалбанийн	[busalbaniːn]

xiismo (m)	Шиизм	[ʃiːzm]
xiita (m)	шиизмхо	[ʃiːzmho]
sunismo (m)	Суннаталла	[sunnatall]
sunita (m)	суннатхо	[sunnatho]

247. Religiões. Padres

| padre (m) | мозгӀар | [mɔzɣar] |
| Papa (m) | Римера папа | [rɪmer pap] |

monge (m)	монах	[mɔnah]
freira (f)	монах	[mɔnah]
pastor (m)	пастор	[pastɔr]

abade (m)	аббат	[abbat]
vigário (m)	викари	[wɪkarɪ]
bispo (m)	епископ	[epɪskɔp]
cardeal (m)	кардинал	[kardɪnal]

pregador (m)	кхайкхорхо	[qajqɔrhɔ]
sermão (m)	кхайкхор	[qajqɔr]
paroquianos (pl)	килсе оьхурш	[kɪlse øhurʃ]

| crente (m) | делах тешарг | [delah teʃarg] |
| ateu (m) | атеист | [ateɪst] |

248. Fé. Cristianismo. Islão

| Adão | Адам | [adam] |
| Eva | Хьава | [hav] |

Deus (m)	Дела	[del]
Senhor (m)	АллахӀ	['allah']
Todo Poderoso (m)	Дела	[del]

pecado (m)	къа	[qʔa]
pecar (vi)	къинош лето	[qʔɪnɔʃ letɔ]
pecador (m)	къинош дерг	[qʔɪnɔʃ derg]
pecadora (f)	къинош дерг	[qʔɪnɔʃ derg]

| inferno (m) | жоьжахати | [ʒøʒahatɪ] |
| paraíso (m) | ялсамани | [jalsamanɪ] |

| Jesus | Иисус | [iːsus] |
| Jesus Cristo | Иисус Христос | [iːsus hrɪstɔs] |

Espírito (m) Santo	Деза Са	[dez sa]
Salvador (m)	КӀелхьардаьккхинарг	[kʼelhardækqɪnarg]
Virgem Maria (f)	Ӏийса-пайхамаран нана	['iːs pajhamaran nan]

Diabo (m)	ШайтӀа	[ʃajtʼ]
diabólico (adj)	шайтӀан	[ʃajtʼan]
Satanás (m)	Йилбаз	[jɪlbaz]
satânico (adj)	йилбазан	[jɪlbazan]

anjo (m)	малик	[malɪk]
anjo (m) da guarda	малик-лардархо	[malɪk lardarhɔ]
angelical	маликан	[malɪkan]

apóstolo (m)	апостол	[apɔstɔl]
arcanjo (m)	архангел	[arhangel]
anticristo (m)	дажал	[daʒal]

Igreja (f)	Килс	[kɪls]
Bíblia (f)	Библи	[bɪblɪ]
bíblico (adj)	библин	[bɪblɪn]

Velho Testamento (m)	Къена Весет	[qʔen weset]
Novo Testamento (m)	Керла Весет	[kerl weset]
Evangelho (m)	Инжил	[ɪnʒɪl]
Sagradas Escrituras (f pl)	Жайна	[ʒajn]
Céu (sete céus)	Стигал, Стигалан Паччахьалла	[stɪgal], [stɪgalan patʃahall]

mandamento (m)	весет	[weset]
profeta (m)	пайхмар	[pajhmar]
profecia (f)	пайхмаралла	[pajhmarall]

Alá (m)	АллахI	['allah']
Maomé (m)	Мухьаммад	[muhammad]
Alcorão (m)	КъорIан	[qʔɔr'an]

mesquita (f)	маьждиг	[mæʒdɪg]
mulá (m)	молла	[mɔll]
oração (f)	ламаз	[lamaz]
rezar, orar (vi)	ламаз дан	[lamaz dan]

peregrinação (f)	ХьаьжцIа вахар	[hæʒts' vahar]
peregrino (m)	хьаьжа	[hæʒ]
Meca (f)	Макка	[makk]

igreja (f)	килс	[kɪls]
templo (m)	зиярат	[zɪjarat]
catedral (f)	килс	[kɪls]
gótico (adj)	готически	[gɔtɪtʃeskɪ]
sinagoga (f)	синагога	[sɪnagɔg]
mesquita (f)	маьждиг	[mæʒdɪg]

capela (f)	килс	[kɪls]
abadia (f)	аббатство	[abbatstvɔ]
convento (m)	монастырь	[mɔnastɪr']
monastério (m)	монастырь	[mɔnastɪr']

sino (m)	горгал	[gɔrgal]
campanário (m)	мамсар	[mamsar]
repicar (vi)	детта	[dett]

cruz (f)	жIара	[ʒ'ar]
cúpula (f)	бохь	[bɔh]
ícone (m)	икона	[ɪkɔn]

alma (f)	са	[s]
destino (m)	кхел	[qel]
mal (m)	вон	[vɔn]
bem (m)	диканиг	[dɪkanɪg]

vampiro (m)	убар	[ubɑr]
bruxa (f)	гӀам	[ɣɑm]
demônio (m)	йилбаз	[jɪlbɑz]
espírito (m)	са	[s]

| redenção (f) | къинойх цӀандалар | [qʔɪnɔjh ts'ɑndɑlɑr] |
| redimir (vt) | цӀандала | [ts'ɑndɑl] |

missa (f)	гӀуллакх	[ɣullɑq]
celebrar a missa	гӀуллакх дан	[ɣullɑq dɑn]
confissão (f)	дохковалар	[dɔhkɔvɑlɑr]
confessar-se (vr)	дохкодала	[dɔhkɔdɑl]

santo (m)	эвлаяъ	[ɛvlɑjɑʔ]
sagrado (adj)	деза	[dez]
água (f) benta	деза хи	[dez hɪ]

ritual (m)	ладат	['ɑdɑt]
ritual (adj)	ладатан	['ɑdɑtɑn]
sacrifício (m)	карла даккхар	[sɑɣ dɑkqɑr]

superstição (f)	доьгӀначух тешар	[døɣnɑʧuh teʃɑr]
supersticioso (adj)	доьгӀначух теша	[døɣnɑʧuh teʃ]
vida (f) após a morte	эхартара дахар	[ɛhɑrtɑr dɑhɑr]
vida (f) eterna	даим дахар	[dɑɪm dɑhɑr]

TEMAS DIVERSOS

249. Várias palavras úteis

ajuda (f)	rlo	[ɣɔ]
barreira (f)	дуьхьало	[dᵾhalɔ]
base (f)	лард	[lard]
categoria (f)	категори	[kategɔrɪ]
causa (f)	бахьана	[bahan]

coincidência (f)	нисдалар	[nɪsdalar]
coisa (f)	хlума	[h'um]
começo, início (m)	юьхь	[juh]
cômodo (ex. poltrona ~a)	бергийла	[beɣɪːl]
comparação (f)	дустар	[dustar]

compensação (f)	меттахlоттор	[mettah'ɔttɔr]
crescimento (m)	дерl даккхар	[deɣ dakqar]
desenvolvimento (m)	кхиам	[qɪam]
diferença (f)	башхалла	[baʃhall]
efeito (m)	эффект	[ɛf:ekt]

elemento (m)	элемент	[ɛlement]
equilíbrio (m)	баланс	[balans]
erro (m)	гlалат	[ɣalat]
esforço (m)	гlора	[ɣɔr]
estilo (m)	стиль	[stɪlj]

exemplo (m)	масал	[masal]
fato (m)	хилларг	[hɪllarg]
fim (m)	чаккхе	[ʧakqe]
forma (f)	форма	[fɔrm]

frequente (adj)	кест-кеста	[kest kest]
fundo (ex. ~ verde)	фон	[fɔn]
gênero (tipo)	тайпа	[tajp]
grau (m)	дарж	[darʒ]
ideal (m)	идеал	[ɪdeal]

labirinto (m)	лабиринт	[labɪrɪnt]
modo (m)	кеп	[kep]
momento (m)	юкъ	[juq?]
objeto (m)	хlума	[h'um]
obstáculo (m)	новкъарло	[nɔvq?arlɔ]

original (m)	оригинал	[ɔrɪgɪnal]
padrão (adj)	стандартан	[standartan]
padrão (m)	стандарт	[standart]
paragem (pausa)	садалар	[sada'ar]
parte (f)	дакъа	[daq?]

partícula (f)	дакъалг	[daq?alg]
pausa (f)	сацангла	[satsany]
posição (f)	хьал	[hal]
princípio (m)	принцип	[prɪntsɪp]

problema (m)	проблема	[problem]
processo (m)	процесс	[protsess]
progresso (m)	прогресс	[progress]
propriedade (qualidade)	башхало	[baʃhalɔ]

reação (f)	реакци	[reaktsɪ]
risco (m)	кхерам	[qeram]
ritmo (m)	болар	[bɔlar]
segredo (m)	къайле	[q?ajle]
série (f)	сери	[serɪ]

sistema (m)	къепе	[q?epe]
situação (f)	хьал	[hal]
solução (f)	дар	[dar]
tabela (f)	таблица	[tablɪts]
termo (ex. ~ técnico)	термин	[termɪn]

tipo (m)	тайпа	[tajp]
urgente (adj)	сиха	[sɪh]
urgentemente	чехка	[tʃehk]
utilidade (f)	пайда	[pajd]

variante (f)	вариант	[varɪant]
variedade (f)	харжар	[harʒar]
verdade (f)	бакъдерг	[baq?derg]
vez (f)	parl	[raɣ]
zona (f)	зона	[zɔn]

250. Modificadores. Adjetivos. Parte 1

aberto (adj)	диллина	[dɪllɪn]
afetuoso (adj)	кӏеда-мерза	[k'ed merz]
afiado (adj)	ира	[ɪr]
agradável (adj)	тамехьа	[tameh]
agradecido (adj)	баркалле	[barkalle]

alegre (adj)	самукъане	[samuq?ane]
alto (ex. voz ~a)	чӏогӏа	[tʃ'ɔɣ]
amargo (adj)	къаьхьа	[q?æh]
amplo (adj)	пархӏат	[parɣat]
antigo (adj)	мацахлера	[matsahler]

apropriado (adj)	мегаш долу	[megaʃ dɔlu]
arriscado (adj)	кхераме	[qerame]
artificial (adj)	искусственни	[ɪskusstwenɪ]

azedo (adj)	муьста	[mʉst]
baixo (voz ~a)	меллаша	[mellaʃ]
barato (adj)	дораха	[dɔrah]

belo (adj)	тӀеххаза	[t'ehaz]
bom (adj)	дика	[dɪk]
bondoso (adj)	дика	[dɪk]
bonito (adj)	хаза	[haz]
bronzeado (adj)	маьлхо дагийна	[mælho dagɪ:n]
burro, estúpido (adj)	Ӏовдал	['ɔvdal]

calmo (adj)	тийна	[tɪ:n]
cansado (adj)	гӀелделла	[ɣeldell]
cansativo (adj)	кӀаддеш долу	[k'addeʃ dɔlu]
carinhoso (adj)	гӀайрла йолу	[ɣajɣ jolu]
caro (adj)	деза	[dez]

cego (adj)	бӀаьрзе	[b'ærze]
central (adj)	юккъера	[jukq?er]
cerrado (ex. nevoeiro ~)	дуькъа	[dʉq?]
cheio (xícara ~a)	дуьззина	[dʉzzɪn]

civil (adj)	граждански	[graʒdanskɪ]
clandestino (adj)	къайлаха	[q?ajlah]
claro (explicação ~a)	кхетаме	[qetame]
claro (pálido)	сирла	[sɪrl]

compatível (adj)	цхьаьна доргӀу	[tshæn dɔɣu]
comum, normal (adj)	гуттар а хьуьлу	[guttar a hʉlu]
congelado (adj)	гӀорийна	[ɣorɪ:n]
conjunto (adj)	цхьаьна ден	[tshæn den]
considerável (adj)	доккха	[dɔkq]

contente (adj)	реза долу	[rez dɔlu]
contínuo (adj)	дехха	[deh]
contrário (ex. o efeito ~)	дуьхьалдоргӀу	[dʉhaldɔɣu]
correto (resposta ~a)	нийса	[nɪ:s]
cru (não cozinhado)	тӀуьна	[t'ʉn]

curto (adj)	доца	[dɔts]
de curta duração	йоццача хенан	[jotsaʧ henan]
de sol, ensolarado	маьлхан	[mælhan]
de trás	тӀехьара	[t'ehar]
denso (fumaça ~a)	чорда	[ʧord]

desanuviado (adj)	екхна	[eqn]
descuidado (adj)	ледара	[ledar]
difícil (decisão)	хала	[hal]
difícil, complexo (adj)	хала	[hal]

direito (lado ~)	аьтту	[ættu]
distante (adj)	генаха	[genah]
doce (açucarado)	мерза	[merz]
doce (água)	теза	[tez]

doente (adj)	цомгуш	[tsɔmguʃ]
duro (material ~)	чӀорӀа	[ʧ'oɣ]
educado (adj)	гӀиллакхе	[ɣɪllaqe]
encantador (agradável)	хьоме	[home]
enigmático (adj)	кхета хала	[qet hal]

enorme (adj)	тlехдоккха	[t'ehdɔkq]
escuro (quarto ~)	бодане	[bɔdane]
especial (adj)	леррина	[lerrɪn]
esquerdo (lado ~)	аьрру	[ærru]

estrangeiro (adj)	кхечу мехкан	[qetʃu mehkan]
estreito (adj)	готта	[gɔtt]
exato (montante ~)	нийса	[nɪːs]
excelente (adj)	тlехдика	[t'ehdɪk]
excessivo (adj)	барамал тlех	[baramal t'eh]

externo (adj)	арахьара	[arahar]
fácil (adj)	атта	[att]
faminto (adj)	меца	[mets]
fechado (adj)	къевлина	[q?evlɪn]
feliz (adj)	ирсе	[ɪrse]

fértil (terreno ~)	ялта хьекъа	[jalt heq?]
forte (pessoa ~)	нуьцкъала	[nʉtsq?al]
fraco (luz ~a)	беда	[bed]
frágil (adj)	экам	[ɛkam]
fresco (pão ~)	керла	[kerl]

fresco (tempo ~)	шийла	[ʃɪːl]
frio (adj)	шийла	[ʃɪːl]
gordo (alimentos ~s)	дерстина	[derstɪn]
gostoso, saboroso (adj)	чоме	[tʃɔme]

grande (adj)	доккха	[dɔkq]
gratuito, grátis (adj)	маьхза	[mæhz]
grosso (camada ~a)	стомма	[stɔmm]
hostil (adj)	мостаlаллин	[mɔstaɣallɪn]

251. Modificadores. Adjetivos. Parte 2

igual (adj)	цхьатерра	[tshaterr]
imóvel (adj)	лелаш доцу	[lelaʃ dɔtsu]
importante (adj)	ладаме	[ladame]
impossível (adj)	таро доцу	[tarɔ dɔtsu]
incompreensível (adj)	кхеташ доцу	[qetaʃ dɔtsu]

indigente (muito pobre)	къен	[q?en]
indispensável (adj)	оьшу	[øʃu]
inexperiente (adj)	доьлла доцу	[døll dɔtsu]
infantil (adj)	берийн	[berɪːn]

ininterrupto (adj)	хаддаза долу	[haddaz dɔlu]
insignificante (adj)	пайда боцу	[pajd bɔtsu]
inteiro (completo)	дийна	[dɪːn]
inteligente (adj)	хьекъале	[heq?ale]

interno (adj)	чоьхьара	[tʃøhar]
jovem (adj)	къона	[q?ɔn]
largo (caminho ~)	шуьйра	[ʃʉjr]

legal (adj)	законехь	[zakɔneh]
leve (adj)	дайн	[dɑjn]
limitado (adj)	кӏезиг	[k'ezɪg]
limpo (adj)	цӏена	[ts'en]
líquido (adj)	коча	[kotʃ]
liso (adj)	шера	[ʃer]
liso (superfície ~a)	нийса	[nɪːs]
livre (adj)	паргӏат	[parɣat]
longo (ex. cabelo ~)	деха	[deh]
maduro (ex. fruto ~)	кхиъна	[qɪʔn]
magro (adj)	оза	[ɔz]
mais próximo (adj)	герггара	[gerggar]
mais recente (adj)	дӏадахна	[d'adahn]
mate (adj)	кхоьлина	[qølɪn]
mau (adj)	вон	[vɔn]
meticuloso (adj)	дурсе	[durse]
míope (adj)	бӏорзагал	[b'ɔrzagal]
mole (adj)	кӏеда	[k'ed]
molhado (adj)	тӏеда	[t'ed]
moreno (adj)	ӏаьржачу аматехь	['ærʒatʃu amateh]
morto (adj)	делла	[dell]
muito magro (adj)	оза	[ɔz]
não difícil (adj)	хала доцу	[hal dɔtsu]
não é clara (adj)	къаьсташ доцу	[qʔæstaʃ dɔtsu]
não muito grande (adj)	доккха доцу	[dɔkq dɔtsu]
natal (país ~)	дина	[dɪn]
necessário (adj)	хьашт долу	[haʃt dɔlu]
negativo (resposta ~a)	дацаре	[datsare]
nervoso (adj)	нервийн	[nervɪːn]
normal (adj)	лартӏахь долу	[lart'ah dɔlu]
novo (adj)	цӏина	[ts'ɪn]
o mais importante (adj)	уггар лараме	[uggar larame]
obrigatório (adj)	декхарийлахь долу	[deqarɪːlah dɔlu]
original (incomum)	оригинал йолу	[ɔrɪgɪnal jolu]
passado (adj)	дӏадахнар	[d'adahnar]
pequeno (adj)	жима, кегий	[ʒɪm], [kegɪː]
perigoso (adj)	кхераме	[qerame]
permanente (adj)	хаддаза	[haddaz]
perto (adj)	гергара	[gergar]
pesado (adj)	деза	[dez]
pessoal (adj)	леррина	[lerrɪn]
plano (ex. ecrã ~ a)	тӏапа	[t'ap]
pobre (adj)	къен	[qʔen]
pontual (adj)	дурсе	[durse]
possível (adj)	тарлун	[tarlun]
pouco fundo (adj)	гомха	[gɔmh]
presente (ex. momento ~)	хӏинцалера	[h'ɪntsaler]

prévio (adj)	хьалхара	[halhar]
primeiro (principal)	коьрта	[kørt]
principal (adj)	коьрта	[kørt]
privado (adj)	долара	[dɔlar]
provável (adj)	хила тарлу	[hɪl tarlu]
próximo (adj)	гергара	[gergar]
público (adj)	юкъараллин	[juqʔarallɪn]
quente (cálido)	довха	[dɔvh]
quente (morno)	мела	[mel]
rápido (adj)	маса	[mas]
raro (adj)	нилха	[nɪlh]
remoto, longínquo (adj)	генара	[genar]
reto (linha ~a)	нийса	[nɪːs]
salgado (adj)	дуьра	[dʉr]
satisfeito (adj)	кхачаме	[qatʃame]
seco (roupa ~a)	декъа	[deqʔ]
seguinte (adj)	porlepa	[rɔɣer]
seguro (não perigoso)	кхерамза	[qeramz]
similar (adj)	тера	[ter]
simples (fácil)	цхьалха	[tshalh]
soberbo, perfeito (adj)	тІехдика	[tʼehdɪk]
sólido (parede ~a)	чІорІа	[tʃʼɔɣ]
sombrio (adj)	бодане	[bɔdane]
sujo (adj)	боьха	[bøh]
superior (adj)	лакхара	[laqar]
suplementar (adj)	кхин тІе	[qɪn tʼe]
tranquilo (adj)	тийна	[tɪːn]
transparente (adj)	чекх са гун	[tʃeq sa gun]
triste (pessoa)	гІайгІане	[ɣajɣane]
triste (um ar ~)	гІайгІане	[ɣajɣane]
último (adj)	тІаьхххьара	[tʼæhar]
úmido (adj)	тІуьна	[tʼʉn]
único (adj)	башха	[baʃh]
usado (adj)	пайда оьцуш хилла	[pajd øtsuʃ hɪll]
vazio (meio ~)	даьсса	[dæss]
velho (adj)	къена	[qʔen]
vizinho (adj)	лулара	[lular]

500 VERBOS PRINCIPAIS

252. Verbos A-B

abraçar (vt)	марадолла	[maradɔll]
abrir (vt)	схьаделла	[shadell]
acalmar (vt)	дӀатедан	[d'atedan]
acariciar (vt)	хьеста	[hest]
acenar (com a mão)	лесто	[lestɔ]
acender (~ uma fogueira)	лато	[latɔ]
achar (vt)	лара	[lar]
acompanhar (vt)	цхьаьнадаьлла даха	[tshænadæll dah]
aconselhar (vt)	хьехам бан	[heham ban]
acordar, despertar (vt)	самадаккха	[samadakq]
acrescentar (vt)	тӀетоха	[t'etɔh]
acusar (vt)	бехкедан	[behkedan]
adestrar (vt)	караламо	[kara'amɔ]
adivinhar (vt)	хаа	[ha'a]
admirar (vt)	гӀаддаха	[ɣaddah]
adorar (~ fazer)	тӀепа хила	[t'er hɪl]
advertir (vt)	дӀахьедан	[d'ahedan]
afirmar (vt)	тӀечӀаргӀдан	[t'etʃ'aɣdan]
afogar-se (vr)	бухадаха	[buhadah]
afugentar (vt)	эккхо	[ɛkqɔ]
agir (vi)	дан	[dan]
agitar, sacudir (vt)	дегадан	[degadan]
agradecer (vt)	баркалла баха	[barkall bah]
ajudar (vt)	гӀо дан	[ɣɔ dan]
alcançar (objetivos)	даккха	[dakq]
alimentar (dar comida)	хӀума яла	[h'um jal]
almoçar (vi)	делкъана хӀума яа	[delq?an h'um ja'a]
alugar (~ o barco, etc.)	лаца	[laʦ]
alugar (~ um apartamento)	лаца	[laʦ]
amar (pessoa)	деза	[dez]
amarrar (vt)	дӀадехка	[d'adehk]
ameaçar (vt)	кхерам тийса	[qeram tɪːs]
amputar (vt)	дӀадаккха	[d'adakq]
anotar (escrever)	билгалдан	[bɪlgaldan]
anotar (escrever)	дӀаяздан	[d'ajazdan]
anular, cancelar (vt)	дӀадаккха	[d'adakq]
apagar (com apagador, etc.)	дӀадайа	[d'adaj]
apagar (um incêndio)	дӀаяйа	[d'ajaj]

apaixonar-se …	дезадала	[dezadal]
aparecer (vi)	гучудала	[gutʃudal]
aplaudir (vi)	тӀараш детта	[t'araʃ dett]

apoiar (vt)	тӀетан	[t'etan]
apontar para …	хьежо	[heʒɔ]
apresentar (alguém a alguém)	довзо	[dɔvzɔ]
apresentar (Gostaria de ~)	довзийта	[dɔvzɪːt]

apressar (vt)	сихдан	[sɪhdan]
apressar-se (vr)	сихдала	[sɪhdal]
aproximar-se (vr)	тӀедан	[t'edan]
aquecer (vt)	дохдала	[dɔhdal]

arrancar (vt)	схьадаккха	[shadakq]
arranhar (vt)	сизаш дан	[sɪzaʃ dan]
arrepender-se (vr)	дагахьбаллам хила	[dagahballam hɪl]
arriscar (vt)	кхерам баккха	[qeram bakq]

arrumar, limpar (vt)	дӀадаха	[d'adah]
aspirar a …	гӀерта	[ɣert]
assinar (vt)	куьг тӀо	[kʉg ta'ɔ]
assistir (vt)	ассистент хила	[assɪstent hɪl]
atacar (vt)	атак ян	[atak jan]

atar (vt)	дӀадехка	[d'adehk]
atracar (vi)	йистедало	[jɪstedalɔ]
aumentar (vi)	доккха хилар	[dɔkq hɪlar]
aumentar (vt)	доккха дан	[dɔkq dan]

avançar (vi)	хьаладала	[haladal]
avistar (vt)	ган	[gan]
baixar (guindaste, etc.)	охьадахийта	[ɔhadahɪːt]
barbear-se (vr)	даша	[daʃ]
basear-se (vr)	ларда тӀе доӀадала	[lard t'e dɔɣadal]

bastar (vi)	тоа	[tɔ]
bater (à porta)	детта	[dett]
bater (espancar)	етта	[ett]
bater-se (vr)	лета	[let]

beber, tomar (vt)	мала	[mal]
brilhar (vi)	къега	[q?eg]
brincar, jogar (vi, vt)	ловза	[lɔvz]
buscar (vt)	леха	[leh]

253. Verbos C-D

caçar (vi)	талла эха	[tall ɛh]
calar-se (parar de falar)	вист ца хила	[wɪst tsa hɪl]
calcular (vt)	лара	[lar]
carregar (o caminhão, etc.)	тӀедотта	[t'edɔtt]
carregar (uma arma)	дуза	[duz]

casar-se (vr)	зуда яло	[zud jalɔ]
causar (vt)	бахьана хила	[bahan hɪl]
cavar (vt)	ахка	[ahk]

ceder (não resistir)	дита	[dɪt]
cegar, ofuscar (vt)	блаьрса дайа	[b'ærs daj]
censurar (vt)	бехкаш даха	[behkaʃ dah]
chamar (~ por socorro)	кхайкха	[qajq]

chamar (alguém para ...)	кхайкха	[qajq]
chegar (a algum lugar)	дlакхача	[d'aqatʃ]
chegar (vi)	схьакхача	[shaqatʃ]
cheirar (~ uma flor)	хьожа яха	[hɔʒ jah]

cheirar (tem o cheiro)	хьожаэха	[hɔʒaɛh']
chorar (vi)	делха	[delh]
citar (vt)	дешнаш дало	[deʃnaʃ dalɔ]
colher (flores)	даккха	[dakq]

colocar (vt)	дилла, охьадилла	[dɪll], [ɔhadɪll]
combater (vi, vt)	лета	[let]
começar (vt)	доло	[dɔlɔ]
comer (vt)	даа, яаа	[da'a], [ja'a]
comparar (vt)	дуста	[dust]

compensar (vt)	меттахlотто	[mettah'ɔttɔ]
competir (vi)	къийса	[q?ɪːs]
complicar (vt)	чолхе дан	[tʃɔlhe dan]
compor (~ música)	даккха	[dakq]

comportar-se (vr)	лела	[lel]
comprar (vt)	эца	[ɛts]
comprometer (vt)	сий дайа	[sɪː daj]
concentrar-se (vr)	тlегулдала	[t'eguldal]
concordar (dizer "sim")	реза хила	[rez hɪl]

condecorar (dar medalha)	совгlат дала	[sɔvɣat dal]
confessar-se (vr)	къардала	[q?ardal]
confiar (vt)	теша	[teʃ]
confundir (equivocar-se)	тило	[tɪlɔ]
conhecer (vt)	довза	[dɔvz]

conhecer-se (vr)	довза	[dɔvz]
consertar (vt)	къепе дало	[q?epe dalɔ]
consultar ...	консультаци эца	[kɔnsuljtatsɪ ɛts]
contagiar-se com ...	кхета	[qet]

contar (vt)	дийца	[dɪːts]
contar com ...	дагахь хила	[dagah hɪl]
continuar (vt)	дахдан	[dahdan]
contratar (vt)	лаца	[lats]

controlar (vt)	тlехьажа	[t'ehaʒ]
convencer (vt)	дlадада	[d'adad]
convidar (vt)	схьакхайкха	[shaqajq]
cooperar (vi)	дакъа лаца	[daq? lats]

coordenar (vt)	уьйр ян	[ɥjr jan]
corar (vi)	эхь хетта цӏийвала	[ɛh hett ts'ɪːval]
correr (vi)	дада	[dad]
cortar (com um machado)	дӏахадо	[d'ahadɔ]
cortar (com uma faca)	дӏахадо	[d'ahadɔ]
cozinhar (vt)	кечдан	[ketʃdan]
crer (pensar)	теша	[teʃ]
criar (vt)	кхолла	[qɔll]
cultivar (~ plantas)	кхио	[qɪɔ]
cuspir (vi)	туйнаш кхийса	[tujnaʃ qɪːs]
custar (vt)	деха	[deh]
dar banho, lavar (vt)	лийчо	[lɪːtʃɔ]
datar (vi)	терахь яздан	[terah jazdan]
decidir (vt)	сацо	[satsɔ]
decorar (enfeitar)	хаздан	[hazdan]
dedicar (vt)	хьажо	[haʒɔ]
defender (vt)	лардан	[lardan]
defender-se (vr)	лардала	[lardal]
deixar (~ a mulher)	дита	[dɪt]
deixar (esquecer)	дита	[dɪt]
deixar (permitir)	маго	[magɔ]
deixar cair (vt)	охьаэго	[ɔhaegɔ]
denominar (vt)	цӏерш яха	[ts'erʃ jah]
denunciar (vt)	мотт бетта	[mɔtt bett]
depender de ...	даза	[daz]
derramar (~ líquido)	Iано	['anɔ]
desaparecer (vi)	къайладала	[q?ajladal]
desatar (vt)	схьадаста	[shadast]
desatracar (vi)	дӏадаха	[d'adah]
descansar (um pouco)	садала	[sada']
descer (para baixo)	охьадан	[ɔhadan]
descobrir (novas terras)	гучудаккха	[gutʃudakq]
descolar (avião)	хьалагӏатта	[halaɣatt]
desculpar (vt)	бехк ца билла	[behk tsa bɪll]
desculpar-se (vr)	бехк цабиллар деха	[behk tsabɪllar deh]
desejar (vt)	лаа	[la'a]
desempenhar (papel)	ловза	[lɔvz]
desligar (vt)	дӏадайа	[d'adaj]
desprezar (vt)	ца даша	[tsa daʃ]
destruir (documentos, etc.)	хӏаллакдан	[h'allakdan]
dever (vi)	хьакъ долуш хила	[haq? dɔluʃ hɪl]
devolver (vt)	юхадахьийта	[juhadahɪːt]
direcionar (vt)	тӏедахийта	[t'edahɪːt]
dirigir (~ um carro)	машина лело	[maʃɪn lelɔ]
dirigir (~ uma empresa)	куьйгаллэ дан	[kɥjgallz dan]

dirigir-se (a um auditório, etc.)	ала	[al]
discutir (notícias, etc.)	дийцаре дилла	[dɪːtsare dɪll]

disparar, atirar (vi)	кхийса	[qɪːs]
distribuir (folhetos, etc.)	даржо	[darʒɔ]
distribuir (vt)	дӀасадекъа	[d'asadeq?]
divertir (vt)	самукъдаккха	[samuq?dakq]

divertir-se (vr)	сакъера	[saq?er]
dividir (mat.)	декъа	[deq?]
dizer (vt)	ала	[al]
dobrar (vt)	шозза алсамдаккха	[ʃɔzz alsamdakq]
duvidar (vt)	шекьхила	[ʃəkʲhɪl]

254. Verbos E-J

elaborar (uma lista)	хӀотто	[h'ɔttɔ]
elevar-se acima de …	ирахдахна хила	[ɪrahdahn hɪl]
eliminar (um obstáculo)	дӀадаккха	[d'adakq]
embrulhar (com papel)	юкъахьарчо	[juq?ahartʃo]

emergir (submarino)	тӀедала	[t'edal]
emitir (~ cheiro)	даржо	[darʒɔ]
empreender (vt)	юьхьарлаца	[juharlats]
empurrar (vt)	дӀататта	[d'atatt]

encabeçar (vt)	куьйгалла дан	[kʉjgall dan]
encher (~ a garrafa, etc.)	дуза	[duz]
encontrar (achar)	каро	[karɔ]
enganar (vt)	Ӏexo	['eho]

ensinar (vt)	Ӏамо	['amɔ]
entediar-se (vr)	сагатдала	[sagatdal]
entender (vt)	кхета	[qet]
entrar (na sala, etc.)	чудаха	[tʃudah]

enviar (uma carta)	дӀадахьийта	[d'adahɪːt]
equipar (vt)	гӀирс хӀотто	[ɣɪrs hɔttɔ]
errar (enganar-se)	гӀалатдала	[ɣalatdal]
escolher (vt)	харжар	[harʒar]

esconder (vt)	дӀадилла	[d'adɪll]
escrever (vt)	яздан	[jazdan]
escutar (vt)	ладоӀа	[ladɔɣ]
escutar atrás da porta	ладоӀа	[ladɔɣ]
esmagar (um inseto, etc.)	вичӀадаккха	[wɪtʃ'adakq]

esperar (aguardar)	хьежа	[heʒ]
esperar (contar com)	дагахь хила	[dagah hɪl]
esperar (ter esperança)	догдаха	[dɔgdah]
espreitar (vi)	хьежа	[heʒ]
esquecer (vt)	дицдала	[dɪtsdal]
estar	Ӏилла	['ɪll]

estar convencido	тешна хила	[teʃn hɪl]
estar deitado	вижина Iилла	[wɪʒɪn 'ɪll]
estar perplexo	цецдала	[tsetsdal]
estar preocupado	сагатдан	[sagatdan]
estar sentado	Iан	['an]

estremecer (vi)	тохадала	[tɔhadal]
estudar (vt)	Iамо	['amɔ]
evitar (~ o perigo)	уьдуш лела	[ʉduʃ lel]
examinar (~ uma proposta)	къасто	[q?astɔ]

exigir (vt)	тIедожо	[t'edɔʒɔ]
existir (vi)	хила	[hɪl]
explicar (vt)	кхето	[qetɔ]
expressar (vt)	схьаала	[sha'al]

expulsar (~ da escola, etc.)	дIадаккха	[d'adakq]
facilitar (vt)	дайдан	[dajdan]
falar com ...	къамел дан	[q?amel dan]
faltar (a la escuela, etc.)	дита	[dɪt]

fascinar (vt)	дагадоха	[dagadɔh]
fatigar (vt)	кIаддан	[k'addan]
fazer (vt)	дан	[dan]
fazer lembrar	дагадаийта	[dagadaɪːt]
fazer piadas	забарш ян	[zabarʃ jan]

fazer publicidade	реклама ян	[reklam jan]
fazer uma tentativa	гIорта	[ɣɔrt]
fechar (vt)	дIакъовла	[d'aq?ovl]
felicitar (vt)	декъалдан	[deq?aldan]

ficar cansado	гIелдала	[ɣeldal]
ficar em silêncio	диет ца хила	[dɪet tsa hɪl]
ficar pensativo	ойлане дожа	[ɔjlane dɔʒ]
forçar (vt)	дайта	[dajt]
formar (vt)	кхолла	[qɔll]

gabar-se (vr)	куралла ян	[kurall jan]
garantir (vt)	юкъара хила	[juq?ar hɪl]
gostar (apreciar)	хазахета	[hazahet]
gritar (vi)	мохь бетта	[mɔh bett]

guardar (fotos, etc.)	Iалашдан	['alaʃdan]
guardar (no armário, etc.)	дIадаккха	[d'adakq]
guerrear (vt)	тIом бан	[t'ɔm ban]
herdar (vt)	верасалла кхача	[werasall qatʃ]
iluminar (vt)	серладаккха	[serladakq]

imaginar (vt)	сурт хIотто	[surt h'ɔttɔ]
imitar (vt)	тардан	[tardan]
implorar (vt)	деха	[deh]
importar (vt)	импорт ян	[ɪmpɔrt jan]

indicar (~ o caminho)	гайта	[gajt]
indignar-se (vr)	эргIаддала	[ɛrɣaddal]

235

infetar, contagiar (vt)	далийта	[dalɪːt]
influenciar (vt)	Iаткъам бан	['atqʔam ban]
informar (~ a policia)	хаам бан	[ha'am ban]

informar (vt)	информаци ян, хаам бан	[ɪnformatsɪ jan], [ha'am ban]
informar-se (~ sobre)	хаа	[ha'a]
inscrever (na lista)	юкъаяздан	[juqʔajazdan]
inserir (vt)	тийса	[tɪːs]

insinuar (vt)	къедо	[qʔedɔ]
insistir (vi)	тlера ца вала	[t'er tsa val]
inspirar (vt)	иракарахlоттор	[ɪrakarah'ɔttɔr]
instruir (ensinar)	инструкцеш яла	[ɪnstruktseʃ jal]

insultar (vt)	сий дайа	[sɪ: daj]
interessar (vt)	безам хила	[bezam hɪl]
interessar-se (vr)	безам хила	[bezam hɪl]
intervir (vi)	юкъаэккха	[juqʔaəkq]
invejar (vt)	хьега	[heg]

inventar (vt)	кхолла	[qɔll]
ir (a pé)	даха	[dah]
ir (de carro, etc.)	даха	[dah]
ir nadar	лийча	[lɪːtʃ]

ir para a cama	охьадижа	[ɔhadɪʒ]
irritar (vt)	карзахдаккха	[karzahdakq]
irritar-se (vr)	карзахдала	[karzahdal]
isolar (vt)	дlакъасто	[d'aqʔastɔ]

jantar (vi)	пхьор дан	[phɔr dan]
jogar, atirar (vt)	кхийса	[qɪːs]
juntar, unir (vt)	цхьаьнатоха	[tshænatɔh]
juntar-se a ...	дlакхета	[d'aqet]

255. Verbos L-P

lançar (novo projeto, etc.)	кхосса	[qɔss]
lavar (vt)	дила	[dɪl]
lavar a roupa	дитта	[dɪtt]
lavar-se (vr)	дила	[dɪl]

lembrar (vt)	дагадан	[dagadan]
ler (vt)	еша	[eʃ]
levantar-se (vr)	хьалаг1атта	[halaɣatt]
levar (ex. leva isso daqui)	дlадахьа	[d'adah]

libertar (cidade, etc.)	мукъадаккха	[muqʔadakq]
ligar (~ o radio, etc.)	йолаялийта	[jolajalɪːt]
limitar (vt)	доза тоха	[dɔz tɔh]
limpar (eliminar sujeira)	цlандан	[ts'andan]
limpar (tirar o calcário, etc.)	цlандан	[ts'andan]
lisonjear (vt)	хесто	[hestɔ]
livrar-se de ...	хьалхадала	[halhadal]

| lutar (combater) | къийсам атто | [qʔɪːsam attɔ] |
| lutar (esporte) | лата | [lat] |

marcar (com lápis, etc.)	билгало ян	[bɪlgalɔ jan]
matar (vt)	ден	[den]
memorizar (vt)	дагахь латто	[dagah lattɔ]
mencionar (vt)	хьахо	[haho]

mentir (vi)	аьшпаш ботта	[æʃpaʃ bɔtt]
merecer (vt)	даккха	[dakq]
mergulhar (vi)	чулелха	[ʧulelh]
misturar (vt)	вовшахъэдан	[vɔvʃahʔɛdan]

morar (vt)	даха	[dah]
mostrar (vt)	гайта	[gajt]
mover (vt)	дӏататта	[dʼatatt]
mudar (modificar)	хийца	[hɪːʦ]

multiplicar (mat.)	эца	[ɛʦ]
nadar (vi)	нека дан	[nek dan]
negar (vt)	керстдан	[kerstdan]
negociar (vi)	дагабовла	[dagabɔvl]

nomear (função)	хӏотто	[hʼɔttɔ]
obedecer (vt)	муьтӏахь хила	[mʉtʼah hɪl]
objetar (vt)	дуьхьал хила	[dʉhal hɪl]
observar (vt)	тергам бан	[tergam ban]

ofender (vt)	халахетар дан	[halahetar dan]
olhar (vt)	хьежа	[heʒ]
omitir (vt)	юкъахдита	[juqʔahdɪt]
ordenar (mil.)	омра дан	[ɔmr dan]

organizar (evento, etc.)	дӏахӏотто	[dʼahʼɔttɔ]
ousar (vt)	хӏотта	[hʼɔtt]
ouvir (vt)	хаза	[haz]
pagar (vt)	ахча дала	[ahʧ dal]

parar (para descansar)	саца	[saʦ]
parar, cessar (vt)	дӏасацо	[dʼasaʦɔ]
parecer-se (vr)	тера хила	[ter hɪl]
participar (vi)	дакъа лаца	[daqʔ laʦ]
partir (~ para o estrangeiro)	дӏадаха	[dʼadah]

passar (vt)	тӏехдала	[tʼehdal]
passar a ferro	тоха	[tɔh]
pecar (vi)	къинош лето	[qʔɪnɔʃ letɔ]
pedir (comida)	заказ ян	[zakaz jan]

pedir (um favor, etc.)	деха	[deh]
pegar (tomar com a mão)	леца	[leʦ]
pegar (tomar)	схьаэца	[shaeʦ]
pendurar (cortinas, etc.)	хьалаолла	[halɔll]
penetrar (vt)	чудала	[ʧudal]
pensar (vi, vt)	ойла ян	[ɔjl jan]
pentear-se (vr)	ехк хьакха	[ehk haq]

| perceber (ver) | ган | [gan] |
| perder (o guarda-chuva, etc.) | дайа | [daj] |

perdoar (vt)	геч дан	[getʃ dan]
permitir (vt)	магийта	[magɪːt]
pertencer a ...	хила	[hɪl]
perturbar (vt)	новкъарло ян	[nɔvqʔarlɔ jan]

pesar (ter o peso)	оза	[ɔz]
pescar (vt)	чlерий леца	[tʃʼerɪ: lets]
planejar (vt)	план хlотто	[plan hʼɔttɔ]
poder (~ fazer algo)	мага	[mag]

pôr (posicionar)	хила	[hɪl]
possuir (uma casa, etc.)	хила	[hɪl]
predominar (vi, vt)	тоьлушха хила	[tøluʃha hɪl]
preferir (vt)	гlоли хета	[ɣɔlɪ het]

preocupar (vt)	сагатдан	[sagatdan]
preocupar-se (vr)	сахьийзо	[sahɪ:zɔ]
preparar (vt)	кечдан	[ketʃdan]
preservar (ex. ~ a paz)	лардан	[lardan]

prever (vt)	синхаам хила	[sɪnhaʼam hɪl]
privar (vt)	даккха	[dakq]
proibir (vt)	дехка	[dehk]
projetar, criar (vt)	проект хlотто	[prɔekt hʼɔttɔ]
prometer (vt)	валда дан	[vaʼd dan]

pronunciar (vt)	ала	[al]
propor (vt)	хьахо	[hahɔ]
proteger (a natureza)	лардан	[lardan]
protestar (vi)	дуьхьал хила	[dʉhal hɪl]

provar (~ a teoria, etc.)	тешо	[teʃɔ]
provocar (vt)	питана таса	[pɪtan tas]
punir, castigar (vt)	таlзар дан	[taʼzar dan]
puxar (vt)	озо	[ɔzɔ]

256. Verbos Q-Z

quebrar (vt)	кегдан	[kegdan]
queimar (vt)	даго	[dagɔ]
queixar-se (vr)	латкъа	[latqʔ]
querer (desejar)	лаа	[laʼa]

rachar-se (vr)	этlа	[ɛtʼ]
ralhar, repreender (vt)	дов дан	[dɔv dan]
realizar (vt)	кхочушдан	[qɔtʃuʃdan]
recomendar (vt)	мага дан	[mag dan]

reconhecer (identificar)	вовза	[vɔvz]
reconhecer (o erro)	кхета	[qet]
recordar, lembrar (vt)	дагадайта	[dagadaɪːt]

| recuperar-se (vr) | тодала | [tɔdal] |
| recusar (~ alguém) | ца дала | [tsa dal] |

reduzir (vt)	жимдан	[ʒɪmdan]
refazer (vt)	юхадан	[juhadan]
reforçar (vt)	чlarlдан	[tʃ'aɣdan]
refrear (vt)	сацо	[satsɔ]

regar (plantas)	хи тоха	[hɪ tɔh]
remover (~ uma mancha)	дlадаккха	[d'adakq]
reparar (vt)	тодан	[tɔdan]
repetir (dizer outra vez)	юхаала	[juha'al]

reportar (vt)	доклад ян	[dɔklad jan]
reservar (~ um quarto)	бронь ян	[brɔnj jan]
resolver (o conflito)	дlадерзо	[d'aderzɔ]
resolver (um problema)	дан	[dan]

respirar (vi)	садеla	[sade']
responder (vt)	жоп дала	[ʒɔp dal]
rezar, orar (vi)	ламаз дан	[lamaz dan]
rir (vi)	дела	[del]
romper-se (corda, etc.)	хада	[had]

roubar (vt)	лечкъо	[letʃq?ɔ]
saber (vt)	хаа	[ha'a]
sair (~ de casa)	арадала	[aradal]
sair (ser publicado)	арадала	[aradal]

salvar (resgatar)	кlелхьардаккха	[k'elhardakq]
satisfazer (vt)	реза дан	[rez dan]
saudar (vt)	маршалла хатта	[marʃall hatt]
secar (vt)	дакъо	[daq?ɔ]
seguir (~ alguém)	тlаьхьадаха	[t'æhadah]

selecionar (vt)	схьахаржа	[shaharʒ]
semear (vt)	ден	[den]
sentar-se (vr)	охьахаа	[ɔhaha'a]
sentenciar (vt)	кхел ян	[qel jan]
sentir (vt)	хаадала	[ha'adal]

ser diferente	къаьсташ хила	[q?æstaʃ hɪl]
ser indispensável	оьшуш хила	[øʃuʃ hɪl]
ser necessário	оьшуш хила	[øʃuʃ hɪl]

ser preservado	диса	[dɪs]
ser, estar	хила	[hɪl]
servir (restaurant, etc.)	хьашт кхочушдан	[haʃt qotʃuʃdan]
servir (roupa, caber)	гlехьа хила	[ɣeh hɪl]

significar (palavra, etc.)	хила	[hɪl]
significar (vt)	маьlна хила	[mæ'n hɪl]
simplificar (vt)	чолхаза дан	[tʃolhaz dan]
sofrer (vt)	бала хьега	[bal heg]
sonhar (~ com)	дагалеца	[dagalets]
sonhar (ver sonhos)	гlенаш ган	[ɣenaʃ gan]

239

soprar (vi)	хьекха	[heq]
sorrir (vi)	дела къежа	[del q?eʒ]
subestimar (vt)	кхоччуш ца лара	[qotʃuʃ tsa lar]
sublinhar (vt)	билгалдаккха	[bɪlgaldakq]
sujar-se (vr)	бехдала	[behdal]
superestimar (vt)	мах юхахӀотто	[mah juhah'ɔttɔ]
supor (vt)	мотта	[mɔtt]
suportar (as dores)	сатоха	[satɔh]
surpreender (vt)	цецдаккха	[tsetsdakq]
surpreender-se (vr)	цецдала	[tsetsdal]
suspeitar (vt)	шекьхила	[ʃekʲhɪl]
suspirar (vi)	са даккха	[sa dakq]
tentar (~ fazer)	гӀорта	[ɣɔrt]
ter (vt)	хила	[hɪl]
ter medo	кхера	[qer]
terminar (vt)	чекхдаккха	[tʃeqdakq]
tirar (vt)	схьадаккха	[shadakq]
tirar cópias	даржо	[darʒɔ]
tirar fotos, fotografar	сурт даккха	[surt dakq]
tirar uma conclusão	сацам бан	[satsam ban]
tocar (com as mãos)	хьекхадала	[heqadal]
tomar café da manhã	марта даа	[mart da'a]
tomar emprestado	юхалург эца	[juhalurg ɛts]
tornar-se (ex. ~ conhecido)	хила	[hɪl]
trabalhar (vi)	болх бан	[bɔlh ban]
traduzir (vt)	талмажалла дан	[talmaʒall dan]
transformar (vt)	хийца	[hɪːts]
tratar (a doença)	дарба лело	[darb lelɔ]
trazer (vt)	схьадало	[shadalɔ]
treinar (vt)	Ӏамо	['amɔ]
treinar-se (vr)	Ӏама	['am]
tremer (de frio)	дего	[degɔ]
trocar (vt)	хийцадала	[hɪːtsadal]
trocar, mudar (vt)	хийца	[hɪːts]
usar (uma palavra, etc.)	пайда эца	[pajd ɛts]
utilizar (vt)	пайда эца	[pajd ɛts]
vacinar (vt)	маха тоха	[maha tɔh]
vender (vt)	дохка	[dɔhk]
verter (encher)	дотта	[dɔtt]
vingar (vt)	чӀир леха	[tʃ'ɪr leh]
virar (~ para a direita)	дӀадерза	[d'aderz]
virar (pedra, etc.)	ха харца	[ha harts]
virar as costas	аргӀодерза	['aɣɔrderz]
viver (vi)	хила	[hɪl]
voar (vi)	лела	[lel]
voltar (vi)	юхада	[juhad]

votar (vi)	кхаж таса	[qɑʒ tɑs]
zangar (vt)	оьгӀаздахийта	[øɣɑzdɑhɪːt]
zangar-se com ...	оьгӀазъэха	[øɣɑzʔɛh]
zombar (vt)	дела	[del]